Den Kolonat neu denken

Zur Aktualität eines Forschungsproblems

Schriftenreihe

Mainzer Althistorische Studien (MAS)

Band 11

herausgegeben von

Prof. Dr. Marietta Horster

Johannes Gutenberg-Universität Mainz

Oliver Schipp

Den Kolonat neu denken

Zur Aktualität eines Forschungsproblems

Propylaeum
FACHINFORMATIONSDIENST
ALTERTUMSWISSENSCHAFTEN

Oliver Schipp https://orcid.org/0000-0003-4931-2964

Bibliografische Information der Deutschen Nationalbibliothek
Die Deutsche Nationalbibliothek verzeichnet diese Publikation in der Deutschen Nationalbibliografie; detaillierte bibliografische Daten sind im Internet über http://dnb.dnb.de abrufbar.

Propylaeum
FACHINFORMATIONSDIENST
ALTERTUMSWISSENSCHAFTEN

Diese Publikation ist auf https://www.propylaeum.de dauerhaft frei verfügbar (Open Access).
urn: urn:nbn:de:bsz:16-propylaeum-ebook-1190-0
doi: https://doi.org/10.11588/propylaeum.1190

Publiziert bei
Universität Heidelberg / Universitätsbibliothek, 2023
Propylaeum – Fachinformationsdienst Altertumswissenschaften
Grabengasse 1, 69117 Heidelberg
https://www.uni-heidelberg.de/de/impressum

Umschlagmotiv: Nummus Konstantins des Großen aus dem Jahre 321 n. Chr. Münzsammlung der Alten Geschichte, Johannes Gutenberg-Universität Mainz (Inventarnummer 786). Avers: CONSTAN - TINVS AVG. Büste des Constantinus I. nach r., mit Lorbeerkranz.

ISSN 2567-1030
eISSN 2700-9114

ISBN 978-3-96929-215-0 (Hardcover)
ISBN 978-3-96929-214-3 (PDF)

Inhaltsverzeichnis

Vorwort

Kolonat heißt heute eine albanische Fastfoodkette, die mit Speisen nach amerikanischem Vorbild schnelle Sättigung und rasche Befriedigung der Appetitrezeptoren verspricht. Die Namensgebung ist insofern konsequent, als die Beschäftigten im Kolonat noch immer der Ernährung der Bevölkerung dienen. Dennoch ist es nicht leicht, von den Angestellten in Tirana einen Bogen zu schlagen zu den Kolonen in Illyrien und den Nachbarprovinzen im 4. Jahrhundert.[1] Angesichts des niedrigen Preises für ein Hot-Dog-Menü (470 ALL) scheint mir aber die Beschäftigung im Kolonat nach wie vor prekär zu sein.

Die Erinnerung an den Kolonat wird aber nicht nur in Albanien hochgehalten. Kolonat und Sklaverei sind auch seit 200 Jahren Dauerthemen der althistorischen Forschung. Das eine kann nicht ohne das andere erklärt werden. Schon in den Konstitutionen der Kaiser wurden sie verglichen: Kolonen sollten wie Sklaven gefesselt werden, und man diskreditierte sie als Sklaven des Bodens.[2] Mancher neuzeitliche Forscher ist dann auch zum Sklave dieser Rhetorik geworden und erkannte allzu bereitwillig einen Übergang der einen zur anderen Organisationsform. Aber nie setzten Herrscher Kolonen den Sklaven gleich. Auch nicht als deren personenrechtliche Stellung sich nur noch infinitesimal vom Sklavenstatus unterschied.[3] Trotz gegenteiliger Meinung wurden Sklaven und Kolonen bis in das Frühmittelalter in den Rechtsquellen als zwei rechtliche und soziale Gruppen angesehen. Den Übergang von antiker Sklaverei und Kolonat in die Leibeigenschaft und Hörigkeit des Mittelalters zu erklären, nimmt dann auch eine zentrale Position in den historischen Theorien ein.

Die Faszination, die von diesem einzigartigen Befund ausgeht, war einst der Ausgangspunkt meiner wissenschaftlichen Beschäftigung mit dem Phänomen Kolonat. Vor 20 Jahren habe ich damit begonnen, wie es Professor Heinz Heinen einmal ausdrückte, eine Schneise durch die Quellen von den ersten Konstitutionen der römischen Kaiser bis zu den Urkunden der letzten Karolinger zu schlagen.[4] Die Entwicklung und die Grundzüge des weströmischen Kolonats konnte so quellenbasiert herausgearbeitet werden. Abgerundet wurde diese Grundlagenarbeit, indem die Fortentwicklung des Kolonats vom 4. Jahrhundert bis in die nachrömischen Königreiche der Ostgoten, Burgunder, Westgoten und Franken nachgezeichnet wurde.[5] Diese

---

[1] CJ 11, 53, 1 (371).

[2] CTh 5, 17, 1 (332); CJ 11, 52, 1, 1 (392–395).

[3] Ed. Theod. 142 (um 500): *originaria mancipia.*

[4] Das Exposé mit dem Titel „Kolonen im Übergang von Spätantike zum Frühmittelalter. Eine Untersuchung ihrer Stellung in Recht und Gesellschaft“ wurde im Juli 2002 geschrieben und am DFG-Graduiertenkolleg 846 „Sklaverei – Knechtschaft und Frondienst – Zwangsarbeit. Unfreie Arbeits- und Lebensformen von der Antike bis zum 20. Jahrhundert“ eingereicht.

[5] Schipp 2009.

Studien habe ich zuletzt in zwei Aufsätzen zum Kolonat in den Königreichen der Langobarden und Vandalen abgeschlossen.[6] Mit der vorliegenden Untersuchung wende ich mich dem Anfang des Kolonats in der Spätantike zu. Wie der Kolonat einen Beginn hatte, hat meine Forschungen zum Kolonat damit ein Ende. Jedenfalls ein vorläufiges, denn eine systematische Darstellung des Kolonats im Osten des Imperiums ist noch immer ein wichtiges Desiderat der Forschung und bedarf wie auch der Kolonat in Ägypten einer dringenden Bearbeitung.

Danksagungen: Zwar schreibt man ein Buch immer alleine, aber schuldet auch immer anderen Dank. An erster Stelle richtet sich dieser an Dr. Josef Fischer, den *lector primus*, welcher das gesamte Werk Korrektur gelesen hat. Inzwischen weiß er mehr über den Kolonat, als ihm lieb sein kann. Prof. Dr. Marietta Horster danke ich für die intensive Diskussion meiner Thesen. Ihr Rat hat mich vor manchem Fehler bewahrt und die Lesbarkeit der Studie wurde durch ihre Anmerkungen verbessert. Der freundlichen Aufnahme an dem von ihr geleiteten Seminar und den Gesprächen in und außerhalb des Vorlesungsraumes verdanke ich Kraft und Motivation für die Forschung. Nicht zuletzt danke ich ihr als Herausgeberin für die Aufnahme des Bandes in die von Prof. Dr. Leonard Schumacher gegründete Reihe Mainzer Althistorische Studien (MAS). Dankenswerterweise hat Frau Juliane Karolin Spallek die Register angelegt. Nicht zu vergessen ist schließlich der tausendfache Dank an die Familie, die Vor- und Nachteile meiner Beschäftigung mit dem Kolonat erfahren musste.

Mainz, im Juli 2022 Oliver Schipp

[6] Schipp 2018; Schipp 2022.

I. Einleitung

Das Problem der Kolonatsforschung beginnt schon damit, dass der Kolonat an sich infrage gestellt wurde. Außer der Existenz sind in der Forschung ferner fast alle Detailfragen strittig. Nicht einmal über die grundlegenden Termini und Begriffe konnte man sich verständigen. Das liegt zum einen an der langen, 200-jährigen Forschungsgeschichte und zum anderen daran, dass so verschiedene Fächer an der Erforschung beteiligt sind wie Rechtswissenschaft, Alte Geschichte, Mediävistik, Soziologie, Archäologie, Papyrologie und Ägyptologie.

Die Arbeitsmethoden sind dabei so vielfältig wie die Forschungsinteressen. In der rechthistorischen Forschung wird zumeist eine Auswahl an kaiserlichen Gesetzen nach der *ratio legis* teleologisch ausgelegt. Manche Rechtshistoriker ziehen vor allem zu einzelnen Tatbeständen und Sachverhalten rechtspositivistische Schlussfolgerungen. Historiker berücksichtigen zwar die literarischen Quellen, verallgemeinern aber oft unzulässig die Ergebnisse ihrer Detailstudien. In der angelsächsischen Forschung arbeitet mancher Gelehrter mit soziologischen Modellen und kommt zu beachtlichen Forschungsergebnissen, die jedoch mit den Theorien der älteren Forschung abgeglichen werden müssten. Der Kolonat in Ägypten wird unter den besonderen dortigen Umstände der Landwirtschaft in den Fachwissenschaften untersucht, allgemeine Rückschlüsse auf den gesamten Kolonat im Imperium Romanum können dabei kaum gezogen werden. Sehr häufig wird der Kolonat auch nur am Rande anderer Forschungsschwerpunkte, etwa der Sklavereiforschung, behandelt. Schließlich ist der Kolonat angesichts der Bedeutung des primären Wirtschaftssektors für vorindustrielle Gesellschaften ein wichtiger Faktor bei der Erforschung der Themenfelder Wirtschaft und Arbeit, den es zu berücksichtigen gilt, will man belastbare Ergebnisse erzielen.[7]

Die jeweiligen Ergebnisse sind zumeist plausibel und von einer inneren methodologischen Logik getragen. Einige fügen sich aber nicht in die bestehenden Forschungsdebatten ein, vor allem wenn Thesen oder Rechtsprinzipien nur mit wenigen ausgewählten Rechtstexten belegt werden. Solch deduktiv gewonnene Ergebnisse berühren dann aber angrenzende Forschungsgebiete. So stehen Landwirtschaftssklaverei und Kolonat in einer engen Wechselbeziehung zueinander. Von der Bewertung des einen hängt die Einschätzung des anderen ab. Betrachtet man den Kolonat nur einseitig oder blendet ihn weitgehend aus, führt dies zu grundlegenden Fehleinschätzungen bei Auffassung und Darstellung der Sklaverei in der Spätantike.[8] Außerdem ergeben sich Missverständnisse in Studien, die sich mit der Frage

[7] Vgl. Schipp 2023; Marcone 2017; Marcone 2016; Schneider 1980, S. 95–154.

[8] Etwa Zeuske 2020, S. 231f., und Harper 2011, S. 153–155; ders. 2012, S. 165–172, welche Kolonat und spätantike Landwirtschaftssklaverei wegen einer eklektizistischen Nutzung der Kolonengesetze missinterpretieren. Durch die einseitige Zusammenstellung von Quellen entsteht so ein Zerrbild von den Kolonen als „Subjekte kollektiver Sklavereiformen" (Zeuske

nach Kontinuität und Transformation des Kolonats und der Sklaverei in das Frühmittelalter beschäftigen. Dabei ist noch immer nicht geklärt, wie der Übergang von der Gesellschaft mit Sklaven in die Feudalgesellschaft vonstatten ging.[9] Die Rolle, die der Kolonat dabei spielte, wurde hinsichtlich der rechtlichen und sozialen Bedingungen ausführlich dargestellt.[10]

Die Forschung zum Kolonat insgesamt, und dies ist das eigentliche Forschungsproblem, beruht auf einer nicht ausreichend untersuchten entstehungs- und entwicklungsgeschichtlichen Grundlage.[11] Wie immer wieder zu Recht festgestellt wird, wäre es nämlich wichtig zu wissen, weshalb die römischen Kaiser der Spätantike Berufsgruppen, etwa die Pachtbauern, durch Gesetze einschränkten.[12] Zu Ende gedacht hieße dies, zu analysieren, warum ein römischer Kaiser damit begann, einer Gruppe an sich freier römischer Bürger die Freizügigkeit zu entziehen. Wenngleich die Forschung sich von der Frage nach dem Ursprung des Kolonats abgewandt zu haben scheint, glaube ich dennoch, dass es notwendig und in Anbetracht der jüngeren Forschungsergebnisse auch statthaft ist, nach dem Beginn des Kolonats und des-

---

2020, S. 232) oder vom Kolonat als eine rein fiskalische Kategorie: „the enactments pertaining to *coloni* were truly fiscal in motivation" (Harper 2011, S. 154). Zu einer Fehleinschätzung des Kolonats kommt meines Erachtens auch Flaig 2009, S. 69f., welcher Intention und Wirkung der Gesetzgebung zum Kolonat auf Nebenaspekte wie Fesselung und Sklavenrhetorik verkürzt. Seine weitreichenden Rückschlüsse zu den Auswirkungen dieser Gesetze auf die Entwicklung der Sklaverei treffen nicht zu. Vor allem die Aussage, durch die Kolonengesetze sei die Sklaverei auf dem Lande praktisch entbehrlich geworden, ist nicht zu beweisen; vgl. ebd., S. 70.

[9] In Blochs Meisterwerk „La société féodale" wird das Thema Sklaverei nur gestreift, und deren Deutung für die soziale Ordnung im Frühmittelalter ist nicht präzise; vgl. Bloch 1999, S. 337–352. Wickham 2005, S. 259–263 und öfter, diskutiert die Ablösung der Gesellschaft mit Sklaven (slavery) durch die Gesellschaft auf der Grundlage von Leibeigenschaft (serfdom), wobei er noch sehr in der Theorie des historischen Materialismus verhaftet ist und davon ausgeht, dass die Landwirtschaftssklaverei von anderen Produktionsformen abgelöst worden sei. Dagegen sprechen aber zahlreiche Belege. Siehe zum Sklavenrecht in den nachrömischen Königreichen daher Nehlsen 1972 und zum Übergang der Sklaverei vom spätantiken ins frühmittelalterliche Gallien Grieser 1997. In beiden Studien werden die Quellen grundlegende untersucht, der Übergang der Sklaverei in die Feudalgesellschaft wird allerdings nicht gedeutet. Auch in dem Band von Rio 2017 zur Sklaverei im Mittelalter werden zwar die Formen der Unfreiheit, aber nicht der Übergang der rechtlichen Institutionen von der Spätantike ins Frühmittelalter erklärt.

[10] Vgl. Schipp 2009, S. 409–578.

[11] Scheidel 2000, S. 732, stellt in einer Sammelrezension zu einem Tagungsband und zu einer Monographie ernüchtert aber zutreffend fest, dass die Geschichtsschreibung über den römische Kolonat heute (im Jahre 2000) mehr denn je fragmentiert sei.

[12] Siehe zuletzt B. Eckhardt, Rezension von S. Günther, Ordnungsrahmen antiker Ökonomien: Ordnungskonzepte und Steuerungsmechanismen antiker Wirtschaftssysteme im Vergleich, Wiesbaden 2012, in: BMCR 2013.03.48 (letzter Zugriff am 11.11.2021).

sen Ursachen zu fragen, steht dieser doch in engem Zusammenhang mit dem Regierungshandeln Kaiser Konstantins des Großen, das grundlegend neu bewertet wurde.[13]

Das vielschichtige Phänomen Kolonat kann dabei nicht mit einer monokausalen Entstehungstheorie hinreichend erklärt werden,[14] denn die Vorstellung von einer einzigen Theorie für dieses Phänomen ist eine Chimäre.[15] Alleine schon die Komplexität der Determinanten, welche der Entstehung des Kolonats zugrundelagen, erfordert eine differenzierte Herangehensweise. Zudem fällt es schwer, die Entwicklung des Kolonats von dessen Anfängen zu unterscheiden. Die Untersuchung ist daher gegliedert in eine Analyse der Gründe für die Entstehung des Kolonats und einer Rekonstruktion der Entwicklung. Nur wenn es gelingt, die Ursachen der Entstehung von dessen Entwicklung analytisch zu trennen, kann das Phänomen Kolonat erklärt werden, denn der Entstehung liegen politische und juristische Entscheidungen zugrunde, wohingegen die Entwicklung einer agrarischen Organisations- und Herrschaftsform ökonomische und soziale Implikationen hat.

Vor der eigentlichen Untersuchung muss aber auf die Behandlung der Rechtsquellen eingegangen werden, zeigt sich doch in der kolonalen Gesetzgebung das Regierungshandeln Kaiser Konstantins hinsichtlich der agrarischen Arbeits- und Lebensverhältnisse. Dazu wird ein Analyseinstrument entwickelt, mit dessen Hilfe die Konstitutionen geordnet und historisch kontextualisiert werden können. Die Interpretation der Gesetze öffnet sodann den Blick auf die möglichen Intentionen des Gesetzgebers und die Beweggründe der am Regierungshandeln beteiligten Akteure. Außerdem hat die Forschungskontroverse um den Geltungsanspruch der kaiserlichen Konstitutionen gezeigt, dass wir nicht, wie sogleich ausgeführt wird, eine allgemeine Anwendbarkeit der kaiserlichen Gesetze in der Zeit vor deren Kodifizierung annehmen können. Und schließlich nutzte Konstantin die Gesetze, um mit der Provinzbevölkerung zu kommunizieren und mit den Funktionsträgern zu interagieren, sodass auch aus diesem Grund die Einschätzung der Rechtsquellen vorausgeschickt werden muss.[16]

---

[13] Van Dam 2007; Dillon 2012; Wienand 2012.

[14] Schipp 2009, S. 7.

[15] Grey 2007, S. 175: „Consequently, to seek for a single theory of this phenomenon is to pursue a chimera."

[16] Zum Kommunikationsstil Kaiser Konstantins vgl. Dillon 2012.

II. Vorüberlegungen zu den Rechtsquellen

Jede Erforschung des Kolonats steht und fällt mit der Behandlung der Rechtsquellen, und so soll das dieser Studie zugrundeliegende Verständnis von der Geltung und Wirkung (Aktualität und Effektivität) spätantiker Gesetze vorab dargelegt werden, denn erst nach der Kodifikation der Gesetze fanden die Funktionsträger und Richter in den Provinzen eine weitgehend einheitliche Gesetzeslage vor. Der Kolonat entstand jedoch vor 438, als die kaiserlichen Konstitutionen noch nicht geordnet waren. Die Bestände in den Archiven der Statthalter waren zu dieser Zeit äußerst heterogen, wie auch einige Zeitgenossen feststellten. Vor Gericht dürfte sich die Partei durchgesetzt haben, deren Anwälte am erfolgreichsten beim Auffinden von passenden Gesetzesgrundlagen gewesen ist. Die Verlautbarungen der spätantiken Kaiser erfolgten zudem situativ und waren sachlich und räumlich auf einen bestimmten Bereich begrenzt, besaßen aber immer eine reichsweit gültige Gesetzeskraft.[17]

Beobachtungen zur Rechtsentwicklung und Gesetzgebung werden im Folgenden anhand der Kolonengesetze verdeutlicht und im Hinblick auf den Kolonat erklärt. Dabei ist zu fragen, wann und in welcher Situation ein Gesetz erlassen wurde (Entstehungszusammenhang),[18] welches Wissen über das bestehende Recht die Zeitgenossen hatten, auf welcher gesetzlichen Grundlage Recht durchgesetzt wurde, welche politische Intention den Gesetzgeber leitete (Normierungswille oder reagierendes Gestalten) sowie welche Geltung und Wirkung (Aktualität und Effektivität) ein Gesetz in der Zeit nach seiner Inkraftsetzung im Amtsbereich des Empfängers entfaltete.

1. Was wussten die Zeitgenossen?

Nicht viel könnte man im Hinblick auf die antiken Zeugnisse antworten. Lediglich ihre Verunsicherung und Zweifel am jeweils geltende Recht kann man in einigen Texten nachlesen. Dabei ergeben sich zwei wesentliche Probleme. Das grundlegende Problem war das Verfahren der spätantiken Gesetzgebung. Seit Beginn der Kaiserzeit nahm die Autorität der kaiserlichen Verlautbarungen stetig zu und verdrängte bis zur Spätantike die Plebiszite, die Senatsbeschlüsse, die Juristenreskripte

[17] Die Bezeichnungen der Gesetze sind dabei so vielfältig, wie die Entstehungszusammenhänge und die Intentionen, die zu den einzelnen Verlautbarungen führten. Die Termini Gesetz, Verfügung, Konstitution, Erlass, Edikt, Mandat, Dekret und Reskript sollen, wo dies möglich ist, spezifisch verwandt werden. Im Besonderen werden Verwaltungsanweisungen von Gesetzen unterschieden.

[18] Die Entstehungszusammenhänge der konstantinischen Kolonengesetze werden fallweise in Kapitel V untersucht und die der nachkonstantinischen Kolonengesetze in Kapitel IX dargestellt.

und die Edikte der Magistrate. Solange zudem mehrere Kaiser amtierten, von denen jeder das Recht hatte, reichsweit gültige Gesetze zu erlassen, konnte ein Richter nie sicher sein, ob ihm die derzeit gültigen kaiserlichen Konstitutionen in einem bestimmten Fall vorlagen. Im Zweifel musste er nachfragen. Das zweites Problem ist die Weiträumigkeit des Reiches, die eine moderne Kommunikation erfordert hätte. Nur wenn sich Funktionsträger permanent und nicht nur bei Bedarf mit der Zentralmacht austauschten, wenn also jedes Gesetz ohne zeitliche Verzögerung an jede Präfektur gesandt und obsolete Gesetze für ungültig erklärt worden wären, hätte sich die verwirrende Vielzahl an gültigen Gesetzen vermeiden lassen. Nur dann wäre es nicht möglich gewesen, dass geschickte Anwälte gültige wie gefälschte Gesetze, die sie von irgendwoher hatten, vor Gericht vorlegen konnten. Gleichwohl hatten die Menschen im Imperium Romanum eine gewisse Vorstellung über die sie jeweils betreffenden Gesetze, wie sich an den Umgehungs- und Vermeidungsstrategien, die durch Nachfolgegesetzen verhindert werden sollten, ablesen lässt.

Die Anfragen des jüngeren Plinius an Trajan lassen erkennen, dass sich der Statthalter kaum traute, Entscheidungen zu treffen, ohne mit dem Kaiser Rücksprache zu halten. So wollte Plinius in einem Brief an den Kaiser wissen, ob ein bestimmter Senatsbeschluss anzuwenden sei.[19] Der Kaiser forderte auf diesen Brief hin seinen Statthalter auf, ihm eine Kopie als Entscheidungsgrundlage zu schicken.[20] In einem anderen Fall zeigte Plinius sich unsicher, ob ein Edikt des Augustus oder einer der vier Kaiserbriefe, die ihm vorlagen, anzuwenden seien. Nur einer der Briefe konnte im Archiv des Kaisers gefunden werden und dieser war dann auch noch von Domitian. Trajan entschied wohl auch deshalb, und weil Bithynien nicht in dem domitianischen Brief genannt wurde, mit einem eigenen Rechtsentscheid.[21] Riedlberger wertet diese Beispiele zu Recht als Ausdruck eines systemischen Problems.[22]

Plinius fragt ferner, ob er eine Gruppe ihm anvertrauter latinischer Freigelassener zu römischen Bürgern freilassen dürfe.[23] Auch der berühmte Briefwechsel bezüglich der verfolgten Christen in seiner Provinz offenbart die Überforderung des Statthalters, eigene Entscheidungen zu treffen.[24] Die Liste der Beispiel lässt sich fast beliebig fortsetzen: Anfragen wegen einer Bürgerrechtsverleihung an einen Masseur, der Übertragung der Prätur an Accius Sura, einer Senkung des Zinsfußes zur Förderung von Gemeindedarlehen oder der Bewachung von Gefängnissen durch Gemeindesklaven.[25]

---

[19] Plin. *epist.* 10, 72.
[20] Plin. *epist.* 10, 73.
[21] Plin. *epist.* 10, 65.
[22] Vgl. Riedlberger 2020, S. 21, mit der Literatur.
[23] Plin. *epist.* 10, 104; Plin. *epist.* 10, 105. Zum Freilassungsrecht der Kaiser vgl. Dig. 40, 1, 14, 1.
[24] Plin. *epist.* 10, 96; Plin. *epist.* 10, 97.
[25] Plin. *epist.* 10, 10; Plin. *epist.* 10, 12; Plin. *epist.* 10, 54; Plin. *epist.* 10, 19.

All dies gibt aber nur die Situation zu Beginn des 2. Jahrhunderts in einer wenig bedeutenden Provinz wieder. Wie sehr mussten sich die Bestände des kaiserlichen Archivs von denen der Statthalter in der Spätantike unterschieden haben? Wir wissen zwar nicht, ob die Statthalterschaft des Plinius, der Pontos-Bithynien nicht als Prokonsul, sondern im Range eines Legaten verwaltete, repräsentativ ist. Aber sicher wurde die Rechtspraxis in den Provinzen zusätzlich dadurch erschwert, dass Hadrian das prätorische Edikt festschreiben ließ. Das *ius edicendi* der Statthalter verlor von da an allmählich an Bedeutung.

Zudem übertrugen die Tetrarchen im Zuge einer Verwaltungsreform den Prätoriumspräfekten neue Aufgaben. Ihnen oblag fortan die Zivilverwaltung ihrer Provinz, wofür ihnen die Kommandogewalt über die in ihren Provinz stationierten Truppen genommen wurde. Die Präfekturen hatten infolge der Reform einen erhöhten Regelungsbedarf.

Vor der Kodifizierung des römischen Rechts fehlte folglich eine auch nur annähernd vollständige Kenntnis von der allgemein gültigen Rechtslage. In der antiken Literatur findet man wenige aber dafür umso pointiertere Aussagen zu dieser Misere. Ein uns namentlich unbekannter Autor eines Werks über das Kriegswesen schrieb Ende des 4. Jahrhunderts über die Schwächen des römischen Rechtswesens: Die Gesetze seien verwirrend und widersprüchlich angeordnet.[26] Er forderte den Kaiser auf, diesen Missstand zu kurieren.[27] Dabei ziele der Autor nach Brandt vor allem auf das Prozesswesen. *Improbitatis reiecto litigio* beziehe sich auf den festen Ausdruck *iudicium improbare* mit dem „ein Urteil aufheben/umstoßen“ ausgedrückt werde. Ferner übersetzt er *improbitatis litigium* mit „Streit um die Aufhebung“.[28] Dieser Ausdruck scheint mir aber nur auf die anhängigen Verfahren gerichtet zu sein. Der anonyme Autor forderte nämlich, der Kaiser möge zuerst die durch Ruchlosigkeit hervorgerufenen Streitigkeiten beilegen (vorzeitiger Ablativus absolutus: *reiecto litigio*) und dann die Gesetze so ordnen, dass sie künftig nicht mehr widersprüchlich und verwirrend angeordnet seien (*confusas legum contrariasque sententias*).[29] Das Verb *illuminare* ist dabei kein juristischer Begriff und sicher bewusst gewählt.[30] Durch den optativen beziehungsweise iussiven Konjunktiv *illumines*

---

26 Harries 2001, S. 9, datiert den Text zutreffend in die späten 360er-Jahre. Eine Datierung in die ersten Dekaden des 5. Jahrhunderts, schlägt hingegen Brandt 1988, S. 133 und 147–162 vor.

27 *Anon. de reb. bell.* 21, 1: *Divinia providentia, sacratissime imperator, domi forisque Reipublicae praesidis comparatis, restat unum de tua serenitate remedium ad civilium curarum medicinam, ut confusas legum contrariasque sententias, improbitatis reiecto litigio, iudico augustae dignationis illumines.*

28 Vgl. Brandt 1988, S. 126.

29 Riedlberger 2020, S. 25, Anm. 8, geht hingegen davon aus, der Autor wolle, dass der Kaiser die Fälle an sich ziehe.

30 Der Hinweis von Riedlberger 2020, S. 25, Anm. 8, auf Nov. Theod. 1, 1 (*lumen legibus dedimus*), hat etwas für sich. Zur Lichtsymbolik vgl. Wienand 2012, S. 392.

wird der Kaiser höflich ersucht, das Rechtswesen mit seinem Urteil zu erleuchten.[31] Das aus den Rechtsquellen wohlbekannte Problem allzu langwieriger Prozesse, die von ruchlosen Zeitgenossen betrieben wurden, soll beseitigt werden und damit der unhaltbare Zustand, dass die Prozessteilnehmer sich auf verschiedene Gesetze berufen.[32] Dem anonymen Autor ging es unter anderem um die Bereinigung der konfusen Rechts- und Gesetzeslage, wie es in der Überschrift heißt: *De legum vel iuris confusione purganda.* Die in diesem Zusammenhang diskutierte These, der Anonymus sei der Vorreiter einer Kodifikationsbewegung gewesen, wird inzwischen zu Recht abgelehnt.[33]

Auch Ammianus Marcellinus, der ebenfalls Ende des 4. Jahrhunderts schrieb, weiß von dem Problem seiner Zeit.[34] Er schildert die vier Klassen der Rechtsanwälte, die es seiner Meinung nach gebe. Der zweiten Klasse billigt er immerhin eine gewisse Rechtskenntnis zu, stellt aber fest, dass diese Kenntnis „durch die Gegensätzlichkeit der einander widerstreitenden Gesetze ihre Bedeutung verlor".[35] Ammian hat für die Situation vor Gericht nur noch Spott übrig: Wie auch immer ein Rechtsstreit sich gestalte, ein gewiefter Anwalt werde schon ein passendes Gesetz dazu finden.[36] Wie auch sein anonymer Zeitgenosse benennt Ammian die Konfusion der Gesetzeslage als das grundlegende Problem.

Am Beispiel des Augustinus kann man schließlich noch die praktischen Folgen einer chaotischen Rechtslage studieren. Als Bischof konsultierte er den rechtskundigen Eustochius und fragte an, ob ein Grundherr seine Kolonen oder deren Söhne zu Sklaven machen dürfe.[37] Trotz oder wegen einiger Gesetze, die ihm vorgelegt wurden, konnte sich der Kirchenvater in diesem Fall kein Urteil erlauben.[38] In einem anderen Fall von kriminellem Menschenraub erging es ihm ähnlich, und er wandte sich diesmal an seinen Freund und Anwalt Alypius, der sich in Rom aufhielt; dieser solle vom Kaiser ein Gesetz für ihn erwirken. Augustinus lag zwar ein Gesetz vor,

---

31 Über die Absichten des unbekannten Autors kann man nur mutmaßen. Der Versuch von Gr[illegible], das Werk als Sammelschrift, die über einen längeren Zeitraum entstanden sei und [illegible]re Überarbeitungen aufweise, zu deuten, sowie die zentrale These, es handle sich um eine Art Musterbuch, ist nicht überzeugend. Siehe die Argumente in der Rezension von A. Eich, in: GFA 22 (2019), S. 1051–1055.

32 Vgl. Brandt 1988, S. 125f.

33 Vgl. Brandt 1988, S. 127–133.

34 Der erste Teil des Werks war einem Brief des Libanios (Lib. *epist.* 1063) zufolge 391 bereits abgeschlossen. Die letzten sechs Bände dürften bis 395 entstanden sein; vgl. den Kommentar von Veh/Wirth 1997, S. XII–XIV.

35 Amm. 30, 4, 11: *Secundum est genus eorum, qui iuris professi scientiam, quam repugnantium sibi legum abolevere discidia, velut vinculis ori inpositis reticentes, iugi silentio umbrarum sunt similes propriarum.* Vgl. den Boeft/Drijvers/den Hengst/Teitler 2015, S. 84f.

36 Vgl. Riedlberger 2020, S. 25.

37 Aug. *epist.* 24*, 1, 6 (CSEL 88, 127). Vgl. dazu ausführlich Schipp 2022.

38 Aug. *epist.* 24*, 2, 4f. (CSEL 88, 126f.).

so zitierte er aus einer Konstitution des Kaisers Honorius an den Prätoriumspräfekten Hadrian, doch passte dieses nicht genau zu dem vorliegenden Tatbestand.[39] Leider kennen wir nicht den Ausgang seines Ersuchens, aber wir sehen, dass sich seit der Zeit des Plinius nicht viel geändert zu haben scheint, denn auch Augustinus musste sich beim Kaiser rückversichern.[40] Zudem änderte sich der Charakter der Gesetze in der Spätantike. Selbst den Verfassern der Lex Baiuvariorum war im 8. Jahrhundert bekannt, dass die neuen Gesetze mit Kaiser Konstantin und seinen Nachfolgern anfingen, aber noch sehr buntgewürfelt und ungeordnet gewesen seien."[41]

Die Rechtslage in der Spätantike ist für die Untersuchung der Entstehung des Kolonats deshalb von besonderer Wichtigkeit, weil hier die These von einer Rechtsentwicklung hin zu einem Kolonat vertreten wird, die nicht unwesentlichen aus dieser konfusen Gesetzeslage resultiert. Auch Großgrundbesitzer nutzten dies mit immer neuen Gesetzesanfragen aus, die es ihnen ermöglichte, ihre Bauernschaft in Abhängigkeit zu bringen.[42] Dies gelang vor allem, weil die Kaiser als Eigentümer großer Latifundien im eigenen Interesse einer solchen Gesetzgebung Vorschub leisteten. In der Neuzeit hatte sich für diese Praxis der Begriff des Bauernlegens eingebürgert. Schon im frühen Mittelalter wurden Landleute als standesgebundene Personen beansprucht und ihre Arbeitskraft ausgebeutet.[43] In der Spätantike lassen sich die Ursprünge solcher Bestrebungen beobachten.

Die genannten Zeitgenossen empfanden vor der Kompilation ein Unbehagen wegen der verwirrenden Rechtslage. Sie beklagten und persiflierten diese und versuchten damit zurechtzukommen. Wenn auch Ende des 5. Jahrhunderts sehr wahrscheinlich keine Kodifikationsbewegung bestand, wünschten sich die Zeitgenossen einhellig eine Beendigung der Misere. Die Kodifizierung des Kaiserrechts lag förmlich in der Luft. Die Notwendigkeit, die Konstitutionen, die seit Kaiser Konstantin erlassen worden waren, zu ordnen, stellte denn auch das zentrale Motiv für eine Gesetzessammlung dar.[44] Kaiser Theodosius II. bezeichnete wohl auch aus diesem

---

39 Aug. *epist.* 10*, 3, 5f. (CSEL 88, 47f.). Vgl. Schipp 2008, S. 160f.

40 Vgl. Riedlberger 2020, S. 22.

41 L. Bai. *prol.* (MGH LL nat. Germ. 5, 2 [E. v. Schwinden, 1926], S. 200) = Isid. *orig.* 5, 1, 7: *Novae a Constantino Caesare coeperunt et reliquis succedentibus, erantque permixtae et inordinatae.*

42 Der Ausdruck Großgrundbesitzer ist juristisch nicht korrekt, da es sich um Eigentümer von Großgrundstücken handelt. Der Begriff wird als Konvention an den unter Historikern üblichen Sprachgebrauch verwandt.

43 Vom Rechtsstand hingen wiederum die zu leistenden Abgaben und Dienste eines Kolonen ab. Vgl. etwa zu den Standesprozessen Schipp 2009, S. 461–468: *formula Senonenses* und ebd., S. 505–510: Königsurkunde Pippins I. von Aquitanien.

44 CTh 1, 1, 6 (435): *Omnes edictales generalesque constitutiones vel in certis provinciis seu locis valere aut proponi iussae, quas divus Constantinus posterioresque principes ac nos tulimus, indicibus rerum titulis distinguantur, ita ut non solum consulum dierumque supputatione, sed etiam ordine compositionis apparere possint novissimae.*

Grund die Sammlung der Gesetze als eine „wahre Aufgabe seiner Zeit" (*verum egimus negotium temporis nostri*).[45]

2. Rechtliche Rahmenbedingungen

Die Gesetze, die im Codex Theodosianus gesammelt und publiziert wurden, sind in 16 Bücher eingeteilt und nach sachlichen Titeln geordnet. Die Gesetze wiederum werden innerhalb der Titel in chronologischer Reihenfolge angeführt. Das uns interessierende Privatrecht findet man im zweiten bis fünften und zum Teil im achten Buch. Das Militärwesen wird im siebten, das Straf- und Strafprozessrecht im neunten Buch abgehandelt. Fiskal- und Steuerrecht bergen die Bücher zehn und elf; letzteres beinhaltet auch Appellation, Testierfähigkeit und Urkundenrecht. Die Bücher zwölf bis 15 haben die Rechtsverhältnisse der Gemeinden, vor allem der Dekurionen, Stände, Vereine und öffentliche Lasten, zum Gegenstand. Im 16. Buch geht es schließlich um das Kirchenrecht.[46] Der Codex Theodosianus wurde von Kaiser Theodosius II. am 15. Februar 438 im Osten ratifiziert und am 25. Dezember 438 von Valentinian III. im Westen des Imperium Romanum promulgiert.[47]

Der Codex Justinianus umfasst in zwölf Büchern zusammengetragene Rechtsauskünfte von hadrianischer Zeit an. Die Konstitutionen im ersten Buch beziehen sich auf das Kirchenrecht, das zweite bis achte Buch auf das Privatrecht und das dazugehörige Prozessrecht. Im neunten Buch werden Straf- und Strafprozessrecht erörtert. Und in den beiden letzten Büchern werden verwaltungs- und finanzrechtliche Rechtsauskünfte abgehandelt. Der Codex Justinianus wurde am 13. Januar 528 in Auftrag gegeben und am 29. Dezember 534 in seiner endgültigen Fassung in Kraft gesetzt.

Die älteren Privatsammlungen kaiserlicher Konstitutionen sind in die späteren Sammlungen eingegangen. Diokletian hatte die Codices Gregorianus und Hermogenianus dereinst in Auftrag gegeben, und obwohl er sie nicht dem Senat zur Ratifizierung vorlegte, hatten sie qua kaiserlicher Autorität Gesetzeskraft. Die nach Veröffentlichung der theodosianischen und justinianischen Rechtscodices erlassenen Gesetze wurden in eigenen Rechtssammlungen (*Novellae*) zusammengefasst. Die Novellen hatten wie auch die kodifizierten Gesetze im gesamten römischen Reich Geltung.

Die erhaltenen Konstitutionen zum Kolonat sind in den Codices auf mehrere Bücher verteilt, wobei die wesentlichen Normierungen im fünften Buch des Codex Theodosianus unter den Titeln 17 und 18 sowie im Codex Justinianus unter dem 48.

---

45 Nov. Theod. 1, 1.

46 Vgl. Honoré 1998, S. 123–153.

47 Vgl. Matthews 2010, S. 19.

Titel des elften Buch stehen. Die Juristen Justinians wählten die Reskripte des Kaisers Hadrian als Ausgangspunkt. Dieser führte eine Justizreform durch und ließ das prätorische Edikt festschreiben. Der Codex Theodosianus reicht dagegen nur bis zur Schlacht am Ponte Molle zurück, als Konstantin der Große sich im Westen des Imperiums als Herrscher durchsetzte. Das ist vermutlich damit begründet, dass die vorkonstantinische Gesetzgebung in eine konstantinische Sammlung einging, für die man italische und nordafrikanische Archive nutzte, die bis 312 unter der Kontrolle von Maxentius standen.[48] Die nicht in die Kompilationen aufgenommenen Konstitutionen verloren zwar ihre Gültigkeit, aber es ist unklar, welches Gesetz anzuwenden war, wenn für ein Sachverhalt mehrere einschlägige Konstitutionen vorhanden waren. Galt die jeweils jüngste kaiserliche Verlautbarung? Wandte man das Gesetz des Kaisers mit der größten Autorität an? Oder entschied der Richter auf der Grundlage vorgelegter, auch obsoleter Gesetze? In Zweifelsfällen konnte, wie die Novellen zeigen, einer der amtierenden Kaiser befragt werden.

Kaiser Theodosius II. strebte ein Gesetzbuch an, das keinen Irrtum und keine Widersprüche duldet und in dem alle Unstimmigkeiten des Rechts beseitigt sind. Und obwohl nichts am Wortlaut der Gesetze geändert werden sollte und auch nur wenig geändert worden ist, wurden diese hehren Ziele nicht erreicht.[49] Für den Codex Justinianus gilt dies in geringerem Maße, da Justinian den Kompilatoren Umformulierungen und Streichungen gestattete. Dadurch schlichen sich aber Fehler und Ungenauigkeiten ein: Wenn etwa aus den Kolonen fremden Rechts, die private oder kaiserliche Kolonen gewesen sein konnten, kurzer Hand kaiserliche Kolonen gemacht werden. Die privaten Grundherren hatten demgemäß keine Anspruchsgrundlage mehr, ihre von der kaiserlichen Verwaltung abgeworbenen Kolonen zurückzufordern. Zugleich wird als Miturheber des Gesetzes der zu diesem Zeitpunkt längst verstorbene Kaiser Gratian genannt.[50]

---

[48] Vgl. Dillon 2012, S. 29–31.

[49] CTh 1, 1, 5 (429): *Ex his autem tribus codicibus, et per singulos titulos cohaerentibus prudentium tractatibus et responsis, eorundem opera, qui tertium ordinabunt, noster erit alius, qui nullum errorem, nullas patietur ambages, qui nostro nomine nuncupatus sequenda omnibus vitandaque monstrabit. Ad tanti consummationem operis et contexendos codices - quorum primus omni generalium constitutionum diversitate collecta nullaque extra se, quam iam proferri liceat, praetermissa inanem verborum copiam recusabit, alter omni iuris diversitate exclusa magisterium vitae suscipiet.*

[50] CTh 5, 17, 2 (386): IMPPP. VALENTINIANUS, THEODOSIUS ET ARCADIUS AAA. CYNEGIO PF. P. *Quisquis colonum iuris alieni aut sollicitatione susceperit aut occultatione celaverit, pro eo, qui privatus erit, sex auri uncias, pro eo, qui patrimonialis, libram auri cogatur inferre.* DAT. VIII. KAL. NOV. CONSTANTINOPOLI, HONORIO N. P. ET EVODIO COSS. CJ 11, 64, 2 (386): *IMPERATORES GRATIANUS, VALENTINIANUS, THEODOSIUS. Quisquis colonum patrimonialem aut sollicitatione susceperit aut occultatione celaverit, non solum ipsum restituere, sed etiam libram auri poenae nomine cogatur inferre. GRAT. VALENTIN. ET THEODOS. AAA. AD CYNEGIUM PP. D. VIII K. NOV. CONSTANTINOPOLI HONORIO NP. ET EUODIO CONSS.*; vgl. Anhang, Tabelle 4.

Die von Theodosius II. beauftragte Kommission stand vor der Aufgabe, aus der Flut an Konstitutionen die relevanten Gesetze auszuwählen. Wie diese Auswahl der Gesetze, die in den Codex Theodosianus eingehen sollten, dann getroffen wurde, wird in der Forschung kontrovers diskutiert. Sirks betont die Bedeutung des zentralen Archivs in Konstantinopel und stellt heraus, dass in den Codex Theodosianus nur die noch gültigen Gesetze aufgenommen worden seien, während Matthews von einer größeren Bedeutung der Provinzarchive und weniger strikten Aufnahmekriterien ausgeht.[51] Ob ein Kolonengesetz in Konstantinopel oder in einem Provinzarchiv gefunden wurde, ist in den meisten Fällen aber nicht mehr nachweisbar. Da eine Kopie im jeweils anderen Archiv hinterlegt worden war, ist die Klärung dieser Frage für diese Untersuchung auch nicht einträglich. Daher soll diese Debatte hier nicht geführt werden.[52]

Die Kompilatoren hatten nach der Auswahl der relevanten Konstitutionen überdies den Auftrag, den Text um die nicht für den Regelungsanspruch notwendigen Passagen zu kürzen.[53] Gesammelt werden sollten solche Regelungen, die sich auf die Kraft der Edikte oder der kaiserlichen *generalitas* stützen können (*edictorum viribus aut sacra generalitate subnixas*).[54] Damit sind Konstitutionen gemeint, die über den Einzelfall hinausgehend einen allgemeinverbindlichen Sachverhalt klären. In einer Rede aus dem Jahre 426, die nur in Fragmenten erhaltenen ist, befasst sich Valentinian III. auch mit der Normengeltung und der Entstehung von Gesetzen.[55] Er definiert *leges generales*, als Gesetze, die entweder in Form eines Ediktes erlassen wurden oder die mit der (kaiserlichen) *generalitas* deklariert sind.[56] Nicht über die Qualität der *generalitas* verfügen richterliche Einzelfallentscheidungen des Kaisers.[57] Des Weiteren nennt er mögliche Entstehungsgründe für *leges generales*. An

[51] Vgl. zu dieser Diskussion zuletzt Sirks 2021b, S. 92, der zu Recht annimmt, dass im theodosianischen Gesetzbuch, abgesehen von einigen Einschlüssen in den ersten 15 Büchern, keine obsoleten Konstitutionen aufgenommen wurden.

[52] Vgl. Sirks 2010, Sirks 2021b; Matthews 2002, 2010.

[53] CTh 1, 1, 6 (435): *Ac si qua earum in plura sit divisa capita, unumquodque eorum, diiunctum a ceteris apto subiciatur titulo et circumcisis ex quaque constitutione ad vim sanctionis non pertinentibus solum ius relinquatur.*

[54] CTh 1, 1, 5 (429). Siehe auch: CTh 1, 1, 6 (435): *Omnes edictales generalesque constitutiones.*

[55] CTh 1, 4, 3 (426); CJ 1, 14, 2–3 (426); CJ 1, 19, 7 (426); CJ 1, 22, 5 (426). Ausführlich diskutiert von Riedlberger 2020, S. 153–168.

[56] Vgl. Schmidt-Hofner 2008a, S. 21f.

[57] CJ 1, 14, 3, 1 (426): *Sed et si generalis lex vocata est vel ad omnes iussa est pertinere, vim obtineat edicti; interlocutionibus, quas in uno negotio iudicantes protulimus vel postea proferemus, non in commune praeiudicantibus, nec his, quae specialiter quibusdam concessa sunt civitatibus vel provinciis vel corporibus, ad generalitatis observantiam pertinentibus.* Die komplizierte und komplexe Frage, ob diese Definition bei der Kompilation des Codex Theodosianus angewandt oder doch zumindest berücksichtigt worden ist, kann hier nicht diskutiert werden.

erster Stelle steht der kaiserliche Normierungswille aus eigenem Antrieb (*spontaneus motus*), zweitens konnten Gesetze auch durch Petition (*precatio*) oder Bericht (*relatio*) eines Funktionsträgers veranlasst werden, oder der Kaiser wurde tätig, wenn ein Rechtsstreit an das kaiserliche Gericht (*lis mota*) verwiesen worden war.[58]

Aber war es nur der Wille des Kaisers, der ein Gesetz entstehen ließ? Das uns überlieferte spätrömische Recht sei, so Wieacker, ein Gebotsrecht gewesen. Die Gesetze entsprängen hierbei dem Prozess der Willenschöpfung des Kaiser, einer mit den Rechtsgenossen nicht identischen Herrschaft. Im Gegensatz zu einem Überlieferungsrecht bestehe beim Gebotsrecht eine historische Realität, die neuzeitliche Historiker fassen könnten, da die Gebote des Willensträgers als geschriebenes Recht festgehalten würden.[59] Der Kaiser in der Spätantike erlässt zweifelsohne aufgrund seiner Stellung als unumschränkter Herrscher Gesetze, die als Gebote oder Befehle von allen Menschen im Imperium zu befolgen waren. Ihm waren von Gott die Gesetze unterworfen worden, wie es Justinian in einer Novelle formuliert.[60]

Die juridische Regierungsmacht geht aber insofern nicht ausschließlich von einer über die Rechtsgenossen souverän gebietenden Herrschaftseinheit aus, als am Prozess der Willensbildung immer auch die jeweiligen Interessensgruppen beteiligt waren. Bei diesen Überlegungen beziehe ich mich auf ein Theorem von Foucault, wonach die Begriffe Subjekt, Souveränität, Staat und Gesetz als die zu untersuchenden Parameter die Regierungsmacht ausmachen und unter der Annahme, dass das Phänomen Macht von den ständig wechselnden Resultanten gesellschaftlicher Kräfte geprägt ist. Macht ist dabei nach Foucault, nicht die Gesamtheit der Institutionen und Apparate, welche den Staat und damit die Ordnung aufrechterhalten, sondern die Vielfältigkeit von Kräfteverhältnissen, die ein Gebiet bevölkern und organisieren.[61] Die Begriffe und das, was sie bezeichnen, sind auf die Machtverhältnisse zurückzuführen; in Umkehrung der Annahme, dass die Regierungsmacht nur

---

[58] CJ 1, 14, 3 (426): *Leges ut generales ab omnibus aequabiliter in posterum observentur, quae vel missa ad venerabilem coetum oratione conduntur vel inserto edicti vocabulo nuncupantur, sive eas nobis spontaneus motus ingesserit sive precatio vel relatio vel lis mota legis occasionem postulaverit.*

[59] Wieacker 1972, S. 547f.; siehe auch ders. 1964, S. 56.

[60] Nov. Iust. 105, 4, 2 (536): *Omnibus enim a nobis dictis imperatoris excipiatur fortuna, cui et ipsas deus leges subiecit, legem animatam eum mittens hominibus: eo quod imperatori quidem iugis indesinens <est> consulatus omnibus civitatibus et populis gentibusque in singulis quae placent distribuenti, advenit autem cum ipse annuerit trabea, ideoque et imperii consulatus per omnia sit sequens sceptra.* Siehe auch Cons. Deo auctore, pr. (530): *Deo auctore nostrum gubernantes imperium, quod nobis a caelesti maiestate traditum est, et bella feliciter peragimus et pacem decoramus et statum rei publicae sustentamus: et ita nostros animos ad dei omnipotentis erigimus adiutorium, ut neque armie confidamus neque nostris militibus neque bellorum ducibus uel nostro ingenio, sed omnem spem ad solam referamus summae prouidentiam trinitatis: unde et mundi totius elementa processerunt et eorum dispositio in orbem terrarum producta est.*

[61] Foucault 2020, S. 93.

von einer Herrschaftseinheit ausgeht.[62] Die juridische Macht ist daher nicht als repressive Gehorsamsmacht ausgehend von einem Souverän aufzufassen, sondern der Kaiser als zumeist reagierender Gesetzgeber wurde von den gesellschaftlichen Kräften sicherlich beeinflusst und vielleicht auch beraten.

Am Prozess der Willensbildung, der sich in der heterogenen Rechtslage ausdrückt, waren demnach auch – wenn man den Gedanke Foucaults auf die spätantiken Verhältnisse überträgt – die Provinzialen und besonders die Führungseliten des Imperiums mittels ihrer interessengeleiteten Anfragen an den Kaiser, letztere als Akzeptanzgruppe, mittelbar beteiligt.[63] Einige Gesetze entstanden schließlich aufgrund der Petition oder des Berichtes eines Funktionsträgers. Die Interaktion zwischen regionalem Entscheidungsträger und zentraler juridischer Regierungsmacht haben wir etwa in den Briefen des Augustinus kennengelernt und können den Einfluss von dessen Anfragen auf die entsprechende Gesetzgebung erahnen. Die Kolonen wiederum nahmen über ihr kollektives Verhalten Einfluss auf die Gesetzgebung. In der hohen Kaiserzeit drohten sie die Flucht an, falls Veränderungen an der Abgabenordnung durchgeführt oder ihre Sicherheit nicht gewährleistet wurden, in der Spätantike spiegeln sich Fluchtbestrebungen und Unzufriedenheit mit der Abgabenlast in einigen Gesetzen zum Kolonat wider.[64]

Die beiden überlieferten Kompilationen täuschen dann auch darüber hinweg, dass nach ihrer Veröffentlichung keineswegs eine einheitliche und lückenlose Rechtlage bestand, änderte sich am Willensprozess doch wenig, und die Gesetze entstanden weiterhin auf die beschriebenen Art und Weise. Die in den Codices gesammelten Kaiserkonstitutionen und Novellen sind dementsprechend auch das Ergebnis dieses Aushandlungsprozesses. Dieser hatte vor allem strukturelle Ursachen, da sich die tetrarchischen Reformen auf die Gesetzgebung entsprechend auswirkten. Die Kaiser von Konstantin an regierten die Provinzen verstärkt durch das Recht. Dies beeinflusste nicht nur die Art und Weise der Gesetzgebung, sondern erforderte auf der Empfängerseite auch eigeninitiatives Verhalten der Funktionsträger, damit die strukturellen Herausforderungen eines zentralorganisierten Flächenstaates bewältigt werden konnten. Unter anderem zu diesem Zweck führte Konstantin auch die von Diokletian begonnene Verwaltungsreform in seinem Sinne fort. Vier nicht praesentale Prätoriumspräfekten installierte er bis Mitte der 320er-Jahre, wobei ihnen eine räumlich beschränkte Zuständigkeit zugewiesen wurde, ohne dass diese schon den späteren Sprengeln entsprochen hätte.[65] Zunächst wurde die Struktur

---

[62] Foucault 2020, S. 87–92, untersucht die Einheit des Dispositivs Sexualität und hinterfragt in diesem Zusammenhang die juridisch-diskursive Konzeption der Macht. Die juridische Macht versteht er als multiple, überall wirksame Machtbeziehung.

[63] Zum Begriff der Akzeptanzgruppe vgl. Flaig 2019 und ders. 1997.

[64] In der Zeit des Prinzipats: CIL VIII 14428; Keil/von Premerstein 1914, Nr. 55; CIL III 12336; in der Spätantike bspw.: CJ 11, 50, 1 (325). Vgl. dazu die Abschnitte V.3 und VI.1.

[65] Vgl. Migl 1994, S. 39–54; Porena 2003, S. 572; Coşkun 2004, S. 279–286.

geschaffen und dann die Befugnisse delegiert. Konstantin versuchte das Mehrkaisertum, welches er nach und nach beseitigte,[66] mithilfe der Dezentralisierung der Präfekturen auszugleichen, bevor er mit seinen Söhnen, freilich als minderberechtigte Caesaren, gemeinsam regierte.[67]

Die Regionalisierung der Prätoriumspräfekturen war, wie sich an der zunächst noch nicht fixierten räumlichen Zuständigkeit zeigt, tatsächlich eine Dezentralisierung der Regierungsmacht auf der zweithöchsten Staatsebene. Zudem standen den Präfekturen künftig Senatoren vor – eine ausgleichende Maßnahme im Rahmen des Elitendiskurses, weil sonst Ritter über Senatoren Befugnisse gehabt hätten. Das Amt des Prätoriumspräfekten wertete man entsprechend auf. Die Funktionsträger wurden als *viri illustres* beziehungsweise *viri clarissimi* bezeichnet und bekleideten während ihrer Amtszeit oftmals den Konsulat.[68]

Dabei mussten Prätoriumspräfekten ausschließlich administrative und jurisdiktionelle Aufgaben übernehmen, wohingegen ihnen militärische Befugnisse entzogen wurden. Durch ein Gesetz an alle Provinzialen wird ferner festgestellt, dass die Prätoriumspräfekten letztinstanzliche Richtersprüche verkünden können.[69] Sie verwalteten von nun an nicht mehr nur, sondern sie regierten förmlich in dem ihnen zugewiesenen Amtsbereich. Sie gerierten dadurch zu einem wichtigen Bindeglied zwischen der zentralen Regierungsmacht und den Statthaltern in den Diözesen und Provinzen.[70] Die Reformen des Gerichtsverfahrens sind ein Hinweis auf Konstantins Bemühungen, die Rechtsprechung für die Provinzialen zu verbessern. In ähnlicher Weise eröffnete Konstantin seinen Untertanen auch neue Möglichkeiten des Zugangs zur Justiz durch das kleine Gericht des *defensor civitatis* und durch seine innovative Entscheidung, den Bischöfen richterliche Befugnisse zu übertragen.[71] In den einzelnen Regionen, und das wird für die Kolonen bedeutsam sein, regierte der

[66] Eus. *laus Const.* 3, 6.

[67] Eus. *laus Const.* 3, 4.

[68] Vgl. Coşkun 2004, S. 280.

[69] CTh 11, 30, 16 (331): *IMP. CONSTANT(INUS) A. AD PROVINCIALES. A proconsulibus et comitibus et his qui vice praefectorum cognoscunt, sive ex appellatione sive ex delegato sive ex ordine iudicaverint, provocari permittimus, ita ut appellanti iudex praebeat opinionis exemplum et acta cum refutatoriis partium suisque litteris ad nos dirigat. A praefectis autem praetorio, qui soli vice sacra cognoscere vere dicendi sunt, provocari non sinimus, ne iam nostra contingi veneratio videatur. Quod si victus oblatam nec receptam a iudice appellationem adfirmet, praefectos adeat, ut aput eos de integro litiget tamquam appellatione suscepta. Superatus enim si iniuste appellasse videbitur, lite perdita notatus abscedet, aut, si vicerit, contra eum iudicem, qui appellationem non receperat, ad nos referri necesse est, ut digno supplicio puniatur. DAT. KAL. AUG.; PROPOSITA KAL. SEPT. CONSTANTINOPOLI BASSO ET ABLAVIO CONSS.* Siehe auch CJ 7, 62, 19 (331). Vgl. Jones 1986, S. 105; Migl 1994, S. 50; Dillon 2012, S. 111f. und 121. Eine knappe Zusammenfassung der Forschung bietet Brandt 2006, S. 35f.

[70] Vgl. Jones 1986, S. 100–103; Demandt 2007, S. 97f. und 293f. Vgl. zur Abgrenzung der Kompetenzen vom *magisterium officiorum* Clauss 1981, S. 116.

[71] Vgl. Dillon 2012, S. 119–155.

Kaiser indirekt über die staatlichen Instanzen per Gesetz. Die Rhetorik und der Stil spätantiker Kaiserkonstitutionen ist deshalb vielfach geprägt von der propagandistischen Absicht der Zentralregierung.[72] Konstantin nutzte dabei die Gesetzgebung verstärkt als Mittel zur Kommunikation.[73]

3. Normierungswille oder reagierendes Gestalten

Es sind weniger die Dispositionen der Gesetze, als vielmehr die dahinter zu vermutenden Interessen und Intentionen, welche den Kaiser bewegten, die Konstitutionen zu erlassen, für uns von Bedeutung. Der Beweggrund, ein Gesetz zu verfassen, war in den meisten Fällen anlassbezogen. Bei der Bewertung sind also der räumliche und historische Kontext sowie der Adressat von Bedeutung. „Most of the enactments in the codes were addressed in the first instance to local officials in response to local situations“, wie Finley feststellt.[74] Das Regierungshandeln römischer Kaiser wurde aufgrund der kaiserlichen Respondierpraxis als ein „government by response“ bezeichnet,[75] der römische Kaiser habe nicht regiert, sondern reagiert.[76] In den meisten Gesetzen findet man diese Grundannahme bestätigt.[77] Die Kaiser reagierten auf Anfragen von Funktionsträgern und Untertanen oder in einer konkreten Situation. Eigeninitiatives Handeln der Kaiser war eher selten.[78] In vielen Fällen ist die Motivation ihrer Entscheidung aber auch nebensächlich. Wichtiger erscheint die Frage nach dem kaiserlichen Gestaltungswillen. Dabei sind immer der Entstehungszusammenhang und der Geltungsanspruch zu berücksichtigen.[79]

In seiner Dissertation zum Regierungshandelns Kaiser Valentinians I., stellt Schmidt-Hofner in diesem Zusammenhang heraus, dass Kaiser auch respondierend gestalten konnten,[80] sei es, dass sie in Konflikten auszugleichen beabsichtigten, oder sei es, dass sie einen bestimmten Sachverhalt dauerhaft klären wollten.[81] Damit erweitert und differenziert er die Untersuchung kaiserlicher Gesetzgebung und stellt ein Modell vor, mittels dessen Gesetze historisch kontextualisiert werden können.

---

72 Vgl. Eich/Eich 2004, S. 76.

73 Vgl. Dillon 2012, S. 60–89 und 252. Zur Kommunikation Konstantins in der Panegyrik und auf Münzen vgl. Wienand 2012.

74 Finley 1980, S. 125.

75 Vgl. dazu das grundlegende Werk von Millar 1992 und die Erwiderung von Bleicken 1982.

76 Schmidt-Hofner 2008a, S. 11.

77 Vgl. etwa die Gesetze von Julian Apostata, die Brendel 2017 mustergültig untersucht hat. Siehe auch die Beispiele für die Zeit des Prinzipats von Millar 1992, S. 203–259.

78 Vgl. Brendel 2017, S. 389f., Anm. 1394.

79 Vgl. die Kategorisierung von Schipp 2009, S. 31f.

80 So schon Bleicken 1982.

81 Siehe Schmidt-Hofner 2008a, S. 341–344.

Als heuristische Kategorien dienen Geltungsanspruch, Entstehungszusammenhang sowie die Innovation oder Affirmation der Konstitutionen.[82]

Bereits Gaudemet akzeptierte eine solche situative und fallbezogene Geltung der kaiserlichen Konstitutionen.[83] Diese Ansicht wird zwar von Teilen der rechtshistorischen Forschung abgelehnt – den jüngsten Vorstoß hat Riedlberger unternommen und in scharfer Abgrenzung von einer Kasuistik spricht er sich für eine universelle Anwendbarkeit aller römischen Gesetze aus –,[84] aber die Auffassung von Gaudemet und Schmidt-Hofner widerspricht nicht der generell reichsweiten Gültigkeit der kaiserlichen Konstitutionen, sondern geht von der Praxis aus, wonach die Kaiser zumeist auf Krisen, Konflikte und Anfragen von Untertanen oder Funktionsträgern mit genau umrissenen Aufgabenbereichen reagierten. Gesetze wurden mit Sicherheit an den anfragenden Funktionsträger oder Untertanen (Empfänger) gesandt. Darüber hinaus können wir nicht sicher sein, dass die jeweilige Konstitution außerhalb des Bereiches eines Empfängers bekannt war.

Die Beispiele von Plinius und Augustinus haben gezeigt, dass in konkreten Fällen eine Vielzahl von kaiserlichen Reskripten und Edikte vorhanden sein konnten, darunter auch solche, die nach der jeweils aktuellen Rechtsauffassung im Amtsbereich nicht mehr anzuwenden waren. Zudem sind die Antworten Trajans nur an Plinius gesandt worden. Ein Kollege des Plinius hätte zur selben Rechtsfrage eine eigene Anfrage stellen müssen. Es besteht kein Zweifel, dass in der Spätantike die Kommunikation genauso wie in der Zeit des Prinzipats verlaufen ist, mit dem Unterschied, dass der Statthalter Konstitutionen und keine Reskripte erhalten hätte. Daher bringt es uns in einem konkreten Fall nicht weiter, eine reichsweite Gültigkeit der Kaiserverlautbarungen zu konstatieren. Die Wirksamkeit der Gesetze war begrenzt, und zwar wurden sie dort beachtet, wo die Gesetze angefragt worden waren und damit aktuell sowie effektiv waren, unbeschadet der Möglichkeit, dass auch andere Statthalter und Funktionsträger von den jeweiligen Gesetzen Kenntnis erlangt haben konnten.

Die Mehrzahl der Kolonengesetze richteten die Kaiser an Prätoriumspräfekten, Vikare oder Provinzstatthalter mit klar umrissenen Zuständigkeiten.[85] Die Gültigkeit wurde in manchen Fällen ausdrücklich auf diese beschränkt. So zeitigten etwa historische Ereignisse wie die Bedrohung der Grenzgebiete gewisse Gesetzesmaßnahmen hinsichtlich des Kolonats. Die Intensität der Goteneinfälle nahm in den 370er-Jahren in den Donauprovinzen stetig zu. Immer mehr Sklaven und Kolonen waren zur Flucht gezwungen. Der Prätoriumspräfekt Probus hatte in Illyrien und

---

[82] Bei den Kriterien für die Beurteilung des Regierungshandelns beziehe ich mich auf die Überlegungen von Schmidt-Hofner 2008a, bes. S. 11–35 und 268–287.

[83] Vgl. Gaudemet 1955; 1956.

[84] Vgl. Riedlberger 2020, S. 89–112.

[85] Zu den wenigen Ausnahmen gehören: CTh 5, 17, 1 (*ad provinciales*) und CJ 11, 48, 11 (*ad populum*).

den benachbarten Provinzen einige Mühe, die Ordnung aufrechtzuerhalten.[86] Daher war ein Gesetz Valentinians I. für diese Gebiete eine Reaktion auf die nur noch eingeschränkten Möglichkeiten einer geordneten Steuerverwaltung und überdies eine rigide politische Maßnahme, die Landflucht zu unterbinden, denn die Landwirtschaft wurde in Zeiten äußerer Bedrohung immer zweifach belastet.[87] Zum einen konnten ganze Landstriche verwüstet und die Bauernschaft zur Flucht vor den auswärtigen Fremden gezwungen werden, zum anderen erforderten die Gegenmaßnahmen eine Steigerung der Lebensmittelproduktion und Erhöhung der Steuern.[88] Die Kolonen, heißt es in dem valentinianischen Gesetz, seien in Ketten zu legen und zu bestrafen (*revocati vinculis poenisque subdare*). Eine derart ehrmindernde Strafe für römische Bürger findet sich in keinem anderen zeitgenössischen Gesetz und kann nur mit der heiklen Situation auf dem Balkan erklärt werden und auch nur dort gültig gewesen sein. Bezeichnenderweise wurde diese Konstitution nicht in den Codex Theodosianus aufgenommen, da sie für Kolonen in anderen Provinzen keine Relevanz hatte.[89]

In der Zeit vor den Kodifizierungen des römischen Rechts herrschte, wie auch die eingangs zitierten Zeitgenossen festgestellt haben, keine einheitliche Rechtslage. Einige Forscher folgen dann auch deren Einschätzung. Cameron etwa fasst die Gesetze als theoretisch und widersprüchlich auf.[90] Und die Bestände an Kaiserkonstitutionen in den Archiven der Präfekturen waren bis zur Kodifizierung in der Tat unvollständig. Selbst in einer Provinz mit einem gutausgestatteten Archiv wäre die Rechtsprechung alles andere als leichtgefallen, hätten sich doch eine Vielzahl von kaiserlichen Entscheidungen darin befunden. Entsprechend unterschiedlich wird die Rechtsprechung in den einzelnen Provinzen gewesen sein. Da die Kaiser beziehungsweise deren Kanzleien sich beim Gesetzgebungsverfahren aber implizit oder explizit an den geltenden Konstitutionen orientierten, war die Rechtslage in den

---

[86] Sex. Claudius Petronius Probus ist als *praefecto praetorio* 364 in Illyrien und 366 in Gallien nachgewiesen. Er war von 367–375 PPO Italiae, Illyrici et Africae und nochmal 383; vgl. PLRE I 736–740, s. v. Probus 5.

[87] CJ 11, 53, 1, pr.–1 (371): *Colonos inquilinosque per Illyricum vicinasque regiones abeundi rure, in quo eos originis agnationisque merito certum est immorari, licentiam habere non posse censemus. Inserviant terris non tributario nexu, sed nomine et titulo colonorum, ita ut, si abscesserint ad aliumve transierint, revocati vinculis poenisque subdantur, maneatque eos poena, qui alienum et incognitum recipiendum esse duxerint, tam in redhibitione operarum et damni, quod locis quae deseruerant factum est, quam multae, cuius modum in auctoritate iudicis collocamus: ita ut etiam dominus fundi, in quo alienus fuisse monstrabitur, pro qualitate peccati coercitionem subire cogatur nec sit ignorantiae locus, cum ad criminis rationem solum illud sufficiat, quod incognitum sibi tenuit.*

[88] Zur Semantik des Fremden Stichweh 2010, S. 75–83.

[89] Wie auch die regionalen Sonderregelungen zur Kolonenflucht für Palästina und Thrakien: CJ 11, 51, 1 (386); CJ 11, 52, 1, pr. (392–395). Vgl. Schipp 2009, S. 72–83.

[90] Vgl. Cameron 1994, S. 40f. und dies. 1993, S. 86.

einzelnen Provinzen bezüglich bestimmter Sachverhalte einheitlicher als Cameron und andere Forscher annehmen.

Wir können ferner aufgrund der normativen Regelungen in einigen Fällen unterscheiden, ob ein Kaiser auf Anfrage anderer reagierte oder aus eigenem Antrieb agierte: also erkennen, ob ein Regelungsbedarf bestand, der zu einer entsprechenden Vorschrift führte. Agierte der Kaiser, ist von einem Normierungswillen auszugehen. Einen solchen kann man etwa in den Gesetzen zu den kaiserlichen Domänen feststellen. Im Vordergrund standen hierbei Maßnahmen, die Finanzierung staatlicher Aufgaben zu gewährleisten und Rechtssicherheit (Rückhalt des Kaisers) für die eigene Verwaltung zu gewinnen. Nicht von ungefähr gehen die Gesetze zu den kaiserlichen Kolonen den allgemeinen Kolonengesetzen voraus.[91] Wenn der Kaiser aber auf eine Eingabe reagierte und dabei eine politische Agenda verfolgte oder doch zumindest allgemeingültige und nachhaltige Gesetze erließ, wird dies als reagierendes Gestalten aufgefasst. Im Jahre 332 führte Konstantin zum Beispiel die Bodenbindung für eine bestimmte Kolonengruppe ein. Er reagierte damit auf einen Ressourcenkonflikt unter den Großgrundbesitzern um abhängige Kolonen. Zugleich subsumierte er unterschiedliche Pachtformen und Arbeitsverhältnisse abhängiger Landarbeiter unter einen juristischen Begriff, wodurch eine Vielzahl von Pachtverhältnissen vereinheitlicht wurde.[92] Als dritte Kategorie sind schließlich noch die Gesetze herauszufiltern, die aufgrund eines situativen Ereignisses, etwa einer Naturkatastrophe oder eines Barbareneinfalls, entstanden sind und eine kaiserliche Initiative erforderten, ohne dass dieser dabei gestaltend wirken konnte, sondern reaktiv im eigentlichen Sinne als „Krisenmanager“ tätig werden musste. So untersagte Kaiser Valentinian I. im Jahre 373 bestimmte Ehen zwischen Römern und Barbaren in Nordafrika. Kein Provinzbewohner, egal welchen Standes, durfte eine Barbarin (*barbara uxor*) heiraten und keine Provinzbewohnerin durfte mit einem Barbaren (*gentilis*) eine Verbindung eingehen; anderenfalls drohte die Hinrichtung.[93] Die Konstitution erging, für ein Ehegesetz äußerst ungewöhnlich, an einen für das nordwestliche Afrika zuständigen Militärführer. Der *magister equitum* Theodosius schlug gerade einen Aufstand des Maurenscheichs Firmus nieder. Der Gesetzgeber entschied demnach eine Rechtsfrage in einer konkreten Situation. Die Angehörigen beider Personengruppen und deren Nachkommen mussten verschiedene Aufgaben erfüllen, die einen waren freie römische Provinzbewohner (*provinciales*) und hatten öffentliche Dienste (*munera*) zu erbringen, die anderen waren Soldaten barbarischer Herkunft (*gentiles*) und kriegsdienstpflichtig. Es sollten folglich eheähnliche Verbin-

---

[91] Vgl. im Abschnitt V.2.

[92] CTh 5, 17, 1 (332). Vgl. zu diesem Gesetz ausführlich in den Abschnitten V.3 und VI.2.

[93] CTh 3, 14, 1 (373): *Nulli provincialium, cuiuscumque ordinis aut loci fuerit, cum barbara sit uxore coniugium, nec ulli gentilium provincialis femina copuletur. Quod si quae inter provinciales atque gentiles affinitates ex huiusmodi nuptiis exstiterint, quod in iis suspectum vel noxium detegitur, capitaliter expietur.*

dungen zwischen Personen verhindert werden, die nicht denselben personenrechtlichen Status hatten. Das valentinianische Gesetz ist auf die Situation in Nordafrika zugeschnitten und zeigt die Reaktion des Kaisers auf diesen speziellen Sachverhalt. Die Konstitution ist exklusiv und nicht auf andere Grenzregionen übertragbar. Valentinian I. erließ somit auch kein allgemeingültiges Ehegesetz, weswegen es für diese Regelung auch kein Folgegesetz gibt.[94]

Da sich unter den Kolonengesetzen Konstantins keine Konstitution befindet, die auf ein situatives Reagieren zurückzuführen ist, ist diese Kategorie des kaiserlichen Handelns für die vorliegende Untersuchung nicht relevant. Die konstantinischen Kolonengesetze lassen aber entweder einen Normierungswillen oder ein reagierendes Gestalten erkennen, sodass wir die politische Intention des Kaisers ableiten und dessen Regierungshandeln historisch einschätzen können.

Schmidt-Hofners dritte heuristische Kategorie Innovation oder Affirmation hält Brendel für zu gering differenziert. Noch immer reiche das Millar'sche „government by response"-Modell bei der Gesetzesanalyse aus, sofern reaktive nicht mit passiv-affirmativer Tätigkeit gleichgesetzt werde.[95] Daher schlägt er eine Gliederung in affirmativ, modifizierend, erweiternd, traditionalistisch und innovativ vor, wobei sich auch Mischformen aus diesen ergeben könnten. Grundsätzlich ist diese Kritik zutreffend, aber solch diffizile Unterscheidungen zu machen, erscheint mir für die Erforschung einer Ursprungsthese des Kolonats nicht erforderlich. Um das Innovative eines Gesetzes und damit auch das erste Auftreten der Regelung eines juristischen Sachverhalts aus den Konstitutionen herauszufinden, reicht es für unseren Untersuchungszweck aus, dass ein Gesetz auf etwaige Normierungen in den vorhergehenden und nachfolgenden Gesetzen hinsichtlich einer Neuregelung überprüft wird.

Fasst man die Ausführungen zusammen, dann lassen sich für eine historische Analyse drei idealtypische Kategorien des kaiserlichen Handelns unterscheiden. Erstens: Der Kaiser handelte eigeninitiativ und spontan. Dabei machte er Politik im engeren Sinne, indem er zum Beispiel die Verwaltungsreformen vorantrieb. Der häufigste Fall ist sicher die zweite Kategorie, wonach der Kaiser auf Eingaben und Anfragen von Untertanen oder Funktionsträgern reagierte oder das Kaisergericht angerufen wurde. Aufgrund eigener Vorstellungen konnte er hierbei gestaltend wirken. Drittens ist der Kaiser immer wieder als „Krisenmanager" gefragt, wenn es etwa nach einer Naturkatastrophe oder einem Barbareneinfall zu handeln gilt. Der Kaiser reagierte dann in einer entsprechenden Situation auf ein bestimmtes Ereignis. Im Schema lassen sich die Vorüberlegungen zur Gliederung und Kontextualisierung des Regierungshandelns aufgrund von Gesetzen folgendermaßen darstellen:

[94] Vgl. dazu Schipp 2014, S. 129f.
[95] Vgl. Brendel 2017, S. 381–394.

Tabelle 1: *Idealtypische Kategorien kaiserlichen Handelns*

Regierungs-handeln	Kaiserliche Politik	Politische Lenkung	„Krisen-management"
Historische Situation	kein erkennbares Ereignis, spontane Gesetzesinitiative	Anfrage (Petition, Bericht), Rechtsstreit	historisches Ereignis (Naturkatastrophe, Barbareneinfall)
Intention/ Beweggrund	Normierungswille	reagierendes Gestalten	situatives Reagieren
Gesetzes-charakter	innovativ	innovativ, affirmativ	exklusiv
Wirkung	grundlegende Regelung	wiederkehrender Regelungsbedarf	einmaliger Regelungsfall

4. Aktualität und Effektivität

Kaiserliche Konstitutionen besaßen universelle Gültigkeit, seien sie doch die unmittelbaren, oft erst kürzlich ergangenen Befehle des absoluten Herrschers gewesen.[96] Die Gesetze galten, nachdem sie erlassen worden waren, theoretisch im ganzen Reich, mit Sicherheit aber im Amtsbereich des Empfängers. Obwohl sie auf dem beschriebenen Aushandlungsprozess beruhten und eine gewisse Akzeptanz der anfragenden Gruppe vorausgesetzt werden kann, wäre es wichtig zu wissen, ob diese Befehle dort auch befolgt wurden.[97] Für die Wirksamkeit von Verwaltungsanweisungen konnte in einer Untersuchung der konstantinischen Justiz eindrucksvoll nachgewiesen werden, dass die Funktionsträger darauf achteten, dass die Gebote des Herrschers eingehalten wurden.[98] Doch können wir nicht davon ausgehen, dass diejenigen, die von neuen Gesetzen betroffen waren und die nicht zur Akzeptanzgruppe zählten, diesen auch nachkamen, zumal es keine Behörde im neuzeitlichen Sinne gab, welche ein Zuwiderhandeln von Staats wegen geahndet hätte. Die Durchsetzung der Gesetze wurde zudem erschwert durch die Weiträumigkeit des Römischen Reiches und durch die sich daraus ergebende zunehmende Differenzierung und Intensivierung der Verwaltung seit den Reformen Diokletians und Konstantins.

---

[96] Wieacker 1964, S. 56; siehe auch ders. 1972, S. 547f.
[97] Zum Aushandlungsprozess der Gesetze vgl. Abschnitt II.2.
[98] Dillon 2012, S. 156–192.

Die Brüder Valentinian I. und Valens teilten unter anderem deshalb im Jahr 364 Reichsgebiet, Hofstaat und Heer unter sich auf, ersterer übernahm den westlichen, der jüngere Valens den östlichen Reichsteil. Schon die antiken Autoren kamen zu einer differenzierten Bewertung dieses Ereignisses.[99] Auch von der Forschung wird die Teilung der Machtbereiche unterschiedlich bewertet. Entweder sie sei ein Markstein auf dem Weg zur Entstehung zweier Reichsgebilde gewesen,[100] oder es sei nur die Verwaltung und nicht der Staat selbst geteilt worden.[101] In diesem Zusammenhang scheint mir bedeutsam, dass Valentinian I. seinen Bruder nicht zum Caesar, sondern zum Augustus erhob (*Augustus pari iure*).[102] Ammian legt dies und die spätere Berufung Gratians zum Augustus als Großzügigkeit Valentinians I. aus.[103] Gleichwohl war der jüngere damit staatsrechtlich dem älteren Bruder gleichgestellt, auch wenn die Macht ungleich verteilt gewesen sein mag. Die Idee von einem einzigen Staat wurde dabei aufrechterhalten, und die Kaiser betonten stets die Gemeinsamkeit des Rechts. Selbst Ende des 4. Jahrhunderts, zur Zeit der Herrschaft der Theodosiussöhne Honorius und Arcadius, wurde die Reichseinheit noch betont.[104]

---

[99] Nach Ammian sei Heer und Reichsgebiet aufgeteilt worden; Amm. 26, 5, 1–4: *Acta igitur tranquillius hieme concordissimi principes, unus nuncupatione praelatus, alter honore specie tenus adiunctus, percursis Thraciis Naessum advenerunt, ubi in suburbano, quod appellatum Mediana a civitate tertio lapide disparatur, quasi mox separandi partiti sunt comites et Valentiniano quidem, cuius arbitrio res gerebatur, Iovinus evenit dudum promotus a Iuliano per Gallias magister armorum, et Dagalaifus, quem militiae rectorem provexerat Iovianus: in orientem vero secuturus Valentem ordinatus est Victor, ipse quoque iudicio principis ante dicti provectus, cui iunctus est Arintheus. Lupicinus enim pridem a Ioviano pari modo promotus magister equitum partes tuebatur eoas tunc et Aequitius Illyriciano praeponitur exercitui, nondum magister sed comes, et Serenianus, olim sacramento digressus, recinctus est, ut Pannonius sociatusque Valenti domesticorum praefuit scholae. quibus ita digestis et militaris partiti numeri. Et post haec cum ambo fratres Sirmium introissent, diviso palatio, ut potiori placuerat, Valentinianus Mediolanum, Constantinopolim Valens discessit.* Symmachus spricht von der Teilung des Staates (*res publica*) und überspielt die Unterordnung Gratians, indem er formuliert, Gratian besitze die ganze Welt, während Vater und Onkel nur einen Teil des Staates beherrschten; Symm. *or.* 3, 11: *Quodsi fortunam tuam, Gratiane venerabilis, quae prima in ducibus aestimatur, perpensa examinatione libremus, quid felicius principe sub parentibus imperante? Te placido sinu cunctus orbis amplectitur, cumque sit res publica patri et patruo tuo quadam specie distributa, tibi uni tamen cum utroque communis est.*

[100] Vgl. veraltet aber pointiert Bellen 2003, S. 110f.

[101] Vgl. Demandt 2007, S. 139f.

[102] Symm. *or.* 1, 11: *Ergo Augustum pari iure confirmans curasti, ne umquam tibi suspectus esset, cui non reliquisti, quod ultra optare deberet.* Gemeint sind Valentinian I., Valens und Gratian.

[103] Amm. 27, 6, 16: *In hoc tamen negotio Valentinianus morem institutum antiquitus supergressus non Caesares sed Augustos germanum nuncupavit et filium benivole satis. Nec enim quisquam antehac adscivit sibi pari potestate collegam praeter principem Marcum qui Verum adoptivum fratrem absque diminutione aliqua maiestatis imperatoriae socium fecit.*

[104] Oros. 7, 36, 1: *Anno ab urbe condita MCXLVIIII Arcadius Augustus, cuius nunc filius Theodosius orientem regit, et Honorius Augustus frater eius, cui nunc respublica innititur, quadragensimo secundo loco commune imperium divisis tantum sedibus tenere coeperunt.*

Grundsätzlich gilt zwar, dass die *leges generales* immer Präzedenzcharakter hatten, dennoch kann nicht davon ausgegangen werden, dass die in der Zeit danach erlassenen Konstitutionen auch reichsweite Wirkung erlangten. Die Gesetze, die in einer der beiden Reichshälften erlassen wurden, musste der Kaiser der anderen zur Kenntnis genommen haben. Auch bei vorsichtiger Einschätzung der Auswirkungen dieser Aufteilung der Verwaltung, und damit auch des juristischen Fachberaterstabes und der Kanzlei, ist eine unterschiedliche Entwicklung des Rechts in den beiden Reichsteilen seit dem Regierungsantritt der *concordissimi fratres*[105] im Jahre 364 möglich, nämlich dann, wenn die beiden autonomen Gesetzgeber sich nur gelegentlich austauschten und ihre Gesetze abglichen.[106] In einigen Fällen dürfte auch ein Austausch von Gesetzen nicht nötig oder gar sinnvoll gewesen sein.[107] Davon, dass sich dies auf den Kolonat im Osten und Westen auswirkte, können wir ausgehen.[108] Diese Entwicklung des Rechts verstärkte sich vermutlich noch nach der Reichsteilung im Jahre 395.[109]

Spätestens aber nach Inkrafttreten des Codex Theodosianus hatten die im Osten erlassenen Gesetze keinen wesentlichen Einfluss mehr auf die Rechtspraxis im Westen. Neue Gesetze waren dem jeweils anderen Kaiser anzuzeigen, und vor Gericht durfte keine Konstitution vorgelegt werden, die nicht vorher dem anderen Kaiser bekannt gemacht worden war.[110] Sie musste ferner mit *generalitas* erlassen werden und mit einem kaiserlichen Begleitschreiben (*divinia pragmatica*; *divina prosequentia scripta*) dem anderen Kaiser zugestellt werden.[111] Dies wurde überzeugend als Schutz vor einem neuerlichen Gesetzeschaos gedeutet.[112] Neue Gesetze hatten nach

105 CIL III 10596; vgl. allg. zur Samtherrschaft der Brüder Bellen 2003, S. 110.

106 Vgl. allgemein Kaser 1975, S. 55f. und maßgebend Gaudemet 1955, S. 319–330 und ders. 1956, S. 319–354.

107 Sirks 2021a, S. 567, erinnert daran, dass das römische Recht in mehr als vier Jahrhunderten entwickelt wurde und die Gesetze nach 364 lediglich eine Weiterentwicklung des herkömmlichen Rechts waren. Die Gesetze, die vor 364 erlassen worden seien, hätten auch danach gegolten. Daher dürfe man die Teilung nicht überschätzen.

108 Vgl. zur besonderen Entwicklung des Rechts im Westen, wenn auch zu drastisch in der Schilderung Wieacker 1964, S. 27–37.

109 Zum Austausch der Gesetze nach 395 vgl. Sirks 2021a, S. 556f.

110 Nov. Theod. 1, 5 (438): *His adicimus nullam constitutionem in posterum velut latam in partibus occidentis aliove in loco ab invictissimo principe filio nostrae clementiae p(er)p(etuo) Augusto Valentiniano posse proferri vel vim legis aliquam obtinere, nisi hoc idem divina pragmatica nostris mentibus intimetur.*

111 Nov. Theod, 2, pr. (447): *Domino Valentiniano inclito victori ac triumphatori, semper augusto filio Theodosius perpetuus Augustus pater. Postquam in corpus unius codicis divorum retro principum constitutiones nostrasque redegimus, aliam mox legem nostra pietas promulgavit, quae tam confecto codici vires auctoritatemque tribueret nec aliter in iudicio quas contineret leges, nisi ex ipso proferrentur, valere praeciperet, quam si quid iuris ab altero nostrum postea conderetur, id demum in alterius quoque principis regno vires proprias obtinere, quod generatim constitutum esset et divinis prosequentibus scriptis ad alterum principem fuisset emissum.*

112 Vgl. Riedlberger 2020, S. 106f.

wie vor im gesamten Imperium Gültigkeit, wurden aber ohne Kenntnisnahme oder die Akzeptanz der kaiserlichen Begleitschreiben im jeweils anderen Reichsteil nicht wirksam. Die Wirkung (Aktualität und Effektivität) solcher Gesetze war dennoch zunächst, das heißt vor der Veröffentlichung des jeweiligen Codex, räumlich und zeitlich begrenzt. Auch Riedlberger, welcher die bisherige Forschung zum Codex Theodosianus in diesem Punkt scharf kritisiert, kann nur wenige Belege für eine Korrespondenz unter den Kaisern vortragen, welche aber kaum ausreichen, die Communis Opinio vom Auseinanderdriften der Reichsteile, auch hinsichtlich der Gesetzgebung, zu entkräften, da dieser Austausch allenfalls sporadisch stattfand.[113]

Die Konstitutionen, die nach der Kodifikation im Osten erlassen und im Westen nachweislich übernommen wurden, betreffen nicht den Kolonat.[114] Die im Westen bekannten Kolonengesetze wurden schließlich im frühen Mittelalter, vermittelt durch Codex Theodosianus und valentinianische Novellen, weiter rezipiert. Sie behielten in den nachrömischen Königreichen der Vandalen, Burgunder, Franken, Ost- und Westgoten ihre Gültigkeit.[115] Selbst im Karolingerreich galten römische Kolonengesetze für bestimmte Bevölkerungsgruppen nach dem Personalitätsprinzip. Im Osten des Imperiums hingegen führten die Kaiser den Kolonat fort. So regelten Justinian und Anastasios nochmals grundsätzlich diverse Statusfragen und die Besteuerung von abhängigen Kolonen.[116] Dabei entwickelten ihre Juristen eine eigene Begrifflichkeit zur Differenzierung einzelner Kolonengruppen.[117] Justinian schließlich versuchte seine Gesetze in Italien mit geringem Erfolg wiedereinzuführen.[118]

Infolge dieser Rechtspraxis nahm der Kolonat in den Reichsteilen und in den einzelnen Provinzen je eigene Formen an.[119] Dies wird in der Forschung oft übersehen. In kaum einer der Untersuchungen zum Kolonat wird zwischen den westlichen und östlichen Konstitutionen sowie zwischen Gesetzen, die reichsweit verbreitet waren, und solchen, denen nur regionale Bedeutung beizumessen ist, differenziert. Obschon früh erkannt wurde, dass es rechtlich und sozial differente Kolonengruppen in Ost und West gab, und obwohl schon Kaser feststellte, dass man eine westliche und östliche Entwicklung des Kolonats unterscheiden kann,[120] beachten die meisten Forscher die separate Entwicklung im Westen nicht gebührend.[121] Einige,

113 Vgl. Riedlberger 2020, S. 111f. Siehe zu den juristischen Beispielen Schmidt-Hofner 2008a, S. 351–359, und mit den literarischen Quellen Schipp 2009, S. 32.
114 Zum Beispiel: Nov. Theod. 2, Nov. Anth. 2 und Nov. Anth. 3.
115 Zur Aktualität und Effektivität der Rechtsaufzeichnungen in den nachrömischen Königreichen siehe Nehlsen 1977.
116 Zum Beispiel: CJ 11, 48, 19; CJ 11, 48, 20; CJ 11, 48, 23.
117 Siehe zur östlichen Terminologie Abschnitt III.2.
118 Mit der *Pragmatica sanctio pro petitione Vigilii* (MGH LL 5, 171–175) bestätigte Justinian am 13. August 554 eine frühere Publikation seiner Gesetze in Italien. Vgl. Kaiser 2012, S. 429.
119 So schon Finley 1980, S. 125.
120 Kaser 1975, S. 143. Vgl. auch Banaji 1997, 2001 und Sarris 2006.
121 Auch nicht in den Studien von Sirks 1993, 2012; Carrié 1982, 1983, 1997; Rosafio 2002, 2008 und Koptev 1995, 2005.

wie etwa de Martino, lehnen die Unterscheidung in West- und Ostreich als zu schematisch ab, obgleich auch er konzedieren muss, dass die Konstitutionen zum Kolonat manch bedeutsamen Unterschied aufweisen.[122] Aber gerade in einer Überblicksdarstellung ist eine solche Differenzierung notwendig. Manche Forscher übertragen nämlich ihre Ergebnisse, die sie nur aufgrund einer Untersuchung östlicher oder westlicher Kolonengesetze gewonnen haben, auf den gesamten Kolonat.[123] Dass der Kolonat stärker regional differenziert untersucht werden muss, ist dann auch eines der wegweisenden Ergebnisse einer Konferenz auf Capri im Jahre 1995.[124]

Hinter den Konstitutionen verbirgt sich dabei eine soziale Wirklichkeit. Da Gesetze nicht nur auf etwas, sondern auch gegen etwas gerichtet waren, muss es das, wogegen sie gerichtet sind, letztlich gegeben haben, und dies muss zugleich die sozialen und kontingenten Erfahrungen der Betroffenen wiedergeben.[125] Die Gesetze beziehungsweise Gebote wurden zwar nicht verkündet,[126] aber das Gebotsrecht war notwendigerweise vom Willensträger sprachlich artikuliertes Recht, welches niedergeschrieben wurde.[127] Dass die Untertanen die sie betreffenden Gesetze aber kannten, können wir daran ablesen, dass sie versuchten die Rechtsfolgen zu umgehen oder zu vermeiden.

Auch dass die Gesetze aus unterschiedlichen Gründen entstanden sind, hatte Konsequenzen für deren Wirksamkeit.[128] Durch die zumeist situativ angefragten Konstitutionen wurde ein bestimmter Sachverhalt geregelt, ohne dass dadurch der zugrundeliegende Konflikt widerspruchsfrei normiert worden wäre. Mit etwas Geschick konnten die Gesetze umgangen werden, oder eine ähnliche Situation erforderte eine neuerliche Bestimmung des Kaisers. Wenn eine Konstitution den innovativen Normierungswille des Gesetzgebers aufweist, dann zeigt sich, was geändert oder erreicht werden soll. Aus demselben Gesetz geht dann aber nicht hervor, ob die vom Gesetzgeber erwünschte Veränderung auch eintrat.[129] Allerdings sind wir im Stande aus den Folgegesetzen, seien sie affirmativ oder modifizierend, sehr wohl Rückschlüsse auf die Aktualität und Effektivität der vorherigen Bestimmung zu ziehen.[130]

---

[122] Vgl. de Martino 1991, S. 449 und ders. 1993, passim. Vgl. auch Pallasse 1950, S. 5–13.
[123] Bspw. Eibach 1977, Mirković 1997 und Munzinger 1998. Auch beobachtet man, dass in allgemeinen Darstellungen Aussagen undifferenziert nebeneinanderstehen, die auf der Evidenz östlicher oder westlicher Quellen beruhen; siehe bspw. Demandt 2007, S. 331–333.
[124] Vgl. Lo Cascio 1997, bes. S. 185–224 und 225–239.
[125] Die Konstitutionen bilden, wie Fustel de Coulanges 1885, S. 15–24, feststellte, die Praxis ab; zustimmend Finley 1964, S. 142f.
[126] Riedlberger 2020, S. 82–89, führt zahlreiche Belege an, die gegen ein Publikationserfordernis als Voraussetzung der Gültigkeit eines Gesetzes sprechen. Gleichwohl heißt das nicht, dass Gesetze nicht bekannt gemacht worden sind; vgl. ebd., S. 78–81.
[127] Vgl. Wieacker 1972, S. 547.
[128] Vgl. Schmidt-Hofner 2008a, S. 21–23; Matthews 2010, S. 26–29.
[129] Vgl. Demandt 1980, S. 628.
[130] Vgl. Schmidt-Hofner 2008a, S. 30–34.

Einhaltung und Wirksamkeit der kaiserlichen Gebote sowie deren Gegenteil können obendrein aus beiläufigen Bemerkung in der Literatur geschlossen werden. Denn obwohl die Gesetze, wie bereits ausgeführt, auf einem Aushandlungsprozess beruhten,[131] wurden sie trotzdem nicht immer konsequent angewandt, wie etwa einem Brief des Sidonius Apollinaris zu entnehmen ist. Der Bischof von Clermont erwartet ganz offen von einem gewissen Pudens, dass dieser einen Inquilinen freilässt, um eine rechtmäßige Ehe zwischen zwei jungen Leuten zu stiften. Stattdessen hätte der junge Mann entweder der Entführung oder der Schändung der jungen Frau angeklagt werden müssen. Das bestehende Recht wurde dadurch unterlaufen.[132]

Dies bedeutet für eine Untersuchung des Kolonats, dass bestimmte Regelungen, Rechtsprinzipien oder Rechtsinstitute von Fall zu Fall geprüft und beurteilt werden müssen. Jedes Gesetz muss dabei auf seine Aktualität und Effektivität hin analysiert werden.[133] Diejenigen Institute und Rechtsfragen sind dabei zu untersuchen, die überregionale Geltung erlangten und die aufgrund ihrer Wirkung von dauerhafter Bedeutung für die Entwicklung der normativen Regelungen des Kolonats waren.

Die Aktualität und Effektivität von Rechtsprinzipien lässt sich etwa anhand der *praescriptio triginta annorum* in Gallien beispielhaft erläutern. Nach ihrer Anwendung auf den Kolonat durch ein Gesetz des Honorius zu Beginn des 4. Jahrhunderts konnten Kolonen ihre Freiheit nach dreißig Jahren ersitzen.[134] Das heißt in der Praxis allerdings nur, dass sie von ihrem ursprünglichen Grundherrn freikamen. Begünstigt wurde der aktuelle Grundherr des jeweiligen Kolonen. Dieses Gesetz galt auch in den nachrömischen Königreichen der Westgoten, Burgunder, Ostgoten und Franken.[135] Selbst zur Zeit Ludwigs des Frommen wurde in Urkunden noch auf das römische Gesetz rekurriert.[136] Der Frankenkönig legte ferner in einem Kapitular

---

131 Siehe Abschnitt II.2.

132 Sidon. *epist.* 5, 19: *Sidonius Pudenti suo salutem. Nutricis meae filiam filius tuae rapuit: facinus indignum quodque nos vosque inimicasset, nisi protinus scissem te nescisse faciendum. sed conscientiae tuae purgatione praelata petere dignaris culpae calentis impunitatem. sub condicione concedo: si stupratorem pro domino iam patronus originali solvas inquilinatu. mulier autem illa iam libera est; quae tum demum videbitur non ludibrio addicta sed assumpta coniugio, si reus noster, pro quo precaris, mox cliens factus e tributario plebeiam potius incipiat habere personam quam colonariam. nam meam haec sola seu compositio seu satisfactio vel mediocriter contumeliam emendat; qui tuis votis atque amicitiis hoc adquiesco, si laxat libertas maritum, ne constringat poena raptorem. vale.* Vgl. dazu die ausführliche Interpretation von Schipp 2009, S. 199–213.

133 Zur Effektivität des spätrömischen Rechts vgl. Liebs 1992, S. 25f.

134 CTh 5, 18, pr.–5 (419) = L. Rom. Vis. 5, 10, pr.–5. Vgl. Schipp 2009, S. 172–178. Siehe Abschnitt IX.1.

135 Im Westgotenreich: L. Vis. 10, 2, 3; L. Rom. Vis. 5, 10, 1, pr. interpr.; Nov. Val. 31, pr.–1 interpr.; Frag. Gaudenz. 19. Vgl. Schipp 2009, S. 189–191 und 332f. Im Burgunderreich: L. Rom. Burg. 31, 1. Im Ostgotenreich: Ed. Theod. 69; vgl. dazu Schipp 2009, S. 296.

136 RI I, Nr. 728: *mancipia per loca diversa fugitiva [...] secundum legem Romanam tricennio se defendere voluerint.*

fest, dass Kolonen dreißig Jahre lang von ihren Grundherren zurückgefordert werden konnten.[137] Dabei ließ er das Gesetz des Honorius in seiner frühmittelalterlichen Interpretation zitieren.[138] Auch in der Sammlung von Angers, deren Formeln weit in die Merowingerzeit zurückreichen, ist diese Frist enthalten.[139] Die *praescriptio triginta annorum* war nach einem Brief des Sidonius Apollinaris Mitte des 5. Jahrhunderts in Gallien eingeführt worden.[140]

> Sidon. *epist.* 8, 6, 7:
> *Per ipsum fere tempus, ut decemviraliter loquar, lex de praescriptione tricennii fuerat proquiritata, cuius peremptoriis abolita rubricis lis omnis in sextum tracta quinquennium terminabatur. Hanc intra Gallias ante nescitam primus, quem loquimur, orator indidit prosecutionibus, edidit tribunalibus prodidit partibus, addidit titulis, frequente conventu raro sedente, paucis sententiis, multis laudibus.*
>
> „Ungefähr zur gleichen Zeit wurde – um einen dezemviralen Ausdruck zu gebrauchen – das Gesetz über die dreißigjährige Verjährung verkündet, nach dem jeder Rechtsstreit, der sich sechs Quinquennien lang hingezogen hatte, durch zwingende Klauseln aufgehoben und beendet wurde. Dieses Gesetz, das in Gallien bis dahin unbekannt war,

---

137 Capit. 2, 195, c. 2 (= Epit. Aeg. 5, 10): *Si quis colonum alienum in re sua triginta annos habuerit, acsi suum vendicet. Qui si infra triginta annos inventus fuerit, a domino cum filiis sibi debitis et omni peculio revocetur. Si vero mortuus fuerit, peculium eius dominus revocet. Colona vero, si viginti annos in alieno dominio permanserit, a priore domino non requiratur. Colono duae partes agnationis sequantur, colonae vero tercia pars sequatur. Nam si agnatio infra viginti annos edita fuerit, quando adhuc colona domino competebat, repetentibus non negetur; quia in novellis legibus est constitutum. Sane ne separatio coniugii fiat, praecipimus, ut dominus coloni vicaria muliere cum agnatione partis treciae non negetur.*

138 L. Rom. Vis. 5, 10 interpr.: *Si quis colonum alienum in re sua vel in fuga lapsum vel sua voluntate migrantem triginta annos habuerit, ac si suum vindicet. Qui si intra triginta annos inventus fuerit a domino cum filiis secundum legem sibi debitis et omni peculio revocetur. Quod si forte mortuus fuerit, filii eius cum mercedibus suis vel patris mortui a domino revocentur. Colona etiam si viginti annis in alieno dominio et iure permanserit, a priore domino non requiratur; si tamen intra viginti annos inventa fuerit et de alieno colono filios susceperit, cum agnationis parte tertia revocetur: quia colonum duae partes agnationis sequuntur. Sane ne separatio coniugii fiat, illum, cuius colonus est, vicariam mulierem et pro tertia agnatione mulieris domino compensare praecipimus. Si vero mulier iuris alieni ingenuum maritum duxerit, omnis mulieris agnatio ad eius dominium pertinebit. Quod hic minus est de colonae agnatione, in novellis legibus invenitur.* Vgl. Haenel 1962, S. 148f.

139 Form. Andec. (MGH FF, Nr. 10 a) und Form. Andec. (MGH FF, Nr. 10 b): *[...] alius homines in suum servicium habebat [...] coniurare deberet, quod de annus 30 seu amplius servicium ei nonquam redebibet [...] iuratus dixit, iuxta quod iudicius ex hoc loquitur: Per hanc loco sancto et divina omnia, quod hic aguntur, de annis 30 seu amplius sub ingenuetate nomen resedi.* Zur Datierung und Kommentierung siehe Bergmann 1978, Liebs 2002 und Rio 2008. Zur Dreißigjahresfrist im Frankenreich vgl. Schipp 2009, S. 443.

140 Vgl. Schipp 2009, S. 198 und Schipp 2018, S. 73f.

> wurde von unserem Redner zum ersten Mal in die Rechtsprechung eingeführt, den Gerichten bekannt gemacht, den streitenden Parteien erläutert und in das Gesetzbuch aufgenommen; und er tat dies in einer überfüllten Versammlung, in der in ihrer Begeisterung nur wenige Zuhörer sitzen blieben und in der die geäußerten Meinungen wenig Kritik und viel Lob enthielten."

In diesem Brief an den Großgrundbesitzer Namatius zählt der Bischof von Clermont die lobenswerten Taten des Rechtskundigen Flavius Nicetius auf. Eine Leistung hebt Sidonius in seinem Enkomion dabei besonders hervor. So habe der Advokat auf einem Provinzlandtag (*conventus*) die bis dahin in Gallien unbekannte *praescriptio triginta annorum* bekannt gemacht, den streitenden Parteien erläutert und in das Gesetzbuch aufgenommen. Den anwesenden Großgrundbesitzern war offenbar sofort klar, was das bedeutete, denn nur so lässt sich erklären, dass es kaum einen auf dem Stuhl hielt, sich nur wenig Widerspruch regte und viele voll des Lobes waren.

Sidonius' Angaben können auf eine Novelle des Valentinian III. bezogen werden, die am 17. Juni 449 erlassen wurde.[141] In dem Jahr war Astyrius Konsul. Zu dessen Amtsantritt in Arles hielt Nicetius eine feierliche Rede, denn er stand als Spitzenjurist im Dienste der gallischen Präfektur.[142] In dieser Stellung sorgte er auch für die Durchführung der valentinianischen Novelle, wodurch die *praescriptio triginta annorum* erneuert beziehungsweise in Gallien eingeführt wurde.[143] Der Kaiser legte fest: Für kaiserliche Kolonen (*perpetuarii, patrimoniales, emphyteuticarii*) und Sklaven (*servi rei publicae*) solle dasselbe gelten, was für Kolonen, Inquilinen und Sklaven beiderlei Geschlechts sowie deren Vermögen und Nachkommenschaft schon lange befohlen gewesen sei, nämlich der Ausschluss einer Rückforderungsklage nach dreißig Jahren.[144] Damit bestätigte er en passant die seit langem für Kolonen privater Grundherren geltende Dreißigjahresfrist. Denn spätestens seit der Konstitution des Honorius aus dem Jahre 419 waren flüchtige Kolonen dreißig Jahre lang zurückzugeben, sofern ihr originärer Grundherr die Flucht angezeigt hatte.[145] Im

---

141 Nov. Val. 27 (449). Allgemein eingeführt wurde die Dreißigjahresfrist durch CTh 4, 14, 1 (424).

142 Sidon. *epist.* 8, 6, 8: *[...] cum quae regit provincias fascibus Nicetiano regeretur praefectura consilio.* PLRE II 782f., s. v. Nicetius 1 und 2. Vgl. Enßlin 1936, Sp. 180 und Stroheker 1948, S. 194f., Nr. 258; Liebs 1998, S. 261f.

143 So schon Enßlin 1936, Sp. 180f.; Pharr 1952, S. 538f. und Loyen 1970, S. 198, Anm. 19.

144 Nov. Val. 27, pr. (449): *Iuvat itaque, iuris perpetui, emphyteutici, patrimonialis, iuris rei publicae vagas aeternasque calumnias et nullo temporum fine conclusas certis et designatis terminis limitare*; Nov. Val. 27, 4 (449): *De originariis et colonis, inquilinis ac servis utriusque sexus, peculiis atque agnationibus designati iuris, id est perpetui, patrimonialis, emphyteuticarii et rei publicae, post triginta annorum curricula nulla deinceps actio moveatur.*

145 Siehe CTh 12, 19, 2 (400); CTh 5, 18, 1, pr.–5 (419); Nov. Val. 27, pr.–4 (449); Nov. Val. 31, pr.–1 (451).

Jahre 449 bezieht sich Valentinian III. daher ausdrücklich auf dieses Gesetz des vergöttlichten Honorius (*lex divi parentis nostri Honorii*).[146] Und auch dann, wenn man nach den Angaben des Sidonius vom Jahre 449 sechs mal fünf Jahre zurückrechnet (*sextum quinquennium*), in denen gewisse Rechtsstreitigkeiten schon schwelten, kommt man in das Jahr 419, in dem Kaiser Honorius dieses grundlegende Gesetz zum Kolonat im Westen des römischen Reiches erlassen hatte.[147]

Dass die Konstitution von 419 in Gallien bislang noch nicht durchgesetzt worden war, lag, gesetzt den Fall, Sidonius' Aussage zur Einführung der Dreißigjahresfrist trifft zu, vermutlich an den Wirren in Gallien infolge der Barbareneinfälle seit der Silvesternacht 406. Die umherziehenden Vandalen und Alanen sowie die Gegenmaßnahmen der Kaiser trieben viele Landarbeiter in die Flucht. Die vermutlich ohnehin schon prekäre Lage der ländlichen Bevölkerung wurde durch Bürgerkriege und Bagaudenbewegung noch verschärft. Überdies wurden schließlich die Westgoten von Kaiser Honorius in Südwestgallien 418 als Föderaten angesiedelt. Zu ihrer Versorgung erhielten sie Landlose oder einen Anteil am Steueraufkommen.[148] Dadurch büßten einige Großgrundbesitzer einen Teil ihrer Ländereien ein. In jedem Fall gingen deren Einnahmen aus Bewirtschaftung und Verpachtung deutlich zurück. Der römische Fiskus verlor somit wichtige Steuereinnahmen. Erst durch die *restitutio Galliarum* des Aëtius von 425 an wurde der kaiserliche Einfluss in Gallien nach und nach wiederhergestellt.[149]

Unterdessen waren Landarbeitskräfte im größeren Ausmaß verschoben worden, befanden sich auf der Flucht vor auswärtigen Fremden oder wurden an einem anderen als ihrem Ursprungsort illegal beschäftigt. Die Steuerregister in Gallien waren mit Sicherheit nicht mehr auf dem letzten Stand. Die valentinianische Novelle war daher hochwillkommen, konnten doch auf deren Grundlage in Verbindung mit dem honoriusschen Gesetz von 419 die flüchtigen Kolonen zurückgeholt und die illegal beschäftigten Landarbeitskräfte, die zu diesem Zeitpunkt nicht von ihrem originären Grundherrn beansprucht wurden, registriert und somit in eine legale Beschäftigung überführt werden. Unzählige Arbeitskräfte gehörten mit einem Schlag rechtens unter die Herrschaft ihres jeweiligen Grundherrn, da die Bodenbindung inzwischen zugunsten einer Standesbindung als Bindungsprinzip weitgehend aufgehoben worden war.[150] Rechtsstreitigkeiten unter den gallischen Eliten um entflohene Kolonen wurden beigelegt. Die Aristokraten erfreuten sich an der gewonnenen Rechtssicherheit.[151] Rechtzeitig beanspruchte Arbeitskräfte mussten zurückgegeben und

[146] Nov. Val. 27, 6 (449).
[147] CTh 5, 18, 1 (419).
[148] CTh 7, 8, 5 (398); vgl. Kampers 2008, S. 122–126.
[149] Vgl. Stickler 2002, S. 168f.
[150] Vgl. Schipp 2009, S. 155.
[151] Vgl. zur *longissimi temporis praescriptio* Harke 2021, S. 168f. Zu weit geht Mirković 1997, S. 117, Anm. 21, in ihrer Interpretation, wenn sie schreibt: „The longi temporis praescriptio

eine Kompensation gezahlt werden. Zudem hatte jeder Grundherr künftig eine Anspruchsgrundlage für etwaige Forderungen. In der Regel werden sich die Grundherren hierbei verglichen haben.[152]

Wir sehen also an der Begeisterung der Aristokraten ob der Bekanntmachung des Nicetius, dass im Ressourcenkonflikt um Landarbeitskräfte unter den Großgrundbesitzern die aktuelle Gesetzeslage sehr wohl beachtet wurde.[153] Die Zeitgenossen hatten jedenfalls keinen Zweifel an der Geltung kaiserlicher Gesetze. Trotz der unbestreitbaren reichsweiten Gültigkeit kaiserlicher Konstitutionen hatte daran auch die Aufteilung der Verwaltung zur Zeit der kaiserlichen Brüder Valentinians I. und Valens sowie die Reichsteilung 395 nichts grundlegend geändert.

In der Zeit vor der Kodifizierung zeigten sich Ammian, Augustinus und der Anonymus irritiert und überfordert wegen der Vielzahl gültiger Konstitutionen. Aber selbst danach tauschten die Kaiser sich nur gelegentlich aus und erkannten die Gesetze des Mitkaisers an. Auch hatte sich das Gesetzgebungsverfahren nicht geändert. Mit der Sammlung der Novellen versuchte die Schreibstube des jeweiligen Kaisers noch die Weiterentwicklung des Rechts den Codices anzufügen. Dennoch können in einem konkreten Fall nur die Gesetze angewandt worden sein, die dem Richter vorlagen. In dem entsprechenden Archiv werden sowohl das kodifizierte Recht, als auch die Novellen des zuständigen Kaisers und vielleicht auch die Gesetze des Kaisers der anderen Reichshälfte vorhanden gewesen sein – oder auch nicht. Von daher ist eine reichsweite Geltung spätantiker Gesetze eine akademische Frage neuzeitlicher Forscher.

---

could be applied to the *coloni* [...]. That means the *coloni* were treated as a property of the *dominus terrae*."

152 Einem Brief des Symmachus zufolge blieb den Grundherren nichts anderes übrig, als die Entflohenen selbst aufzuspüren und den aufnehmenden Grundherrn aufzufordern, diese zurückzuschicken, und so einen Konsens über deren Verbleib herzustellen. Symm. *epist.* 9, 140 (MGH AA 6, 1 [O. Seeck, 1883], S. 273). Vgl. Schipp 2009, S. 126f. Siehe auch Abschnitt IX.1.

153 Siehe auch Sidon. *epist.* 2, 1, 3.

III. Exkurs: Terminologie

Vor der Untersuchung sind die Termini und Begriffe des Kolonats darzulegen, weil diese sich im Laufe der Zeit stark wandelten und die Terminologie für die weitere Untersuchung präzise erfasste werden muss, damit der Kolonat zeitlich, regional und nach Kolonengruppen differenziert dargestellt werden kann. Die Termini der einzelnen Gruppierungen bilden außerdem die juristische Entwicklung des Rechtsinstituts Kolonat im 4. und 5. Jahrhundert ab.

Die wichtige Einteilung der agrarischen Arbeitsverhältnisse in Kolonenwirtschaft für die Zeit des Prinzipats und Kolonat für die Epoche der Spätantike verdeutlicht die Zeitgebundenheit kolonaler Arbeitsverhältnisse in ihren jeweiligen rechtlich definierten Ausprägungen und spiegelt sich auch in den antiken Begriffen und Termini wider.[154] Diese entwickelten sich von allgemeinen Bezeichnungen der Pachtbauern (*coloni*) zu juristischen Begriffen, mit denen die Rechtsstellung der abhängigen Kolonen präzise benannt wurden (*originarii, adscripticii*). Andere soziale Gruppen, die über ein Mietverhältnis zum Grundherrn (*inquilini*) oder aufgrund steuerrechtlicher Abhängigkeit (*tributarii*) in den Kolonat hineingezogen wurden, kamen im Laufe der Entwicklung hinzu und wurden begrifflich an die Kolonentermini angepasst.

Bei der genauen Bezeichnung der Kolonen ist die Forschung noch zu keinem Konsens gekommen. Vor allem bei der Unterscheidung von freien und abhängigen Kolonen geraden die Begriffe oftmals durcheinander. Dabei unternahm es Saumagne in der Zwischenkriegszeit, die einzelnen Kolonengruppen begrifflich genauer zu differenzieren. Er unterschied die *adscripticii* (*colonus* 1) und die *coloni liberi* (*colonus* 2) aufgrund eines anastasischen Gesetzes.[155] Fortgeführt wurde dieser Ansatz von Ganshof, der die Beobachtung von Saumagne verallgemeinerte und annahm, die *adscripticii* seien an die Sklaven angenähert und ihren Herren unterworfen worden. Die einschränkenden rechtlichen Regelungen hätten sich auf alle Kolonen bezogen.[156] Obwohl diese Übertragung der späten Kolonenberiffe auf den gesamten Kolonat auf sehr späten, byzantinischen Gesetzen basierte, löste sich erst Eibach in einer Spezialuntersuchung zur Terminologie des Kolonats von den Thesen der französischen Forscher, wobei er konsequent die östlichen und westlichen Bezeichnungen differenzierte.[157] Die Begrifflichkeit wird auf dieser Grundlage, ergänzt um eigene Überlegungen, erläutert.[158] Allerdings werden nur die Termini behandelt,

[154] Vgl. Johne 1992, passim, und Johne et al. 1983, S. 17–28.
[155] CJ 11, 48, 19 (491–518) = Basilika 55, 1, 18. Vgl. Saumagne 1937, S. 497–518.
[156] Vgl. Ganshof 1945, S. 266–277.
[157] Vgl. Eibach 1977, S. 132–204.
[158] Zur Terminologie vgl. Eibach 1977, wenngleich einige seiner Ergebnisse inzwischen überholt sind. Zu den Ergänzungen vgl. Schipp 2009, S. 15–28.

welche für die Beurteilung der Entstehung und Entwicklung des Kolonats wesentlich sind. Die abstrakten Bezeichnungen für das Rechtsinstitut Kolonat stehen am Anfang des terminologischen Exkurses.

1. *Colonatus, inquilinatus*

Der Oberbegriff *colonatus* begegnet uns ausschließlich in den Rechtsquellen sowie in den literarischen Texten der Spätantike. Er ist ein Neologismus und *colonatus* demnach ein Phämomen der Spätantike. Bezeichnungen wie „Spätantiker Kolonat", „Later Roman Colonate", „Colonat du Bas-Empire" und „Colonato del Basso Impero" sind daher redundant.[159] *Colonatus* bezeichnet hierbei eine breite Vielfalt von Rechtsständen und agrarischen Arbeitsverhältnissen, denen gemein ist, dass sie nach den Kolonengesetzen rechtlichen Einschränkungen bezüglich der Freizügigkeit, des Eherechts, des Vermögensrechts und des Prozessrechtes unterlagen.

Dabei gibt es den Kolonat (*colonatus*) nur im Singular. Zwar könnte man den Plural *colonatūs* bilden und von Kolonaten sprechen, aber zweifelsohne ist mit dem abstrakten Quellenbegriff ein singuläres, juridisches Prinzip gemeint. Dabei verweist das *ius colonatus* wie auch die Rechtstermini *ius originarium, ius agrorum, ius colonorum, ius colonarium* und einige rhetorische Umschreibungen auf die Bodenbindung und damit auf die eingeschränkte Freizügigkeit der Kolonen.[160] Grey hegt daher zu Unrecht Zweifel, dass der Begriff *colonatus* in den Rechtsquellen Anklänge an eine spezifische rechtliche Bedeutung habe.[161] Dass die zugrundeliegenden Sachverhalte unzählige Aspekte aufweisen, ergibt sich aus deren Vielschichtigkeit und Komplexität. Die Funktionsträger bewirkten durch Anfragen nach Rechtsauskünften des Kaisers Gesetze der Zentralmacht. Die Interventionen der spätantiken Kaiser führten daraufhin zum Kolonat, der sich in den Grenzprovinzen durch Rechtssetzungen entwickelte und von der Peripherie zum Zentrum hin verbreitete. Die Gesetzgebungstätigkeit wirkte auf die Politik des Zentrum zurück, woraus die Heterogenität der Rechtsregelungen und des Begriffs resultieren.[162]

---

159 Vgl. Schipp 2009, S. 29.

160 Siehe zu *ius agrorum*: CTh 10, 20, 10, 1 (380) = CJ 11, 8, 7, 1; CTh 5, 18, 1, 2 (419); *ius originarium*: CJ 11, 52, 1 (392–395); *ius colonarium:* Nov. Val. 31, 1 (451); Greg. M. *epist.* 4, 21 (MGH Epp. 1 [P. Ewald/L. M. Hartmann, 1887–1891], S. 255f.); *ius colonatus*: CTh 12, 1, 33 (342); CTh 14, 18, 1 (382) = CJ 11, 26, 1; CTh 5, 6, 3 (409); Nov. Iust. app. 6, 2 (552); Nov. Iust. app. 9, 4 (558); Vict. Vit. *hist.* 3, 20.

161 Vgl. Grey 2007, S. 161.

162 Jüngst wurde der unmittelbare Zusammenhang von *colonatus* und Kolonat von Grey 2007, zu Unrecht bezweifelt.

Bezeichnenderweise wird der Begriff *colonatus* erstmals zehn Jahre nach Konstantins Kolonengesetzgebung verwandt, denn die Bildung des Begriffs setzt offenbar die Schollenbindung der Kolonen voraus.[163] In den Gesetzen von Constantius II. bis Justinian taucht der Begriff dann sieben Mal auf.[164] Die nordafrikanischen Bischöfe Augustinus und Victor von Vita nennen ihn ebenfalls.[165] Durch das *ius colonatus* wird den Rechtstexten zufolge die Festsetzung von Landstreichern und die Ansiedlung von besiegten Barbaren geregelt.[166] Valentinians III. führte eine Dreißigjahresfrist für kaiserliche Kolonen ein, da hohe Beamte in seinem Dienst aufgrund des *ius colonatus* von den Grundherren ihrer Vorfahren beansprucht worden waren.[167] In CTh 12, 1, 33 geht es um den Schutz von kaiserlichen Kolonen, die nicht zu öffentlichen Diensten herangezogen werden dürfen.[168] Nach einem Gesetz aus dem Jahre 400 konnten Kolonen und Inquilinen im Staatsdienst die Freiheit vom Kolonat oder Inquilinat ersitzen.[169] Justinian ordnete nach der Zerschlagung des Vandalenreiches an, dass keiner der geflohenen Kolonen ergriffen und in seinen Stand zurückversetzt werden dürfe.[170] Dies betraf vor allem (katholische) Kleriker, die nicht mehr wie in der Vandalenzeit durch das *ius colonatus* bedroht seien.[171] Damit reagierte der Kaiser auf Missstände, von denen auch Victor von Vita berichtet.[172]

Augustinus schließlich beschäftigte am Ende des 4. Jahrhunderts die Frage der Vereinbarkeit von Kolonat mit dem Verkauf von Kolonenkindern. Dabei ist nicht letztendlich geklärt, ob in einem Brief des Bischofs *colonus* oder *colonatus* zu lesen ist.[173] Lepelley, welcher der Lesart *unde colonus originem trahit* den Vorzug gibt,

---

[163] CTh 5, 17, 1 (332); CTh 12, 1, 33 (342) = CJ 11, 26, 1. Auf die Bedeutung des kurzen Zeitabstandes zwischen den beiden Gesetzen wies bereits Johne 1988, S. 319f., hin.

[164] Die Belege siehe in den folgenden Fußnoten. Grey 2007, S. 161, zählt nur fünf Erwähnungen in den Rechtstexten und eine in den literarischen Texten.

[165] Vict. Vit. *hist.* 3, 20 und Aug. *epist.* 24*, 1, 6 (CSEL 88, 126f.). Die Notizen der Kirchenmänner aus Nordafrika sind für die Forschung besonders wertvoll, da sie den Kolonat aus eigener Anschauung kannten und über Rechtskenntnisse verfügten. Von Augustinus stammt auch die einzige überlieferte Definition des Kolonats: Aug. *civ.* 10, 1, 2 (CCL 47, 272).

[166] CTh 14, 18, 1 (382) = CJ 11, 26, 1; CTh 5, 6, 3 (409).

[167] Nov. Val. 27, 1 (449); vgl. Schipp 2009, S. 67 und 141.

[168] CTh 12, 1, 33 (342); vgl. Schipp 2009, S. 136–138.

[169] CTh 12, 19, 2 (= CJ 11, 66, 6); vgl. Schipp 2009, S. 167–169.

[170] Nov. Iust. app. 6, 2 (552); vgl. Schipp 2022. Siehe auch Eibach 1977, S. 116–118 und Johne 1988, S. 318, mit dem Hinweis, *colonatus* sei als Oberbegriff der Spätantike von *colonus* aus der Zeit des Prinzipats zu unterscheiden.

[171] Nov. Iust. app. 9, 4 (558); vgl. Schipp 2022.

[172] Vict. Vit. *hist.* 3, 20.

[173] Aug. *epist.* 24*, 1, 6 (CSEL 88, 126f.): *[...] item quero utrum, si colonus vendiderit filium, quemadmodum licet ut vendatur a patre, plus in illo qui venditur iuris habeat emptor quam possessionis dominus, unde colonatus originem trahit.* Die Passage *possessionis dominus, unde colonatus originem trahit* kann man übersetzen mit: „der Grundherr des Landgutes, woher der Kolonat seinen Ursprung herleitet“, oder: „woraus man den Ursprung des Kolonats ableitet“.

wägt ab, dass *colonatus origo* auf die Statusbindung und *colonus origo* auf eine persönliche Bindung des Kolonen hinweise.[174] Da der Bezugspunkt aber das Landgut war, welches sich im Eigentum des Grundherrn befand, scheint mir, dass Augustinus möglicherweise nicht auf den Fall bezogen von der *origo* des Kolonen, sondern allgemein von der *origo* als der Grundlage des Kolonats spricht. Die Lesart *colonatus* bietet darüber hinaus den stilistisch reizvollen Parallelismus *possessionis dominus/colonatus origo*. Und selbst wenn *colonus* zu ergänzen wäre, müsste man dies als einen allgemeinen Verweis auf den in Afrika bestehenden Kolonat werten.[175]

Das sind in der Tat nur wenige Nennungen des Begriffs. Jedoch, was würden die Mediävisten darum geben, wenn sie etwa einen Quellenbegriff für die bipartite Grundherrschaft hätten? Solche Phänomene können in den Quellen klar beschrieben werden, und selbst wenn ein Quellenbegriff fehlte, bedeutet dies nicht, dass es das Phänomen nicht gegeben hätte; mithin ist *colonatus* ein zeitgenössischer Begriff, der ein rechtliches Institut bezeichnet, welches wir in den Quellen nachweisen können.[176]

Ebenso ist der komplementäre Begriff *inquilinatus* belegt.[177] Sidonius berichtet, dass ein Inquiline aus dem Inquilinat entlassen werden soll, um die Ehre einer freigelassenen Frau zu retten, mit welcher er zusammengekommen war. Da der Inquiline durch Ehegesetze eingeschränkt war, geht es aber um die Frage, welcher der Grundherren die Arbeitskraft der jungen Leute und ihrer Nachkommen beanspruchen durfte.[178] Salvian wiederum schildert, wie die verarmte Landbevölkerung aufgrund der Zeitumstände das verachtete Inquilinat auf sich nehmen mussten.[179] Dass sich hinter dem Inquilinat in der Vorstellung der Zeitgenossen eine rechtlich eingeschränkte Statusgruppe verbirgt, ist kaum zu bestreiten. *Inquilinatus* bezeichnet dabei ebenso wenig wie *colonatus* lediglich irgendwelche privatrechtliche oder steuerrechtliche Regelungen, sondern steht für ein Rechtsinstitut. Ein konsistentes Pachtsystem in der Spätantike zu erwarten, ist deshalb ein Trugschluss, der auf der falschen Grundannahme beruht, dass es keine kohärente Politik gegenüber dem registrierten Pachtrecht in der Steuergesetzgebung gab.[180] Weder wurde dabei Kohärenz angestrebt noch geht es in den Kolonengesetzen des 4. und 5. Jahrhunderts

---

174 Vgl. Lepelley 1983, S. 334, Anm. 29.

175 Vgl. zur historischen Einordnung Schipp 2022.

176 Privatrechtliche Regelungen kann ich in diesen Gesetzen nicht erkennen, anderes als Grey 2007, S. 161–165, der außerdem davon ausgeht, dass sie der Steuerverwaltung dienten, was sicherlich nicht durchweg die Intention der Gesetzgeber war. Vgl. zum Begriff *colonatus* auch Johne et al. 1983, S. 24–28; ders. 1985, S. 98f. und ders. 1988, S. 318–320.

177 CTh 12, 19, 2 (400) = CJ 11, 66, 6.

178 Sidon. *epist.* 5, 19, 1.

179 Salv. *gub.* 5, 44. Ebenfalls abwertend konnotiert *vilissimus colonatus* in Nov. Val. 27, 1 (449).

180 So aber Grey 2007, S. 161 und 175.

vordringlich um das Steuerrecht.[181] Inquilinat umfasst diejenigen, die einen Mietvertrag im Agrarsektor abgeschlossen haben und infolgedessen gezwungen wurden, den erwählten Beruf als Bauer, Handwerker, Erntehelfer usw. dauerhaft auszuführen; gemäß dem allgemeinen Trend in der spätantiken Gesetzgebung, Menschen erblich an bestimmte Berufe zu binden. Die Begriffe *colonatus* und *inquilinatus* beinhalten dabei die Summe der Gesetze, durch welche die Kolonen und Inquilinen eingeschränkt wurden und subsumiert folglich eine breite Vielfalt von Rechtsständen und agrarischen Arbeitsverhältnissen, die demselben Rechtsprinzip unterlagen.

Dass die Oberbegriffe in der Spätantike nicht öfter benutzt wurden, liegt auch daran, dass Literaten sich nicht häufig mit dem Kolonat oder Inquilinat beschäftigten, und in den Rechtstexten war ein solcher Oberbegriff meist nicht notwendig, da der Sachverhalt ohnehin wortreich erklärt oder nur eine bestimmtes Detail des Kolonats behandelt wurde.

2. *Colonus, originarius, adscripticius*

Die Bodenbindung seit Beginn des 4. Jahrhunderts und die Standesbindung zu Beginn des 5. Jahrhunderts markieren die Entwicklungsstufen, die sich auch an der allgemeinen Begriffsgeschichte ablesen lassen.[182] Betrachtet man den Bedeutungsinhalt von *colonus* seit der frühen Kaiserzeit, dann kommt man zu der Grobgliederung in Pachtbauer, bodengebundener Pachtbauer und standesgebundener Pachtbauer, dem ein Äquivalent von Kontrakt (*locatio conductio*), *origo*-Bindung (*ius agrorum, ius originarium* etc.) und Standesbindung (*condicio*) entspricht.[183]
Die ursprüngliche Bedeutung ist auf die Kolonenwirtschaft zur Zeit des Prinzipats bezogen und soll hier nicht weiterverfolgt werden.[184] Uns interessiert die weitere Entwicklung des Terminus in der Spätantike. Die juristische Praxis erforderte nämlich eine präzisere Begrifflichkeit, und so sind Umschreibungen wie *coloni nostri, qui sunt privati* oder *originalis colonus rei privatae nostrae* erste Versuche,[185] die durch

---

181 Vgl. ausführliche Argumentation im Abschnitt IX.1.
182 Vgl. auch Schipp 2009, S. 16–23.
183 Eine Bedeutungsgeschichte des Begriffs *colonus*, wie sie auch Finley als ein dreistufiges Modell darstellt: *Colonus* bezeichne zunächst „someone who farms", dann komme die zweite Bedeutung „tenant-farmer" hinzu und schließlich im 4. Jahrhundert eine dritte mit „slave of the land". Vgl. Finley 1980, S. 147.
184 Auch Isidor von Sevilla bezeichnet einen Kolonen als einen, der Landwirtschaft betreibt: Isid. *orig.* 9, 4, 36. Vgl. Held 1971, S. 244f., und Johne et al. 1983, S. 11. Der Begriff *colonus* konnte dennoch bis in die früher Kaiserzeit allgemein für Bauer verwandt werden; vgl. mit Quellenangaben Brockmeyer 1971, S. 732.
185 CJ 11, 68, 2 (319 Seeck).

die kaiserlichen Regelungen im Entstehen begriffene Gruppe der Kolonen auf kaiserlichen Gütern zu bezeichnen.[186] Auch die abhängigen Kolonen wurden zuerst ungenau als Kolonen fremden Rechts bezeichnet. Dabei erweiterten die Juristen Konstantins im Jahre 332 den Kolonenbegriff um den Zusatz *iuris alieni*,[187] womit eine Gruppe von Kolonen beschrieben wird, die sich dadurch auszeichnete, dass sie bei einem bestimmten Grundherrn aufgrund einer Tradition, aus Gewohnheitsrecht oder durch einen Vertrag verpflichtet waren.[188] Sie standen in völliger Abhängigkeit von ihren Grundherren, und man kann sie als Nur-Pächter bezeichnen, da sie über kein eigenes Land verfügten und dem Grundherrn mit ihrer Arbeitskraft hafteten.[189] Wenn diese ihre Pachtung verließen, wurde das als Flucht gewertet, weil die noch ausstehenden Forderungen nicht aus deren Vermögen befriedigt werden konnten. Die daraus entstandenen Verbindlichkeiten musste der aufnehmende Grundherr tragen.[190] Dieser konnte ein Privatmann sein oder aber der Kaiser selbst, denn die *coloni iuris alieni* waren nach einem Gesetz entweder *coloni privati* oder *coloni patrimoniales*.[191]
Von valentinianischer Zeit an wird immer öfter die Bezeichnung *colonus* um die Attribute *originalis* oder *originarius* erweitert. Letztere Bezeichnung wird auch substantivisch verwendet.[192] Bis in die 2. Hälfte des 5. Jahrhunderts lässt sich der Ge-

[186] CJ 11, 68, 1 (325 Seeck).

[187] Siehe zu den *coloni iuris alieni* Abschnitt V.3.

[188] Die abhängigen Kolonen (Nur-Pächter) verfügten über kein eigenes Land und hafteten mit ihrem Arbeitsertrag: CTh 5, 17, 1 (332): *colonus iuris alieni*; CJ 11, 48, 8 (371)): *profugi qui alieni esse videtur*; CTh 10, 20, 10 (379): *originaria seu colona possessionis alieni*; CJ 11, 50, 2, 3 (396): *nec propria quidem leges sui iuris habere*; Nov. Val. 27, 6 (449): *coloni iuris privati*; L. Rom. Vis. 4, 21, 1 interpr.: *coloni rei alienae*; L. Rom. Vis. 5, 10, 1, 3 interpr.: *mulier iuris alieni*; Cod. Hermog., zit. in L. Rom. Burg. 14, 6: *de eorum contractibus, qui alieno iuri subiecti sunt*; vielleicht auch: CTh 7, 13, 6, 1 (370): *adfixos censibus* und CJ 11, 52, 1 (392–395): *alienus colonus*. Vgl. zur Definition der Nur-Pächter Schipp 2009, S. 256.

[189] Die Kolonen, die über eigenes Land verfügten, unterlagen ebenfalls der Bodenbindung bzw. waren ihrem Grundherrn zugehörig. Die Kolonen mit Eigenland standen aber unter ihrem Namen in der Steuerliste; CTh 11, 1, 14 (366; 371 Seeck) = CJ 11, 48, 4. Da sie über Grundeigentum verfügten und ihre Schulden abtragen konnten, waren sie nicht in all ihren Rechten beschränkt. Die Nur-Pächter und Pächter mit Eigenland werden daher etwa heiratsrechtlich unterschieden: CJ 11, 48, 13, pr. (400): *Definimus, ut inter inquilinos colonosve, quorum quantum ad originem pertinet vindicandam indiscreta eademque paene videtur esse condicio, licet sit discrimen in nomine, suscepti liberi vel utroque vel neutro parente censito statum paternae condicionis agnoscant.* Weitere Belege für die Unterscheidung zwischen Pächter mit Eigenland und Nur-Pächter siehe: CTh 12, 1, 33 (342); CTh 5, 19, 1 (365) = L. Rom. Vis. 5, 11, 1; CJ 11, 48, 11 (396) und CJ 11, 48, 13, 1 (400). Vgl. zur Definition der Pächter mit Eigenland Schipp 2009, S. 51.

[190] CTh 5, 17, 1 (332); CTh 5, 17, 2 (386) = CJ 11, 64, 2; CJ 11, 52, 1, 2 (392–395). Vgl. Koptev 2005, S. 71. Enger fasst Mirković 1989 S. 47–64, den Terminus *colonus iuris alieni*.

[191] CTh 5, 17, 2 (386) = CJ 11, 64, 2. Vgl. dazu Abschnitt V.3.

[192] Frühester Beleg CJ 11, 48, 7 (371). Eine Aufzählung der Belege bietet Eibach 1977, S. 213. Weitere Belegstellen in Heumann/Seckel und Thesaurus Linguae Latinae, s. v. *originarius*.

brauch in westlichen Kanzleien nachweisen. Nach dem Jahr 458 erscheint *originarius* nicht mehr in den Kaisergesetzen, und auch in den Konstitutionen Justinians begegnet uns der Terminus nicht. Den synonymen Bezeichnungen *originarius, coloni originales, coloni originarii* ist das Bindungsprinzip der *origo* schon inbegriffen. Diese Ausdrücke wurden dementsprechend in Gesetzen verwandt, welche die Bodenbindung voraussetzten.[193] Dabei konnte die Bezeichnung *coloni originales* auch auf alle Kolonen bezogen werden.[194] Gegenbeispiele kann man in den regionalen Sonderregelungen erkennen, durch welche die Bodenbindung in bestimmten Provinzen entweder eingeführt oder erneuert wurde.[195] Die Begriffserweiterungen *alienus/-a* und *originarius/-a* wurden schließlich in einem Gesetz von Kaiser Gratian zusammengefasst: *Originaria seu colona possessionis alieni.*[196] Eine gewisse Redundanz der Begriffe ist nicht zu verkennen.[197] Dem Gesetzgeber kam es jedoch darauf an, alle Koloninnen, ganz gleich welcher Gruppierung sie angehörten, zu erfassen, weshalb er sich der beiden in dieser Zeit gebräuchlichen Rechtstermini bediente.

In den literarischen Quellen werden die Begriffe weniger differenziert und spezifiziert verwandt. Nach Isidor von Sevilla leitet sich das Wort *colonus* etymologisch von *colonia*, aber auch, wie *agricolae*, von *agro colendo* her. So formulierte es schon vor ihm und ihm als Vorlage dienend Augustinus.[198] Isidor bietet hierbei eine bunte Mischung aus etymologischer Herleitung und juristischer Begründung des Kolonenbegriffs.[199] Die Autoren der Spätantike schrieben zu einer Zeit, als die prekäre Situation der Kolonen allgemein bekannt war.[200] Sie wussten, welches Schicksal mit dem Eintritt in den Kolonat für einen *ingenuus* verbunden war. Salvian sei stellver-

---

193 CTh 11, 1, 14 (366; 371 Seeck) = CJ 11, 48, 4: *coloni originales*; CJ 11, 48, 7 (371): *originarii*; CJ 11, 48, 11 (396): *originarii coloni*; CTh 5, 18, 1, 1 (419): *colonus originalis, originarius.* Nicht überzeugend Eibach 1977, S. 205–218, bes. 215f., der ausführt, *originalis* und *originarius* seien nicht synonym. Vgl. zutreffend Jones 1986, S. 799 und ders. 1958, S. 8, Anm. 54.

194 CTh 11, 1, 14 (366; 371 Seeck) = CJ 11, 48, 4. Isid. *orig.* 9, 4, 36: *Coloni [...] sunt enim aliunde venientes atque alienum agrum locatum colentes.*

195 CJ 11, 53, 1 (371): Illyrien und benachbarte Provinzen; CJ 11, 51, 1 (386): Palästina; CJ 11, 52, 1, 2 (392–395): Thrakien; vgl. Schipp 2009, S. 19. Siehe Anhang, Tabelle 1.

196 CTh 10, 20, 10 (380) = CJ 11, 8, 7.

197 In juristischen Texten kann ein- und derselbe Sachverhalt durch mehrere synonyme oder redundante Begriffe bezeichnet werden: Prinzip des *Ex abundanti cautela.* Eibach 1977, S. 209, hingegen möchte diese beide Kolonengruppen nicht unterschieden.

198 Aug. *civ.* 10, 1, 2 (CCL 47, 272); Isid. *orig.* 9, 4, 36.

199 Isid. *orig.* 10, 53.

200 Sidon. *epist.* 5, 19, 1f.; Vict. Vit. *hist.* 3, 20 (MGH AA 3, 1 [K. Halm, 1879], S. 45); Symm. *epist.* 6, 81; Caes. Arel. *serm.* 44, 2 (CCL 103, 196); Auson. *Mos.* vv. 9; Auson. *Mos.* 23; Paul. Pell. vv. 535–539 (CSEL 16, 1, 263–334); Pallad. *agric.* 1, 6, 6; Cassiod. *var.* 8, 31, 3f. (MGH AA 12 [Th. Mommsen, 1894], S. 259); Claud. *de bell. Goth.* 1, 198; Claud. *de bell. Goth.* 1, 474; Claud. Epith. *de nup. hon. Aug.* 62; Claud. *Paneg. de IV cons. Honor.* 418; Claud. *de cons. Stil. I* v. 321; Claud. *de cons. Stil. II* v. 206; Claud. *in Rufin. I* v. 127 (MGH AA 10 [Th. Birt, 1892], S. 61, 128, 165, 200, 210); Eus. *vit. Const.* 1, 55; Greg. M. *epist.* 1, 42 (MGH Epp. 1 [P. Ewald/L. M. Hartmann, 1887–1891], S. 61–69) und vielleicht auch Sulp. Sev. *epist.* app. 6 (CSEL 1, 254f.).

tretend für viele andere genannt, der schrieb: *fundos maiorum expetunt et coloni divitum fiunt*.[201] Sonst werden die verschiedenen Kolonengruppen in den literarischen Quellen unter den Sammelbegriffen *agricolae* oder γεωργοί subsumierte.[202]

Abschließend sei zur Abgrenzung von den Begriffen *colonus* und *originarius* noch der Begriff *adscripticius* erwähnt.[203] Dieser Ausdruck war nur im Osten geläufig und ist überdies vor Justinian nur dreimal belegt. Zwei der Belege sind unstrittig interpoliert, der dritte Beleg ist es höchstwahrscheinlich.[204] Das Adskriptiziat gehört hauptsächlich der anastasischen und postanastasischen Zeit an.[205] Entgegen anderslautender Meinung ist der Begriff in seiner Bedeutung für die Entwicklung des Kolonats stark überschätzt.[206] Ursprünglich sei diese Gruppe als *coloni censibus adscripti* bezeichnet worden und hätte sich aus den adskribierten Landwirtschaftssklaven (*censibus adscripti*) entwickelt.[207] Allerdings werden die *coloni censibus adscripti* in den Quellen nur zweimal erwähnt.[208] Eine Bedeutungserweiterung des Begriffs lässt sich in diesem Zusammenhang zwar nicht bestreiten, doch können die *censibus adscripti* in den anderen Rechtstexten[209] nicht zweifelsfrei dem Kolonat zugeordnet werden, da der Begriff *censibus adscripti* nicht spezifisch gebraucht wird. Es bleibt folglich ein Restzweifel bestehen, ob diese Ableitung richtig ist.[210]

Dem lateinischen Begriff *adscripticii* entspricht in den griechischen Texten weitgehend die Bezeichnung ἐναπόγραφοι.[211] Auch dieser taucht in den Quellen erst

---

201 Salv. *gub.* 5, 43.

202 Der Ausdruck γεωργοί wird etwa von Libanios verwendet: Lib. *or.* 47.

203 Der Begriff *adscripticius* leitet sich von der Einschreibung in die Steuerliste her. Die Adskriptizier wurden dort unter dem Namen des Grundherrn geführt, auf dessen Landgut sie lebten und der für ihre Steuerschulden verantwortlich war. Die Übersetzung „feste Teile des Inventars des Landes" trifft nicht zu; so aber Tietz 2015, S. 335.

204 CJ 8, 51, 1 (224) und CJ 3, 38, 11 (325) = CTh 2, 25, 1 interpoliert und CJ 11, 48, 6 (366) höchst wahrscheinlich interpoliert; vgl. Eibach 1977, S. 147f.; 151 und Jones 1958, S. 8, Anm. 53; siehe auch Goffart 1974, S. 77, Anm. 34; Sirks 1993, S. 335, Anm. 12.

205 Saumagne 1937, S. 497f., unterscheidet die *adscripticii* (*colonus* 1) und die *coloni liberi* (*colonus* 2) aufgrund eines Gesetzes, das Kaiser Anastasius erlassen hatte (CJ 11, 48, 19 (491–518) = Basilika 55, 1, 18). Die *adscripticii* seien wie Sklaven unfähig, Vermögensrechte ausüben zu können; vgl. ebd., S. 542f.

206 Etwa von Krause 2006, Sp. 70; Mirković 1997, S. 64, und dies. 1986, S. 53–73. Ebenfalls falsch eingeordnet wird diese Kolonengruppe von Peter Heather im Handbuch „The Cambridge Ancient History". Alle abhängigen Kolonen werden dort kurzerhand zu *adscripticii* erklärt; vgl. Cameron et al. 2000, S. 465. Da die Kolonen zudem unter der unzutreffenden Überschrift Sklaven, Leibeigene und Ländereien (slaves, serfs and estates) abgehandelt werden, erscheint mir diese Fehleinschätzung in einem vielgelesenen Handbuch besonders fatal.

207 So Eibach 1977, S. 134–146, bes. 138–141. Vgl. auch de Martino 1993, S. 798–801.

208 CJ 11, 50, 2, pr. (396); CTh 10, 20, 17 (427).

209 CTh 5, 6, 3 (409); CJ 11, 48, 18 (426); CTh 5, 3, 1 (434) = CJ 1, 3, 20 und Nov. Theod. 7.

210 Unpräzise de Ste. Croix 1981, S. 159, die *adscripticii* seien „strictly serfs". Vgl. dagegen Sirks 2008, S. 124–128.

211 Die ἐναπόγραφοι allg. im Osten CJ 11, 48, 19 (491–518) = Basilika 55, 1, 18; in Pisidien CIL III 13640; in Ägypten, vorwiegend im Apionenarchiv: P.Oxy. 135, P.Oxy. 137, P.Oxy. 1896,

spät auf. Der früheste Beleg in Ägypten datiert Mitte des 5. Jahrhunderts.[212] Zu den adskribierten Bauern (*adscripticii*/ἐναπόγραφοι) kommen im Osten um die Jahrhundertwende vom 5. zum 6. Jahrhundert noch die μισθωτοὶ ἐλεύθεροι (*coloni liberi*) hinzu.[213] Die μισθωτοὶ ἐλεύθεροι waren in eherechtlicher Hinsicht bessergestellt, da sie für sich und ihre Kinder die Ingenuität wahren konnten. Sie verloren aber ihre Freizügigkeit.[214]

3. *Inquilinus*

Von allen Personengruppen, die im Laufe der Untersuchung definiert werden, stehen die Inquilinen den Kolonen am nächsten.[215] Inquilinen und Kolonen wurden seit jeher von den Juristen häufig gemeinsam behandelt. Dies ergab sich aus dem engen sachlichen Kontext. Das zugrundeliegende Vertragsgebilde der *locatio conductio* umfasste neben Dienst- und Werkverträgen noch Pacht- und Mietverträge. Der Kolone erhielt ein Grundstück zum Gebrauch oder zum Gebrauch und zur Nutzung. Dem Inquilinen wurde eine Sache, die ein Haus oder eine Wohnung sein konnte, zur Nutzung überlassen.[216]

In den literarischen Quellen der Spätantike ist der Inquiline der Mieter einer Mietsache. Augustinus beschreibt den Inquilinen als den Bewohner eines fremden Hauses und bringt die Namensbezeichnung mit anderen Begriffen wie πάροικος, *incola* und *advena* in Verbindung.[217] Dabei beschreibt der Kirchenvater diese Personen als Fremde, Zugezogene oder Einwohner.[218] Als solcher konnte der Inquiline

---

P.Oxy. 1900, P.Oxy. 1979, P.Oxy. 1982–3, P.Oxy. 1985, P.Oxy. 1988–91, P.Oxy. 2238, P.Oxy. 2479 und P.Oxy. 2724; P.Miln. 64; P.Lond. 774–8; PSI 59, PSI 61–2, PSI 180; P.Amh. 149; P.Iand. 48; diese Liste lässt sich mit Sicherheit noch erweitern. Literatur zu den Kolonen in Ägypten siehe Sarris 2006; Mazza 2001 und Fikhman 2006, S. 190–250. Zur Gleichsetzung der Personengruppen vgl. Saumagne 1937, S. 497; Fustel de Coulanges 1885, S. 94–97; Jones 1986, S. 800f.; Pallasse 1950, S. 63f.; Ganshof 1945, S. 265; Eibach 1977, S. 158–162; Mirković 1997, S. 72–83 und Fikhman 2006, S. 192.

[212] P.Miln. 64 (440/445); vgl. dazu Mirković 1997, S. 72, Anm. 18; vgl. auch Jones 1986, S. 1330, Anm. 74, der P.Oxy. 1982 (497) als frühesten Beleg angibt. Früher datiert P.Oxy. 2724 (469).

[213] CJ 11, 48, 19 (491–518) = Basilika 55, 1, 19.

[214] Vgl. Schipp 2009, S. 226–230.

[215] Vgl. auch Schipp 2009, S. 23–27.

[216] Vgl. Kaser/Knütel 2014, S. 258–262.

[217] Zu den *advenae* siehe auch Isid. *orig.* 9, 4, 38; Iord. *Get.* 26, 137 (MGH AA 5, 1 [Th. Mommsen, 1882], S. 94).

[218] Aug. *en. in. ps.* 118 *serm.* 8, 1 (CCL 40, 1684): *Quod enim est in graeco πάροικος aliqui nostri inquilinus, aliqui incola, nonnumquam etiam advena interpretati sunt. Inquilini non habentes propriam domum, habitant in aliena; incolae autem vel advenae, utique adventicii perhibentur.* In diesem Sinne auch Isid. *orig.* 9, 4, 37: *Inquilini vocati quasi incolentes aliena. Non enim habent propriam sedem, sed in terra aliena inhabitant.*

entgegen der seinerzeitigen Gesetzeslage jederzeit wieder zum Ausziehen genötigt werden.[219] Auch Isidor glaubt, dass Inquilinen nicht dauerhaft ihren Aufenthalt nehmen mussten.[220] Ihr Verhältnis zum Grundherrn während ihres Aufenthaltes ist aber wie das der Kolonen und anderer abhängiger Leute, da sie in gleicher Weise von ihren Grundherren unterdrückt wurden.[221]

Auch andere spätantike Autoren schildern gewöhnliche Mietverhältnisse.[222] Nicht jeder, der einen Mietvertrag unterschrieb, wurde dadurch zum abhängigen und standesgebundenen Inquilinen. So erwähnt Symmachus einen Inquilinen, der aus seiner Pacht vertrieben werden soll, obwohl er die Lagerhäuser (*horrea*) gemietet hatte.[223] Das bedeutet, wenn zum Beispiel ein Schiffseigner eine Lagerhalle für die Zwischenlagerung seiner Waren mietete, wurde er nicht zum Inquilinen, sondern gehörte weiterhin der Korporation der *navicularii* an. Es ist nicht vorstellbar, dass es solche Mietverträge nicht mehr gegeben hat.[224] In Abhängigkeit geriet ein Inquiline seit dem späten 4. Jahrhundert vor allem aufgrund der Kolonen- und Inquilinengesetze und des Steuerrechts, wenn er in der Landwirtschaft ein Mietverhältnis eingegangen war oder wenn er in den Inquilinat hinein geboren wurde.[225]

Sidonius und Salvian lassen, wie schon dargelegt, das geringe soziale Ansehen des Inquilinats erkennen.[226] Sidonius unterscheidet Kolonen, Inquilinen und Tributarier so wenig wie die Rechtsquellen. Salvian scheint dabei den Kolonat für das geringere Übel zu halten, da er den Inquilinat als einen verachteten Stand ansieht. Seine Begriffswahl diente jedoch der Dramatisierung, die in der abschließenden Bemerkung kulminiert, Inquilinen als auch Kolonen hätten das *ius libertatis* verloren.

Sidonius und Salvian scheinen bezüglich der Freizügigkeit der Inquilinen die Rechtsquellen zu bestätigen, Augustinus und Isidor scheinen ihnen zu widerspre-

---

[219] Aug. *en. in. ps.* 38, 21 *serm.* 8, 1 (CCL 38, 420f.). Aug. *serm.* Lambot 4 (Migne PLS 2, 765); Aug. *en. in. ps.* 60, 6 (CCL 39, 768f.); Aug. *en. in. ps.* 148, 11 (CCL 40, 2174). Vgl. Krause 1987, S. 271f. Vgl. auch Gracco Ruggini 1961, S. 209.

[220] Isid. *orig.* 9, 4, 38: *Differt autem inter inquilinum et advenam. Inquilini enim sunt qui emigrant, et non perpetuo permanent.*

[221] Aug. *en. in ps.* 93, 7 (CCL 39, 1308): *Invenis enim pauperem hominem, qui quando patitur aliquam iniuriam, non adtendit nisi patronum suum, in cuius forte domo manet, cuius inquilinus est, cuius colonus est, cuius cliens est; et ideo se indigne pati asserit, quia ad illum pertinet.* Siehe auch Aug. *epist.* 247, 1 (CSEL 57, 586) und Aug. *epist.* 247, 4 (CSEL 57, 588).

[222] Paul. Nol. *epist.* 5, 15f.; Paul. Nol. *epist.* 24, 3 (CSEL 29, 35); Zeno 2, 24, 3 (CCL 22, 198); Optat. *carm.* 2, 4 (CSEL 26, 38f.); Arnob. 1, 12 (CSEL 4, 11).

[223] Symm. *epist.* 4, 68. Vgl. Held 1971, S. 168 mit Literaturhinweisen und Krause 1987, S. 273, Anm. 204.

[224] Anders Krause 1987, S. 273, der sich nicht vorstellen kann, dass es zwei Gruppen von Inquilinen gegeben habe.

[225] Gegen His 1896, S. 89, der annimmt, die Inquilinen hätten keinen Ackerbau betrieben. Vgl. Krause 1987, S. 272, Anm. 201.

[226] Sidon. *epist.* 5, 19: *originalis inquilinatus* und Salv. *gub.* 5, 44: *abiectio inquilina.*

chen. Erwägungen, dass die beiden erstgenannten Autoren die Begriffe nicht in ihrem eigentlichen Sinne gebrauchten und Augustinus uns zuverlässig unterrichtet, helfen nicht weiter, da Sidonius wie auch Salvian an juristischen Texten geschult worden waren. Die Aufklärung dieses Widerspruchs liegt in den Texten selbst. Der Brief des Sidonius zeigt, dass die Grundherren individuelle Konfliktlösungen entwickeln konnten. Wenn ein Inquiline von seinem Grundherrn aus dem Pachtverhältnis entlassen wurde, widersprach dies nicht den Gesetzen. Der originäre Grundherr musste nur auf sein Recht zur Rückholung verzichten.

In den Rechtstexten stehen die Bezeichnungen Inquiline und Kolone sowie andere, wie etwa *tributarius* und *advena*, die durch den Fortschritt des Rechtswesens zu Synonymen wurden, lange Zeit nebeneinander.[227] Dabei fällt auf, dass in der frühen Kaiserzeit zunächst bestimmte Gesetze für Inquilinen erlassen wurden und man dann erst denselben Tatbestand für Kolonen regelte.[228] In einigen Fällen wurde das Wort *colonus* sogar erst von den Juristen Justinians interpoliert.[229] In der Spätantike kehrte sich diese Reihenfolge um, und die Inquilinen wurden nun an zweiter Stelle in den Kolonengesetzen genannt. Wie die Kolonen unterlagen sie der Bodenbindung und mussten im Falle einer Flucht zu ihren Grundherren zurückkehren.[230] Sie wurden geburtsständig von anderen Freien abgegrenzt, konnten nur noch untereinander sowie mit Kolonen ein rechtmäßige Ehe eingehen und durften ferner nicht mehr in den Klerus eintreten.[231]

Inquilini und *coloni* sind demnach Bezeichnungen für Personengruppen, die in den Rechtstexten allmählich gleichbehandelt wurden, wobei die meisten Inquilinen

---

[227] So bereits Revillout 1861, S. 194. Vgl. Eibach 1977, S. 233–245, bes. 242; Jones 1986, S. 799; ders. 1958, S. 2; zustimmend Mirković 1997, S. 101–109, bes. 103. Vgl. auch L. Gracco Ruggini 1961, S. 199–216; Sirks 1993, S. 369, die Inquilinen seien im Allgemeinen gleich den Kolonen behandelt worden. De Martino 1991, S. 450, hält die Inquilinen, obgleich es einen, wenn auch noch so kleinen Unterschied gebe, für Kolonen. Der Vorstoß von Krause 1987, S. 270–274, die Synonymität von Kolonat und Inquilinat in Frage zustellen, ist nicht überzeugend.

[228] Die These Seecks 1900, Sp. 494–496, seit der Zeit Mark Aurels seien Barbaren auf römischem Territorium als Inquilinen angesiedelt und es sei dabei die „germanische" Einrichtung der Liten übernommen worden, ist nicht haltbar. Für diese These sprach sich zuletzt Held 1971, S. 123f., und mit Einschränkungen auch Johne et al. 1983, S. 85, aus. Vgl. die Gegenposition von Mirković 1997, S. 86–100.

[229] Dig. 50, 15, 4, 8 (Ulp. Lib. 3 ad cens.).

[230] Vor allem unterlag diese Gruppe der Inquilinen einer Bindung an den Boden oder den Grundherrn. Gegen Rosafio 1984, S. 121–131, der glaubt, der Inquiline sei nicht an den Boden gebunden.

[231] CJ 11, 48, 6 (366); CTh 10, 12, 2, 2–3 (368–373); CJ 11, 48, 13, pr. (400); CTh 5, 18, 1, pr. (419); Nov. Val. 27, 4 (449) und Nov. Val. 35, 3 (452). Außerdem noch CJ 10, 32, 29 (365): Die Kinder kaiserlicher Inquilininnen und Dekurionen sollen der *condicio* der Mutter folgen; CJ 11, 53, 1 (371): *origo*-Bindung in Illyrien und den benachbarten Provinzen; CJ 11, 48, 12 (396): Aufnahme von Inquilinen, Tributarier und Kolonen und CTh 12, 19, 2 (400): Inquilinenflucht, Modalitäten der Rückführung. Vgl. auch Eibach 1977, S. 234–237.

im 4. und 5. Jahrhundert in der Landwirtschaft tätig gewesen sein mögen.[232] Nur diese Gruppe unterlag dem Inquilinat, denn die literarischen Beispiele zeigen, dass in der Spätantike nicht jeder Mietvertrag einen Standeswechsel zur Folge hatte. Diese Bandbreite verschiedener Rechtsverhältnisse ist vermutlich auch der Grund dafür, dass Inquilinat und Mietverträge im Westen, besonders aber in Gallien, weit verbreitet waren. Der Inquilinat erfuhr im Frankenreich eine erstaunliche Nachwirkung bis in die Zeit Karls des Kahlen.[233]

232 Vgl. Krause 1987, S. 274f., die Inquilinen hätten sich in der Mehrzahl der Landwirtschaft gewidmet.

233 Westgoten- und Frankenreich: Nov. Val. 35, 3 interpr. (506); Elig. Charta (Paradessus 2, S. 11); Burgunderreich: L. Rom. Burg. 6, 2 (517); karolingisches Frankenreich: Capit. 1, 154, c. 9 (826/827) = Anseg. 2, 39 (Capit. 1 NS [G. Schmitz, 1996], S. 560); MGH D Karol. I, 7; Chart. et dipl., Charl. le Chauve, 439.

IV. Das Forschungsproblem

In der Antike existierte kein geschlossenes Rechtssystem.[234] Und so fehlt auch eine Definition des Kolonats in den Rechtstexten. Kaser stellt daher fest, dass die Rechtsstellung der Kolonen schillere.[235] Die beiden spätantiken Codices und die Novellen enthalten gleichwohl, wie bereits dargelegt, die Gesetze zur Erforschung des römischen Kolonats. Auf ihrer Grundlage können die rechtlichen Bestimmungen der Kaiser in ihrer Zeit dargestellt werden. Dabei müssen Rechtsfragen zum Kolonat wie die nach Freizügigkeit, Eherecht und Vermögensrecht zunächst einmal in ihrem entwicklungsgeschichtlichen und historischen Kontext Gesetz für Gesetz geklärt werden. In einer Untersuchung der Konstitutionen, wenn man die Rechtsquellen chronologisch nach Rechtsfragen ordnet und die begrifflichen und inhaltlichen Zusammenhänge beschreibt, ergibt sich hierbei das Bild von einem über die Zeit gewachsenen Rechtsinstitut. Der Kolonat bezeichnet so die Gesamtheit der rechtlichen Vorschriften, durch welche die Rechtsstellung der Kolonen begründet wurde. Dies betrifft vor allem das Verhältnis der Kolonen zum Grundherrn und zum Staat. Hinter den rechtlichen Sachverhalten und Tatbeständen verbergen sich Daten und Fakten der kulturell-sozialen Wirklichkeit im Hinblick auf rechtlich geregeltes Verhalten. Der Kolonat ist nach der hier vertretenen Auffassung folglich die Summe der Rechtsgrundsätze, welche durch die Gesetzgebung der Kaiser zur rechtlichen Beurteilung der betreffenden Sachverhalte einer Berufsgruppe entwickelt worden waren, wodurch diese insbesondere aufgrund der kolonalen Ehegesetze zur sozialen Gruppe und damit zu einem Geburtsstand gerierte.

Die Entwicklungsgeschichte des Kolonats wurde schon öfter unter einem systematisierenden Erkenntnisinteresse untersucht.[236] Ich kann daher auf die Ergebnisse der Forschung, auch meiner eigenen, zum Kolonat zurückgreifen und die Rechtsentwicklung des weströmischen Kolonats sowie die Fortentwicklung des Kolonats in den nachrömischen Königreichen darlegen.[237] Die systematische Darstellung

---

[234] Vgl. so schon Schulten 1897, S. 13. Ein geschlossenes Rechtsystem des römischen Rechts nimmt hingegen Fögen 2002 an. Auf Grundlage der Systemtheorie von Luhmann 1984, S. 440f. und 509–512, erfasst sie eine Systematik der Konstitutionen bereits für die Antike. Jedoch erscheint mir die These von Berman 1983, das moderne Recht habe seinen Anfang mit der Wiederentdeckung der Digesten im Mittelalter genommen und sei erst danach entwickelt worden, schlüssiger. Vgl. dazu die konzise Zusammenfassung der bermanschen These von Vesting 2008, S. 57–61.

[235] Kaser 1975, S. 146.

[236] Siehe von Savigny 1850, S. 1–66; Munzinger 1998; Schipp 2009.

[237] Zum weströmischen Kolonat vgl. Schipp 2009, S. 29–270. Zum Kolonat in den Königreichen der Franken, Burgunder, West- und Ostgoten vgl. Schipp 2009, S. 272–451. Vgl. zum Kolonat im Reich der Langobarden Schipp 2018 und in Nordafrika während der Vandalenherrschaft Schipp 2022.

wird schließlich um eine Skizze des Kolonats oströmischer Ausprägung ergänzt. Zuvor wird im Hauptteil der Untersuchung eine neue These zur Entstehung des Kolonats diskutiert. Wie in der Einleitung bereits angedeutet, besteht das grundlegende Forschungsproblem nämlich in der bislang nicht überzeugend geklärten Frage nach der Entstehung des Kolonats.

Der Kolonat wird vom Beginn des 19. Jahrhunderts an rekonstruiert und seit den 80er-Jahren des 20. Jahrhunderts auch wieder dekonstruiert. Jede Forschergeneration macht sich aus dem heterogenen Quellenmaterial ihr eigenes Bild von einem Kolonat oder Nicht-Kolonat. Die Literatur zum Kolonat ist entsprechend umfangreich, und die Meinungen sind in fast allen Detailfragen geteilt. „Le colonat est l'une des institutions les plus obscures de l'empire romain", wie von Fustel de Coulanges schon früh festgestellt wurde.[238] Um die Forschungsergebnisse zu allen Facetten des Kolonats darzulegen, müsste ein eigenes Buch geschrieben werden.[239] Da es in dieser Untersuchung aber um den Beginn des Kolonats und dessen Ursachen geht, werden hier nur die wichtigsten Forschungsthesen zur Entstehung des Kolonats kurz vorgestellt und kommentiert.

1. Rekonstruktionen einer Entstehungsursache des Kolonats

Die wissenschaftliche Beschäftigung mit dem Kolonat begann nicht, wie öfter behauptet, mit Cujacius und Gothofredus.[240] Die beiden Humanisten studierten die Konstitutionen der spätantiken Codizes, darunter auch die Gesetze, die sich mit den Kolonen befassen, sie untersuchten aber nicht explizit den Kolonat. Gleichwohl bilden ihre Kommentare die Grundlage jeder juristischen Beschäftigung mit diesem spätantiken Phänomen. Die wissenschaftliche Beschäftigung mit dem Kolonat begann vielmehr mit von Savignys erster umfassenden Arbeit zur Rechtsstellung der Kolonen in der Spätantike. Er untersuchte außer den grundlegenden Gesetzen zum Eintritt in den Kolonat, zur Bodenbindung, zu den Ehegesetzen und der Vermögensfähigkeit auch die Rekrutierung der Kolonen zum Kriegsdienst. Sein besonderes Augenmerk galt aber dem personenrechtlichen Status der Kolonen. Dabei erkannte er,

---

238 Fustel de Coulanges 1885, S. 3.

239 Zum jeweils zeitgebundenen Forschungsstand vgl. Clausing 1925; Saumagne 1937, S. 487–581; Ganshof 1945, S. 261–277; Pallasse 1950; Marcone 1988, passim; Mirković 1997, S. 1–16; Munzinger 1998, S. 7–17; Grey 2007, S. 155–161 und Schipp 2009, S. 1–11. Siehe auch Brockmeyer 1968, S. 8–70. Zum Kolonat im Osten, besonders in Ägypten, ist noch immer Rostowzew 1910 zu beachten. Die älteren Theorien werden von Heisterbergk 1876, S. 1–63, diskutiert.

240 Vgl. Jones 1958, S. 1; Mirković 1997, S. 2; Munzinger 1998, S. 7.

dass der doch so bedeutende Kolonenstand nicht in den Institutiones Justinians berücksichtigt wurde, sondern dort nur von *servi* und *ingenui* die Rede war.[241] Er sah sie als Freie an, deren Status allerdings große Ähnlichkeit mit dem der Sklaven aufwiese.[242] Obwohl sie personenrechtlich frei gewesen seien, sei ihre Freiheit eingeschränkt gewesen und der Grundherr habe sie nicht von ihrer Bodenbindung lösen können. Zwar seien sie im Stande gewesen, Eigentum zu erwerben, es sei ihnen jedoch untersagt gewesen, Eigentum ohne des Grundherrn Erlaubnis zu veräußern. Kolonen seien zudem persönlich verpflichtet gewesen, ihre Steuern zu zahlen.[243] Als Ursache für den Kolonat erwog von Savigny zum einen die Selbstunterwerfung der verarmten Bauern unter das Kolonatsverhältnis und zum anderen die durch den Kolonat modifizierte Freilassung der Sklaven zu Kolonen. Da ihm beides nicht mit dem klassischen Recht vereinbar erschien, legte er sich zunächst nicht auf eine Erklärung fest.[244] In einem Nachtrag aus dem Jahre 1849 schloss er sich aber der Ansiedlungsthese an.[245]

Im Jahre 1885 formulierte Fustel de Coulanges die vielbeachtete Theorie von der kontinuierlichen Entwicklung des Kolonats. Die Verschuldung der freien Kolonen führe seit spätrepublikanischer Zeit zum gebundenen Kolonat in der Spätantike (Verschuldungsthese). Die Kolonen seien zum Eigentum ihrer Grundherren geworden, weswegen die Kaiser sie eherechtlich einschränkten.[246] Trotzdem seien ihnen die Rechte zu vererben, vor Gericht aufzutreten und Priester zu werden, nicht genommen worden.[247] Anders als Sklaven habe man Kolonen aber nie ohne das Land verkaufen können.[248] Dieser Erklärungsansatz wurde noch von Demandt akzeptiert, bei dem es heißt: „Der wichtigste Grund für die Bodenbindung liegt in den immer wieder auflaufenden Pachtrückständen (*reliqua colonorum*)".[249] Die Entstehung des Kolonats sah auch Mirković in der Abhängigkeit von den Grundherren begründet, wobei sie, und hier modifizierte sie die Verschuldungsthese von Fustel de Coulanges, der Steuerreform Diokletians einen gewissen Einfluss auf die Entwicklung einräumte, die schließlich zur Bindung der Kolonen an den Boden führe.[250] Munzinger griff die rechtshistorische Methode zur Erforschung des Kolonats in der Tradition von Savignys wieder auf. Auch die Gliederung des Stoffes in Bodenbindung, Eherecht und Vermögensrecht übernahm er von der rechtshistorischen Forschung. Der

---

241 Von Savigny 1850, S. 38.

242 Vgl. von Savigny 1850, S. 11–15. Vgl. dazu auch Munzinger 1998, S. 9 und Mirković 1997, S. 5.

243 Auf diesen Artikel bezieht sich auch Kaser 1975, S. 142f., Anm. 5.

244 Vgl. Heisterbergk 1876, 7f. und Clausing 1925, S. 43.

245 Vgl. von Savigny 1850, S. 55.

246 Fustel de Coulanges 1885, S. 107–117.

247 Fustel de Coulanges 1885, S. 103f.

248 Fustel de Coulanges 1885, S. 101–103.

249 Demandt 2007, S. 398.

250 Vgl. Mirković 1997, S. 110–112.

Historiker wertete allerdings nicht das ganze Quellenmaterial aus, sondern versuchte die personenrechtliche Stellung der spätantiken Kolonen im Spannungsfeld zwischen Sklaverei und Freiheit herauszustellen.[251] In der Frage nach der Entstehung des Kolonats legte Munzinger sich nicht auf einen Entstehungsgrund fest, folgte aber implizit der Verschuldungsthese.[252] Diese wurde schließlich von Scheidel und Sirks zu Recht als unzureichender Erklärungsansatz kritisiert.[253]

Als zweite These wird schon seit der Mitte des 19. Jahrhunderts die Ansiedlungsthese diskutiert. Der Kolonat ist ihr zufolge aus der Ansiedlung besiegter Barbaren entstanden. Deren Hauptvertreter Zumpt hatte diesen von den Ansiedlungen der Makromannen im 2. Jahrhundert hergeleitet. Der Kolonat sei durch die Behandlung besiegter Barbaren im 3. und 4. Jahrhundert fortgesetzt und schließlich durch das Skirengesetz im 5. Jahrhundert bestätigt worden.[254] Noch weiter ging Huschke, der die Ansiedlung der Barbaren bis in das 1. Jahrhundert n. Chr. und sogar darüber hinaus bis in die republikanische Zeit zurückverfolgte.[255] In der so wichtigen Frage nach dem Ursprung des Kolonats schloss sich Seeck in seinem RE-Artikel der Ansiedlungsthese an.[256] Gegen die Ansiedlungsthese hatte bereits Clausing argumentiert. Der wichtigste Unterschied zwischen den Barbarenansiedlungen zur Zeit des Prinzipats und der Ansiedlung auf der Grundlage des Skirengesetzes aus dem Anfangsjahrzehnt des 5. Jahrhunderts sei der inzwischen stark geminderte Rechtsstatus der Kolonen. Die Barbaren (Skiren) seien dagegen als rechtlich eingeschränkte Bürger angesiedelt worden.[257] Vor allem aber sei das Skirengesetz 77 Jahre nach dem ersten Gesetz zum Kolonat erlassen worden, weswegen andere Gründe wie die Besteuerung und Verschuldung der Kolonen für die Entstehung des Rechtsinstituts verantwortliche gewesen sein dürften.[258] Die Ansiedlungsthese wird seit der Widerlegung durch Clausing nur noch wenig beachtet.[259] Aber Kaser erwähnt noch die „Zwangsansiedlung von Barbarenstämmen“ im Zusammenhang mit dem Ursprung des Kolonats.[260] Von einem allmählichen Abgleiten abhängiger Bauern in den Stand

---

251 Die Untersuchung Munzingers ist wegen zahlreicher Mängel bei der juristischen Interpretation scharf rezensiert worden. Vor allem die Annahme, die Kolonen seien zum Eigentum ihrer Grundherren geworden (Munzinger 1998, S. 31), ist nicht haltbar. Siehe die Rezension von A. J. B. Sirks, Gnomon 75 (2003), S. 84f. Tendenziell positiv zu dieser Arbeit äußert sich K.-P. Johne, Klio 83 (2001), 514f., aber auch er weist daraufhin, dass einige juristische Annahmen Munzingers schlichtweg falsch sind.

252 Vgl. Munzinger 1998, S. 5.

253 Vgl. Scheidel 2000, S. 727 und Sirks 2012, passim.

254 CTh 5, 6, 3 (409). Vgl. Zumpt 1845, S. 1–69.

255 Huschke 1847, S. 145f. Gegen diesen frühen Ansatz sprach sich schon von Savigny 1850, S. 55f. aus.

256 Seeck 1900, Sp. 483–510.

257 Vgl. Clausing 1925, S. 74–91.

258 Vgl. Clausing 1925, S. 76.

259 Vgl. Mirković 1997, S. 87 und 98f.

260 Vgl. Kaser 1975, S. 143.

von gebundenen Kolonen geht auch Koptev aus, wobei er der Barbarenansiedlung eine gewisse Bedeutung beimisst.[261]

Die Forschungsdiskussion zur Entstehung des Kolonats wurde in der Nachkriegszeit belebt von der These, die Jones als Ergebnis seiner Studien präsentierte: Der gebundene Kolonat sei das Nebenprodukt der diokletianischen Steuerreform gewesen (Steuerthese bzw. fiskalische These).[262] Goffart formulierte diese weiter aus und kam zu dem Ergebnis, dass die Entwicklung des Kolonats nur im Kontext des Steuersystems zu verstehen sei.[263] Dass die steuerpolitischen Maßnahmen seit Diokletian die Bodenbindung der Kolonen maßgeblich beeinflusst haben, galt lange Zeit als Konsens.[264] In allerjüngster Zeit regte sich jedoch Kritik an diesem Modell, so bezweifelten Carrié und Gascou, dass die Besteuerung der Kolonen eine wesentliche Rolle bei der Ausbildung der Bodenbindung gespielt habe.[265] Rosafio hingegen ist der Ansicht, dass die Kolonen aufgrund der Reform des Steuersystems an den Boden gebunden worden seien.[266] Auch Giliberti und Kehoe stimmten dieser These zu.[267] Sirks untersuchte die Steuerhaftung der Kolonen, wobei er einzelne zentrale Gesetzestexte neuinterpretierte.[268] Die Adskriptizität beruhe auf einer Vereinbarung zwischen Grundherrn und Bauern.[269] Steuerrechtlich bliebe der *colonus originalis* (*adscripticius*) dem Fiskus solange verpflichtet, wie er im Steuerregister geführt worden sei.[270] Dadurch sei der Kolonat unter Justinian zu einem kohärenten Rechtsinstitut geworden. Aber seiner Ansicht nach spreche unter anderem das rechtliche Beharren auf dem freien Status der Kolonen dagegen, dass sie schon im 6. Jahrhundert in die Leibeigenschaft gefallen seien.[271] In einem anderen Artikel gab Sirks einige grundlegende Bemerkungen zum *SC Claudianum*, in dem er sich auch mit dem kolonalen Eherecht befasste.[272] Schließlich untersuchte er das Vermögensrecht der

---

261 Vgl. Koptev 2005, S. 45.

262 Jones 1958, S. 10f. Vor ihm wiesen bereits Heisterberk 1876, S. 139–145 und Ganshof 1945, S. 264–266, auf die Bedeutung der diokleitianischen Reform und die Besteuerung der Kolonen für die Entstehung des Kolonats hin.

263 Goffart 1974.

264 So vertritt etwa Bleicken 1978, S. 195f., in seiner Darstellung der römischen Verfassungs- und Sozialgeschichte die Steuerthese.

265 Carrié 1982, 1983 und 1997; Gascou 1985, S. 1–90.

266 Rosafio 1995, 2002. Siehe die Rezension von M. Mirković, ZRG RA 123 (2006), S. 412–416. Vgl. auch Rosafio 1997, S. 241–251, bes. 247, und seinen Beitrag im Handwörterbuch zur Sklaverei, der allerdings weder den seinerzeitigen noch den heutigen Forschungsstand wiedergibt.

267 Giliberti 1999, S. 89–98 und Kehoe 2007, S. 166.

268 Sirks 1993. Wichtige Gesetzestext sind z. B. CJ 11, 48, 8 (371) und CTh 11, 1, 14 (371) = CJ 11, 48, 4.

269 Vgl. Sirks 1997, S. 163–184.

270 So schon Sirks 1993, S. 358f.

271 Vgl. Sirks 1993. Obschon auf dem Gebiet noch Forschungsarbeit zu leisten sei, so Sirks 2008, S. 122, Anm. 8.

272 Sirks 1994, S. 436f.

Kolonen. Er kam zu dem Ergebnis, dass der Grundherr ein Zugriffsrecht auf das Kolonenvermögen gehabt habe, solange dieser mit dem Pachtzins im Rückstand war, da manche Kolonen ohne eigenes Vermögen mit dem Ertrag ihrer Arbeit hafteten.[273] Sirks steht in der Juristentradition einer rechtsdogmatischen Auffassung vom Kolonat und scheint von einer fiskalischen Ursache des Kolonats auszugehen.[274]

Erneut angestoßen wurde die Forschungsdebatte über die Existenz eines Kolonats in den frühen 80er-Jahren des 20. Jahrhunderts. Mit einer gezielten Provokation erschütterte Carrié die Kolonatsforschung, indem er den Kolonat als eine „construction intellectuelle" der modernen Geschichtsforschung bezeichnete und feststellte, dass der Kolonat als Rechtsinstitut ein „Mythos" der modernen Geschichts- und Rechtsforschung sei. Die Beschränkungen für Kolonen seien in der Wissenschaft grob übertrieben worden und eine reine Angelegenheit der fiskalischen Registrierung, wodurch die Kolonen an ihre Scholle gebunden worden seien.[275] Unter den wissenschaftlichen Rekonstruktionen nimmt der Ansatz von Carrié eine Sonderstellung ein, da es sich hierbei um die Dekonstruktion von Jones' These zur Entstehung des Kolonats handelt. Trotz heftigen Widerspruchs, vor allem von Marcone und Fikhman, verteidigte der französische Forscher sein Ergebnis.[276] Den Thesen von Carrié stimmte jüngst Grey zu, mit dem Hinweis auf die Vielfalt der agrarischen Arbeitsverhältnisse in der Spätantike.[277] Ob das Auftauchen bodengebundener Kolonen in den Rechtsquellen der spätrömischen Welt auf Veränderungen im Steuersystem zurückgeführt werden kann, ist aber fraglich. Ebenso ist die Annahme, dass sich im 4. und 5. Jahrhundert kein einheitliches, in sich konsistentes System des eingetragenen Pachtrechts herausbildete, zwar nicht durch die Rechtsquellen zu widerlegen, aber dennoch lassen sich aus den Rechtsquellen juristische Institute und Prinzipien bezüglich der Behandlung von Kolonen herausarbeiten.[278] Die Mehrheit der Forschung lehnt entsprechend Carriés Thesen und auch deren Fortführung durch Grey strikt ab.[279] Wenn man von den Quellen her argumentiert,[280] und das

[273] Sirks 1999.

[274] Etwa Sirks 2008.

[275] Vgl. Carrié 1982, S. 351. Siehe auch Carrié 1983 und 1997.

[276] Marcone 1985, S. 513–520; gemäßigter äußerte dieser sich drei Jahre später, Marcone 1988, S. 11f. Eine dezidierte, quellenkritische Erwiderung schrieb Fikhman 2006. Ebenfalls ablehnend äußern sich Munzinger 1998, S. 14f. und Rosafio 2002. Siehe ferner Mirković 1997, S. 8, Anm. 23.

[277] Vgl. Grey 2012, S. 656–657.

[278] Vgl. Grey 2007, S. 175. Reserviert äußerte sich Sirks 2008, S. 122, Anm. 8, zu den Ausführungen von Grey. Er weist ihm zudem zahlreiche Missdeutungen der Rechtstexte nach: Sirks 2008, S. 126, Anm. 25; 127, Anm. 32; 129, Anm. 44; 132, Anm. 52 und 138, Anm. 75.

[279] Zuletzt Sarris 2011 und Lenski 2017.

[280] Wie es auch Grey 2007, S. 155, fordert.

sollten wir als Historiker, ergibt sich nämlich ein anderes Bild von den Arbeitsverhältnissen, Arbeitsbedingungen und Ursachen des Kolonats, als die beiden Forscher suggerieren.[281]

Zum Disput hat auch beigetragen, dass die rechtliche und wirtschaftliche Stellung der Kolonen zu wenig differenziert oder sogar als übereinstimmend angenommen wurde. Zudem scheinen mir die verschiedenen methodologischen Zugänge Missverständnisse hervorgerufen zu haben. Auf der einen Seite nähern sich Carrié und Grey dem Thema mit ökonomischen und soziologischen Theorien zu den agrarischen Arbeits- und Lebensverhältnissen, und auf der anderen Seite wird der Kolonat mit rechtshistorischen Methoden erforscht.[282] Und in der Tat fällt es schwer, die personenrechtliche Stellung der Kolonen, die sich aufgrund der Rechtsquellen erschließen lässt, in eine Wirtschaftstheorie oder in ein soziologische Theorie einzuordnen. Dies scheitert vor allem aus Mangel an empirischen Daten. Carrié und Grey stimmen aber mit der aktuellen Forschung darin überein, dass sie eine Verschiebung der Relation zwischen Staat und Kolonen zur Zeit der Tetrarchie anerkennen. Dies entspricht, bis auf die Schlussfolgerung, dass dadurch der Kolonat entstünde, der Grundannahme einiger Beiträge einer Konferenz auf Capri.[283]

Wenn man auch in der Frage nach der Existenz eines Kolonats in der Spätantike keine Einigung erzielte, so kristallisierte sich doch eine Relativierung der älteren Thesen zur Entstehung des Kolonats heraus.[284] Vor allem sind die Überlegungen von Vera hervorzuheben, welcher den italozentrischen Charakter der *locatio conductio* betonte. Die Bedeutung dieser Vertragsform sei in den Provinzen geringer als in den zentralen Gebieten des Imperiums gewesen. Dem Vertragsverhältnis sei somit in den Provinzen nur eine untergeordnete Rolle bei der Ausbildung der Bodenbindung beizumessen.[285] Dort seien vor allem lokale Traditionen zu berücksichtigen.[286] Außerdem bezweifelte er einen direkten Zusammenhang zwischen den Pachtverhältnissen des Prinzipats und den kolonalen Verhältnissen der Spätantike. Letztere seien keine privatrechtlichen Vereinbarungen, sondern trügen fiskalischen Charakter, sodass die Kaiserkonstitutionen die steuerrechtlichen Bedingungen der

---

281 Ich kann hier nicht auf die Argumente von Carrié und Grey im Detail eingehen, vgl. dazu meine Sichtweise in Abschnitt II.3 und Kapitel X.

282 Mit Modellen arbeiten etwa Grey 2011a, 2012; Banaji 1997, 2001; Kehoe 1988, 1997, 2000. Auf der Grundlage der Rechtsquellen argumentieren zum Beispiel Sirks 1994, 1997, 1999, 2008, 2010, 2012, 2021 und Rosafio 1995, 1997, 2002, 2008.

283 Lo Cascio 1997.

284 Eine klärende Diskussion der zu ihrer Zeit wichtigsten Forscher auf dem Feld der Kolonatsforschung in der strittigen Frage ist dabei, wie der Tagungsband dokumentiert (Lo Cascio 1997), ausgegangen wie das Hornberger Schießen. Vgl. dazu den instruktiven Überblick von Scheidel 2000. In der Rezension von M. Mirković, ZRG RA 116 (1999), S. 485–490, werden die Gegensätze der Forschermeinungen besonders deutlich herausgearbeitet.

285 Vgl. Vera 1997, S. 185–188.

286 Insbesondere der Kolonat in Ägypten war stark von solchen lokalen Traditionen geprägt; vgl. Rathbone 1991; Mazza 2001; Fikhman 2006; Sarris 2006.

Kolonen regelten und nicht deren Verhältnis zum Grundherrn. Damit wandte er sich strikt gegen Fustel de Coulanges' Verschuldungsthese.[287]

Ein kaum beachtetes Erklärungsmodell bietet Panitschek, welcher den Kolonenstatus als Substitut für die Minderfreiheit nach peregrinem Recht deutete.[288] Die Gesetzgebung zum Kolonat erlaube es, die halbfreien Arbeitsformen nach Kategorien des römischen Rechtes zu erfassen, und sei eine seit der *Constitutio Antoniniana* überfällige Regelung.[289] Die Notwendigkeit, den unterschiedlichen ehemaligen peregrinen Rechtsstellungen einen neuen rechtlichen Rahmen zu geben, ist nicht von der Hand zu weisen. Dennoch eignen sich die Kolonengesetze dazu nur bedingt. Die Römer mit Bürgerrecht hätten auch in andere Rechtsverhältnisse zu den ehemaligen peregrinen Provinzbewohnern treten können. So ermöglicht das latinische Bürgerrecht, erworben durch Verleihung oder Freilassung, ebenso gewisse soziale Gruppen in einer minderen Rechtsstellung zu halten, sodass meines Erachtens Panitscheks Ansatz nicht ausreicht, die Entstehung des Phänomens Kolonat zu begründen. Gleichwohl, und hier schließt sich der Kreis zur Ansiedlungsthese, ist der Kolonat, wenn man die Reihenfolge beachtet, geeignet, anzusiedelnde Barbaren in den römischen Rechtsbereich aufzunehmen, ohne ihnen die vollen Bürgerrechte verleihen zu müssen, denn erst wurde der Kolonat als Rechtsinstitut ausgebildet und dann konnte die Aufnahme von Barbaren in diesen Stand und damit in die römische Provinzialgesellschaft erfolgen.[290]

Nur noch eine Schlussnotiz ist die langjährige Erforschung des kolonalen Ursprungs in der marxistischen Forschung, wenngleich in jüngerer Zeit Harper dafür plädierte, die spätrömische Gesellschaft sei während des gesamten langen 4. Jahrhunderts eine „Sklavenhaltergesellschaft" gewesen, die schließlich aufgrund des stagnierenden Wirtschaftswachstums im 5. Jahrhundert scheiterte.[291] Mit einem kapitalistischen Modell nach Finley versuchte er den Übergang von der Sklaverei zur gebundenen Pacht zu erklären.[292] Diese marxistische Forschungsrichtung geht von einer progressiven Entwicklung der Sklaverei zum Kolonat aus.[293] Den Forschungen liegt die Theorie einer spätantiken Klassengesellschaft unter besonderer Berücksichtigung der marxistischen Modelle zugrunde, wonach die „Sklavenhaltergesellschaft" aufgrund ihrer falschen kapitalistischen Grundannahmen zum Scheitern verurteilt gewesen sei.[294] So musste auch Harper, um sein theoretischen Annahmen

---

[287] Vgl. Vera 1997, S. 202f.

[288] Lediglich Liebs 2012, Sp. 1959, hat in seinem HRG-Artikel diese Deutung erwogen.

[289] Panitschek 1990, S. 140.

[290] Vgl. Schipp 2009, S. 83–89 und ders. 2014, S. 134f. Vgl. auch Grey 2011b.

[291] Vgl. Harper 2011.

[292] Finley 1980. Vgl. Harper 2011, S. 149–162. Siehe dazu die Rezensionen von O. Schipp, in: H-Soz-u-Kult 26.03.2012 und U. Roth, in: sehepunkte 12 (2012), Nr. 9, 15.09.2012.

[293] Dabei stehen sie in der Tradition von Fustel de Coulanges 1885 und Rostowzew 1901, 1910.

[294] Siehe Günther 1965, Seyfarth 1963, de Ste. Croix 1981, Held 1971, 1974, Korsunskij 1954, 1964 und Udalzowa 1955, 1956, 1959.

nicht zu gefährden, die zahlreichen Belege für die landwirtschaftliche Pacht während der gesamten Kaiserzeit und für deren allmähliche Umwandlung in einen sklavenähnlichen Zustand mit der Bindung der Kolonen an die Ländereien ausblenden.[295] Nur so kann es zu der lapidaren, aber nicht zutreffenden Feststellung kommen, dass die Erlasse zu den Kolonen wirklich fiskalisch motiviert gewesen seien und deshalb bestenfalls ein stark verzerrtes Spiegelbild der ländlichen Verhältnisse böten.[296] Damit fiel er hinter den Stand der Kolonatsforschung in der DDR zurück, die zunächst den Kolonat schon in der Zeit des Übergangs von Republik zum Prinzipat verortete,[297] aber am Anfang der 80er-Jahre von Johne eindrucksvoll widerlegt wurde.[298] Wie Huchthausen in einer Rezension abschließend feststellte, gab es zur Zeit der Republik und des Prinzipats Kolonen, aber keinen Kolonat.[299]

2. Konstantin und die Kolonen – Eine Problemskizze

Nach über zweihundertjähriger Forschungsdebatte resümierte Jones im Jahre 1958, dass nach wie vor offen sei, wann, wie und warum die Kolonen in der Spätantike an ihre Scholle gebunden wurden.[300] Vierundsechzig Jahre später scheint die Kolonatsforschung nicht nur in diesen Fragen zerstrittener denn je zu sein.[301] Dabei wurde die These von Jones, der Kolonat sei ein Nebenprodukt der diokletianischen Steuerreform, zunächst bereitwillig aufgenommen.[302] Dennoch setzte sich seine These, wie

---

295 Vgl. Lenski 2017, S. 114, der auch zu Recht darauf hinweist, dass Harper 2011, S. 153–155 und ders. 2012, S. 169, statt sich mit der detaillierten und reichhaltigen Quellenlage auseinanderzusetzen, auf die umstrittenen Thesen von Carrié zurückgreift und seine Ergebnisse wegen mangelnder Methodik fragwürdig sind.

296 Harper 2011, S. 154: „And because the enactments pertaining to *coloni* were truly fiscal in motivation, they are at best a highly distorted mirror of rural relations."

297 Siehe beispielsweise Günther 1965.

298 Vgl. Johne et al. 1983. Vgl. auch die von Johne unabhängige Arbeit von Avram 1982.

299 Huchthausen 1985. Zur marxistische Forschung vgl. Seyfarth 1963, S. 11–53, der die Forschungskontroversen der marxistisch-leninistischen Forschungsrichtung referiert, und Brockmeyer 1968, S. 8–70, der sich kritisch mit dieser auseinandersetzt, sowie die Kritik von Prachner 1973, S. 732–756, an dieser Forschungsrichtung.

300 Jones 1958, S. 1: „The problem of the late roman colonate has been debated since the seventeenth century. The debate still goes on, but we do not seem much nearer to answering the questions, when, how, and why the *colonus* of the principate, a voluntary tenant of land, free to move when his lease expired, became the *colonus* of the later empire, a serf tied to the land by a hereditary bond."

301 Eine gewisse Fragmentierung der Kolonatsforschung resümierte Scheidel 2000, S. 732.

302 Vgl. Jones 1958, S. 10f.

gerade ausgeführt, ebenso wenig durch wie die Verschuldungsthese und die Ansiedlungsthese der älteren Forschung.[303]

Im Zuge der Debatte um die Existenz und den Charakter des Kolonats wurde zwar die Forschung intensiviert, aber einen neuerlichen Versuch, die grundlegende Frage nach den Anfängen zu beantworten, wurde nicht unternommen. Einen vielversprechenden Ansatz, einer Antwort näher zu kommen, bietet die Methode, die Schmidt-Hofner zur Untersuchung des Regierungshandelns Kaiser Valentinians I. entwickelt hat. Demgemäß wird der Kolonat in der hier vorliegenden Studie nicht wie in vergleichbaren Untersuchungen in einer diachronen Perspektive untersucht, sondern strukturelle, historische und natürliche Rahmenbedingungen zu einem bestimmten Zeitpunkt werden in den Blick genommen. Die Rechtsquellen werden dazu anhand heuristischer Kategorien analysiert.[304] Somit können einzelne Entwicklungsstufen des Kolonats erkannt und durch deren Vergleich die Untersuchungsfrage beantwortet werden. Wenn es mit dieser Methode gelingt, die Entstehung des Kolonats herauszuarbeiten, zu analysieren und die Ergebnisse historisch einzuordnen, dann kann im Anschluss daran auch die Entwicklung des Kolonats modelltheoretisch genauer gefasst werden.

Durch die Ergebnisse der Kolonatsforschung in den letzten Jahrzehnten wurden die Voraussetzungen geschaffen, den Antworten auf Jones' entscheidenden Fragen näherzukommen.[305] Überwiegend wird inzwischen akzeptiert,[306] dass die Gesetze Konstantins die personenrechtliche Stellung einiger Kolonengruppen grundlegend veränderten. Zumindest die Freizügigkeit der Kolonen des Kaisers wie auch der abhängigen Kolonen anderer Grundherren war rechtlich eingeschränkt worden.[307] Konstantin reagierte dabei mit seiner Gesetzgebung auf konkrete Situationen oder auf Eingaben von Untertanen beziehungsweise Funktionsträgern. Dass er zu anderen Entscheidungen kam als seine Vorgänger, könnte den Kolonat hervorgerufen haben. Zudem wirkten sich in seiner Regierungszeit die strukturellen Veränderungen durch die diokletianisch-konstantinischen Reformen aus. Im Besonderen erforderten die zivilen und jurisdiktionellen Aufgaben der Prätoriumspräfekturen, welche die meisten Agrargesetze anfragten, eine rechtliche Ausstattung mit entsprechenden Auswirkungen auf die agrarischen Arbeitsverhältnisse.

---

303 Siehe im vorherigen Abschnitt IV.1.

304 Vgl. dazu ausführlich in Abschnitt II.3. Siehe die Anwendungsbeispiele von Schmidt-Hofner 2008a, S. 269–287 und 2017, S. 372–404.

305 Eibach 1977; Koptev 1995; Mirković 1997; Munzinger 1998; Giliberti 1999; Rosafio 2002; Banaji 2001; Kehoe 2007; Schipp 2009 und Grey 2011a, um nur die zuletzt erschienenen, einschlägigen Monographien zu nennen. Außerdem profitiert die Forschung von der Überlegung Schmidt-Hofners 2008a, S. 269–287, die Gesetze zum Kolonat nicht als Teil eines Systems, sondern zumeist als situative Reaktionen des Gesetzgebers zu begreifen.

306 Allein Koptev 2005 hegt Zweifel.

307 Zur Terminologie vgl. III.1.

Neben dem Regierungshandeln Konstantins sind die historischen Rahmenbedingungen der konstantinischen Zeit eine weitere anzunehmende Ursache für den entstehenden Kolonat. Dennoch ist der historische Kontext der Kolonengesetze Konstantins, soweit ich sehe, noch nicht explizit auf die Frage nach der Entstehung des Kolonats untersucht worden. Dass Konstantin aber um die Alleinherrschaft kämpfte und eine Hauptstadt gründete, musste sich auf die Kolonen auswirken, steigerten diese Ereignisse doch den Bedarf an landwirtschaftlichen Erzeugnissen und erforderten ein Erhöhung der Ackerrendite. Vor allem aber hatten Kriege gegen auswärtige Fremde und Bedrohungen der Grenzprovinzen immer Gesetzesinitiativen zum Nachteil der landwirtschaftlichen Produzenten zur Folge: Das war in konstantinischer Zeit so und sollte sich in valentinianischer, theodosianischer und nachtheodosianischer Zeit wiederholen.[308]

Außer den anthropogenen müssen ferner exogene Faktoren wie Klimaveränderungen, Naturkatastrophen und Pandemien berücksichtigt werden, was bisher in Bezug auf die Entstehung des Kolonats noch nicht untersucht wurde.[309] Die landwirtschaftliche Produktion hängt in zweifacher zeitlicher Perspektive von einer globalen Klimaveränderungen ab: Klimaextreme, von den Menschen als Wetter wahrgenommen, beeinflussten unmittelbar die landwirtschaftlichen Erträge und verschlechtern die Lebensumstände der Produzenten, zudem verursachten Klimaveränderungen, langfristig gesehen, eine Verminderung der Produktivität, einen Rückgang der Bevölkerung und verstärkte Fluchtbewegungen.

Auf dieser Grundlage wird der Versuch unternommen, die Diskussion um den Beginn des Kolonats vom Kopf auf die Füße zu stellen. Mit der Regierung Konstantins des Großen, so die These, begann für die Kolonen die verhängnisvolle Entwicklung ihres personenrechtlichen Status. Konstantins Kolonengesetze sind dabei nicht das Ende einer progressiven Entwicklung, die zum Kolonat führte, sondern der Anfang eines Prozesses, in dessen Verlauf sich der Kolonat herausbildete.[310] Nicht die Symptome Besteuerung, Verschuldung und Distribution der Landarbeitskräfte stehen im Mittelpunkt der Überlegungen, denn diese spiegeln nur Folgen der Veränderung wider, sondern es werden strukturelle Rahmenbedingungen und kontingente Faktoren untersucht, welche mittels der Gesetzgebung den Kolonat determinierten: also der politisch-legislative Rahmen (das Regierungshandeln Konstantins,

---

[308] Vgl. etwa CTh 5, 17, 1 (332); CTh 11, 1, 14 = CJ 11, 48, 4 (366; 371 Seeck); CTh 10, 12, 2 (368–373); CJ 11, 48, 8 (371); CJ 11, 53, 1 (371); CTh 5, 17, 2 = CJ 11, 64, 2 (386); CJ 11, 52, 1, 1 (392–395); CTh 5, 18, 1 (419); Nov. Val. 31, 5 (451); Nov. Val. 35, 6 (452). Siehe auch Schipp 2009, S. 589–592.

[309] Es ist mir bewusst, dass ich hier dem Zeitgeist der Forschung folge, trotzdem erscheint mir dieser Untersuchungsteil wegen der großen Abhängigkeit der Landwirtschaft vom Klima lohnenswert.

[310] Durch diese einfache, zu beweisende Annahme vermeidet man auch den Zirkelschluss, dass der Rückgang der Sklavenzahl zur Zeit des Prinzipats durch die Steigerung der Kolonenzahl ausgeglichen worden sei. So aber Held 1974, S. 98; ders. 1971 und Johne et al. 1983, S. 422f.

insbesondere die kaiserlichen Reaktionen auf sozioökonomische Anfragen; Reform der strukturellen Rahmenbedingungen), tatsächliche innere wie äußere Kriege und drohende Konflikte (kriegerische Auseinandersetzungen unter den Tetrarchen; Gefahrenabwehr an Rhein, Donau und im Osten) sowie Veränderungen der allgemeinen und natürlichen Voraussetzungen (Klimaveränderungen, Naturkatastrophen und Pandemien).

V. Die Kolonengesetze Konstantins

Konstantin der Große stand sicherlich nicht eines Tages auf und überlegte: „Heute könnte ich ein Kolonengesetz erlassen, wodurch eine Gruppe vertraglich verpflichteter Leute an die Scholle, die sie bebauen, gefesselt wird." Vielmehr werden Konflikte, kontingente Situationen oder Straftatbestände von einer oder mehreren Personen als regelungsbedürftige Anfragen an den Kaiser herangetragen worden sein. Dieser entschied dann per Gesetz, indem er sich direkt an die Betroffenen wandte oder indirekt über die Instanzen.

Die Problematik flüchtiger Kolonen und die Konkurrenz der Großgrundbesitzer um Arbeitskräfte für ihre Felder bestand aber schon vor Konstantins Regierungsantritt und war nicht neu. Vielfältige Instrumentarien, die Pachtbauern davon abzuhalten, ihren Acker zu verlassen, wurden in den Jahrhunderten zuvor erprobt. Neu war allerdings die Bodenbindung. Und wenn auch weitere Bindungsprinzipien späterhin entwickelt wurden, begann mit Konstantins Gesetzgebung zu den Pachtbedingungen der kaiserlichen und privaten Kolonen deren prekäre personenrechtliche Stellung.[311] Es ist folglich nach der leitenden Intention für derartige Gesetze zu fragen.

Zunächst werden daher die Kolonengesetze Konstantins untersucht. Gegliedert wird dieses wie auch das nächste Kapitel nach Gesetzen zu den kaiserlichen Kolonen und den Gesetzen zu allen Kolonen. Überdies werden aufgrund von Rückverweisen und Folgegesetzen auf mögliche Kolonengesetze Konstantins geschlossen. Auf dieser Basis werden die grundsätzlichen Fragen geklärt: Wie kam Konstantin zu seinen Entscheidungen? Gab es eine Prädisposition, die wir in den Quellen beobachten können, auf deren Grundlage Konstantin als Herrscher Entscheidungen traf? Dazu müssen wir aber zunächst einmal wissen, wie Konstantin als Gesetzgeber agierte beziehungsweise reagierte.

1. Konstantin als Gesetzgeber

Wie kein anderer Kaiser prägte Konstantin den Habitus des innovativ-autoritären Gesetzgebers.[312] Die Zeitgenossen und die wenige Generationen später lebenden Historiker und Kirchenmänner erkannten bereits, dass mit seiner Gesetzgebung etwas Neues begann. „Viele Gesetze erließ er [Konstantin], die dem Guten und Gerechten dienen sollten, die meisten waren überflüssig und einige grausam", wie der

---

[311] Siehe Abschnitt IX.1.

[312] Vgl. Brandt 2006, S. 36. Zu Konstantins Nachfolgern vgl. Moreno Resano 2010; Brendel 2017.

pagane Historiker Eutrop sicher nicht ganz wertungsfrei feststellt.[313] Julian Apostata hält seinem Onkel vor, Neuerungen eingeführt sowie alte Gesetze und die von alters her übernommenen Gewohnheiten in Unordnung gebracht zu haben.[314] Zu den berichtens- und lobenswerten Taten, die Konstantin in den einzelnen Provinzen vollbracht habe, zählt Eusebius von Caesarea auch die Gesetze, welche der Kaiser erneuerte, und fährt fort, er habe die alten Bestimmungen mehr umgestaltet, als es die Frömmigkeit verlangte.[315] Sozomenos stellt fest, Konstantin sei vor allem durch seine Gesetze bemüht gewesen, Gott zu ehren.[316] Noch im 8. Jahrhundert war bekannt: „Die neuen Gesetze fingen mit Kaiser Konstantin und seinen Nachfolgern an."[317]

Es mag an Konstantins langer Regierungszeit gelegen haben, jedenfalls gewann die kaiserliche Gesetzgebung durch sein Regierungshandeln eine neue Qualität. Wenn er vielleicht auch nicht als Rechtsreformer zu bezeichnen ist, so sorgte Konstantin dennoch für die Verbesserung des Rechtssystems und machte es transparenter und zugänglicher.[318] Spätantiken Juristen wurden allerdings die Disputationen der *leges* untersagt.[319] Überdies wurden die kaiserlichen Verlautbarungen vom Jahre 312 an in Form und Geltung verändert und somit kann der Eindruck einer Erneuerung entstanden sein.[320] Von den Kaisern vor Konstantin sind vor allem die Privatreskripte erhalten, die in einem moderat beratenden Ton gehalten sind und die kaiserliche Fürsorge zeigen.[321] Die konstantinischen Privatreskripte wurden jedoch nicht in den Codex Theodosianus aufgenommen. Von Konstantin sind vor allem dessen *leges generales* überliefert, die Verlautbarungen also, die allgemeingültige Regelungen und Festsetzungen enthalten.[322] Sie sind mitunter in einem harschen und

313 Eutr. 10, 8, 1: *Multas leges rogavit, quasdam ex bono et aequo, plerasque superfluas, nonnullas severas.*

314 Julian Apostata zitiert von Amm. 21, 10, 8: *Tunc et memoriam Constantini ut novatoris turbatorisque priscarum legum et moris antiquitus recepti vexavit.*

315 Eus. *vit. Const.* 4, 26, 1: Ἀλλὰ γὰρ μυρία τοιαῦτα βασιλεῖ πραχθέντα ἐφ' ἑκάστης ἐπαρχίας, πλείστη γένοιτ' ἂν ῥαστώνη τοῖς γράφειν αὐτὰ φιλοτιμουμένοις, ὥσπερ οὖν καὶ νόμους, οὓς ἐκ παλαιῶν ἐπὶ τὸ ὁσιώτερον μεταβάλλων ἀνενεοῦτο.

316 Soz. 1, 8, 13; siehe auch Soz. 1, 9, 4.

317 L. Bai. prol. (MGH LL nat. Germ. 5, 2 [E. v. Schwinden, 1926], S. 200 = Isid. *orig.* 5, 1, 7): *Novae a Constantino Caesare coeperunt et reliquis succedentibus erantque permixtae et inordinatae.*

318 Vgl. Marcone 2002, S. 159.

319 Vgl. Liebs 2006, S. 99.

320 Liebs 2006, S. 98, zählt 361 legislatorische Verlautbarungen, davon waren 39 Edikte, zehn Reskripte, 35 normative Texte an Bischöfe und christliche Gemeinden, drei vom Kaiser veranlasste Senatsbeschlüsse und 274 Schreiben an Gemeinden oder Funktionsträger.

321 Überliefert in den Digesten und in den nur bruchstückhaft erhaltenen Codices des Gregorianus und Hermogenianus. Vgl. zu den Reskripten und den Konstitutionen die grundlegende Studie von Matthews 2002. Zum Charakter der konstantinischen Gesetze vgl. Harke 2021, S. 10–12.

322 Siehe Abschnitt II.2.

autoritären Stil verfasst.[323] Die Gesetze sind schließlich die Gebote des autonomen Willensträgers.[324] Die Kaiserkonstitutionen sind zudem auf ihren dispositiven Teil gekürzt worden; so fehlen die Situationsbeschreibung und die kaiserliche Begründung, welche für die historische Einschätzung des Sachverhalts wichtig gewesen wären.[325] Außerdem wurden nicht alle konstantinischen Gesetze aufgenommen, und In- und Subskriptionen sind nur unvollständig erhalten.[326]

Die Gesetze wurden aber nicht nur in ihrem Charakter verändert, sondern erfüllten auch eine andere Funktion, die über den normativen Gehalt hinaus ging. Dillon wandte sich vor diesem Hintergrund mit dem Argument, Konstantin habe das Kaisertum in eine relativ proaktive, popularisierende Autokratie umgewandelt, gegen Millars These vom respondierenden Kaiser.[327] Nach über vierhundertjähriger Tradition des römischen Rechts zur Regierungszeit Konstantins wären juristische Grundsätze zur Behandlung von abhängigen Arbeitskräften in der Landwirtschaft sicherlich vorhanden gewesen. Konstantin aber tauschte den juristischen Fachberaterstab aus und pflegte keinen direkten Umgang mit Juristen. Auch beanspruchte er die Meinungsführerschaft bei normativen Regelungen. Vor allem Prolog und Epilog gestaltete der Kaiser nach kommunikativen Aspekten.[328]

Wie schon mehrfach betont, sind die meisten Gesetze aufgrund von Anfragen und kontingenten Erfahrungen als Antwort des Kaisers entstanden. Der Kaiser konnte dabei aber sehr wohl reagierend gestalten, nämlich dann, wenn er bei bestimmten Anfragen eine reformpolitische Agenda verfolgte oder doch zumindest nach bestimmten Prinzipien handelte. Dillons Argument ist insofern zuzustimmen, als Kaiser Konstantin zwar respondierend regierte, dabei aber gestaltend wirkte und dies auch anders als seine Vorgänger den Provinzbewohnern kommunizierte.[329]

Denn Konstantins Gesetzgebung habe, so Dillon weiter, bei der Verwaltungsarbeit dazu gedient, Gerechtigkeit im Reich zu gewährleisten, und eröffne kommunikative Wege, über welche der Kaiser seinen Untertanen in den Provinzen Gunst ausdrücken und die kaiserlichen Bürokraten kontrollieren könne. Konstantins berühmtes Edikt *ad universos provinciales* zum Beispiel bestimme nicht nur,[330] wie

---

323 Eich/Eich 2004, S. 103, sprechen von einem argumentativen, auf allgemeine Interessen ausgerichteten, „sachbezogenen“ Artikulationstyp.

324 Vgl. Wieacker 1972, S. 547.

325 Zur Kompilationstechnik der Juristen, die mit der Erstellung des Codex Theodosianus beauftragt waren, siehe Matthews 2010.

326 Vgl. Dillon 2012, S. 17 und Liebs 2006, S. 98f.

327 Dillon 2012, S. 6; gegen Millar 1992, S. 203–272.

328 Vgl. Liebs 2006, S. 99, und die Beispiele für Konstantins Rechtsverständnis ebd., S. 100–106.

329 Reagierendes Gestalten wird in Abschnitt II.3 definiert. Die Beispiele siehe unter Abschnitt VI.2. Dass Konstantin gestalterisch reagierte wurde zuletzt anhand der Inschriften von Hispellum und Orcistus für den Westen und Osten des Reiches herausgearbeitet, vgl. dazu Van Dam 2007, S. 23–34 und 150–162.

330 CTh 9, 1, 4 (325).

eine Provinz bürokratische Amtsuntreue melden könne, sondern kommuniziere auch, welche persönliche Rolle der Kaisers in der Justiz einnehme und seine aufrichtige Sorge um das Wohlergehen seiner Untertanen.[331] In jedem Fall sind die konstantinischen Gesetze an die Provinzialen (*ad provinciales*) und an das Volk (*ad populum*) überwiegend solche, mit denen Konstantin die von Diokletian begonnene Verwaltungsreform vorantrieb.[332]

Diese Aspekte des kaiserlichen Rechtsverständnisses und der konstantinischen Gesetzgebung müssen in der Analyse der Kolonengesetze und beim Vergleich von konstantinischer Konstitution und vorkonstantinischem Reskript berücksichtigt werden: Nur Tatbestand und Rechtsfolge sind auf etwaige Neuerungen zu überprüfen. Die oft besprochene Brutalität der konstantinischen Gesetze, insbesondere im Strafrecht, begegnet uns nicht – einmal abgesehen von der Fesselungsandrohung an fluchtbereite Kolonen.[333] Auch der christliche Einfluss auf die kaiserliche Gesetzgebung, wenn es ihn denn je gegeben hat, betrifft nicht die Kolonengesetze und kann hier vernachlässigt werden.[334] Zunächst erfolgt eine Bestandsaufnahme der Kolonengesetze Konstantins des Großen, die einzeln besprochen werden.

2. Konstantins Gesetze zu den kaiserlichen Kolonen

Konstantin war wie jeder Kaiser auf die Einkünfte aus den staatlichen Domänen angewiesen. Aufgrund des Geldmangels erhöhten die Kaiser schon seit Mitte des 3. Jahrhunderts den Druck auf die kaiserlichen Pächter.[335] Der Finanzbedarf war seither nicht geringer geworden. Entsprechend häufig befasste sich Konstantin mit der juristischen und administrativen Ordnung der Domänengüter.[336] Nachdem er die Alleinherrschaft errungen hatte, übernahm er auch die Verwaltung des östlichen

---

331 Vgl. Dillon 2012, S. 97–100.

332 Vgl. zu den Gesetzen *ad provincialis* Mathisen 2015, S. 284–286.

333 CTh 5, 17, 1 (332). Zur Brutalität der konstantinischen Gesetze vgl. Liebs 2015.

334 Dass der christliche Einfluss auf Konstantins Gesetzgebung lange Zeit von der Forschung überschätzt wurde, führt etwa Dillon 2012, S. 63–65, aus. Vgl. zur Forschungskontroverse zuletzt Rosen 2013, S. 227–233, mit Literaturangaben.

335 Vgl. Sommer 2009, S. 296, welcher das instruktive Beispiel von Söhnen kaiserlicher Pächter anführt, die schließlich einen ritterlichen Finanzprokurator der Domäne *regio Hadrumentina* in Nordafrika töteten, nachdem dieser sie mit Gerichtsverfahren überzogen hatte, um Geld aus ihnen herauszupressen (Herodian. 7, 4).

336 Die kaiserlichen Ländereien werden in den Quellen verschieden bezeichnet. Allerdings ist unklar, ob damit unterschiedliche Bodenkategorien oder verschiedene Pachtformen gemeint waren. Daher wird in dieser Studie nicht zwischen den Bezeichnungen *res privata* und *patrimonium* differenziert, zumal diese oft synonym gebraucht wurden; vgl. Eibach 1977, S. 76f. und Schmidt-Hofner 2008a, S. 232–235.

Reichsteils. Immer deutlicher trat danach die leitende Absicht seiner Regierung in Bezug auf die abhängigen Kolonen zu Tage. Konstantin regelte womöglich bereits die eheliche Verbindung von kaiserlichen Kolonen.[337] Jedenfalls für die Verbindung von freigeborenen Frauen mit Fiskalsklaven ist ein Edikt überliefert. Darin bestimmt er, dass die Kinder aus solchen Verbindungen eine mittlere Rechtsstellung (*media fortuna*) erhalten; danach gelten sie als *servorum liberi* und als *spurii latini*, denen zwar erlaubt ist, sich von den Zwängen des Sklavenstatus zu lösen, sie unterliegen aber dem kaiserlichen Patronat. In Abänderung des *SC Claudianum* bleiben die Frauen frei und die Kinder werden nicht zu Sklaven, sondern zu junianischen Latinern. Diese Regelung soll auch angewandt werden: auf kaiserliche Kolonen (*originarii patrimoniorum fundorum*), auf Pächter der Erbpachtgrundstücken (*praedia emphyteuticaria*) und auf die Angehörigen unserer Privatgüter (*res privata*).[338] Mommsen liest hier zwar *originarii patrimoniorum fundorum*, doch ist diese Lesung zweifelhaft.[339] Nach der Interpretatio handelt es sich nämlich um kaiserliche Sklaven (*servi emphyteuticarii vel patrimoniales aut ex privata re principum*). Pallasse nimmt diese Konstitution gleichwohl als Nachweis für den Kolonat.[340] Eibach ist aufgrund der unsicheren Lesung skeptisch. Außerdem sei die Terminologie ungewöhnlich.[341] Dennoch ist der kaiserliche Wille zu erkennen, die von ihm abhängige Landbevölkerung insgesamt zu erfassen. Die modifizierte Form des *SC Claudianum* nutzte der Res privata und die Kinder aus solchen Beziehungen verbleiben auf den kaiserlichen Gütern als Arbeitskräfte. Inwiefern auch die kaiserlichen Kolonen von dieser Regelung betroffen waren, lässt sich nicht mehr zweifelsfrei sagen.

In anderen Gesetzen schreckte Konstantin jedenfalls nicht davor zurück, seine Kolonen für die Arbeit auf den kaiserlichen Gütern zu beanspruchen; so hatte er

---

337 Die Belege zu den kaiserlichen Kolonen wurden von Bolkestein 1906, S. 63–65, übersichtlich zusammengestellt. Zur Bedeutung der kaiserlichen Kolonen für die konstantinische Gesetzgebung vgl. allgemein Rosafio 1995, S. 447–459.

338 CTh 4, 12, 3 (320): *IDEM A. AD POPULUM. Cum ius vetus ingenuas fiscalium servorum contubernio coniunctas ad decoctionem natalium cogat nulla vel ignorantiae venia tributa vel aetati, placet coniunctionum quidem talium vincula vitari, sin vero mulier ingenua vel ignara vel etiam volens cum servo fiscali convenerit, nullum eam ingenui status damnum sustinere, subolem vero, quae patre servo fiscali, matre nascetur ingenua, mediam tenere fortunam, ut servorum liberi et liberarum spurii Latini sint, qui, licet servitutis necessitate solvantur, patroni tamen privilegio tenebuntur. Quod ius et in fiscalibus servis et in patrimoniorum fundorum originariis et ad emphyteuticaria praedia et qui ad privatarum rerum nostrarum corpora pertinent servari volumus. Nihil enim rebus publicis ex antiquo iure detrahimus nec ad consortium huius legis copulamus urbium quarumcumque servitia; volumus ut civitates integram teneant nec [imminutam] interdicti veteris potestatem. Si vel error improvidus vel simplex ignorantia vel aetatis infirmae lapsus in has contubernii plagas depulerit, haec nostris sanctionibus sit excepta. DAT. VI KAL. SEPT. SERDICAE CONSTANTINO A. VII ET CONSTANTIO CONSS.* Vgl. den Kommentar von Wieling 1999, S. 104.

339 Mommsen liest *originarii*, Gothofredus 1975, Bd. 1, S. 370, *origine coercentes.*

340 Vgl. Pallasse 1950, S. 21f.

341 Vgl. Eibach 1977, S. 100f.

sich bereits in einer frühen Phase seiner Regierung die Einnahmen aus den Gütern vermögender Patrimonialkolonen in der *Africa proconsularis*, eine der Kornkammern des Imperiums, gesichert.[342] Außerdem verbot er den kaiserlichen Kolonen (*coloni rei privatae nostrae*), für einen anderen Privatsachen zu besorgen oder etwas zu verwalten, sofern sie zum Ackerbau taugten oder Kenntnisse in der Gutsverwaltung besaßen. Damit wurde den befähigten kaiserlichen Kolonen abhängige Erwerbstätigkeit außerhalb der Domänen untersagt;[343] das heißt im Umkehrschluss, dass die Kolonen, die nicht mehr in der Landwirtschaft arbeiten konnten oder unfähig waren ein Landgut zu leiten, eine Nebentätigkeit außerhalb der kaiserlichen Güter ausüben konnten. Insofern stellen diese Konstitutionen nicht den Beginn des Kolonats als ein System dar, sondern der Kaiser traf eine ökonomische Entscheidung und sicherte sich Vermögen und Arbeitskraft seiner befähigten Kolonen.[344]

Des Weiteren untersagte Konstantin wahrscheinlich im Jahre 325 den kaiserlichen Kolonen (*coloni originalis rei privatae nostrae*), die Pflichten des Dekurionats zu übernehmen.[345] Weder zu den Ehrenämtern der Dekurionen (*honores*) noch zu städtischen Aufgaben (*munera civitatis*) durften sie herangezogen werden.[346] Konstantin habe, so Seeck, den Dekurionat zu neuer Blüte bringen wollen, sei aber gezwungen gewesen, die nicht gerechtfertigten Nominationen zu verbieten.[347] Sicher war Konstantin in Sorge um den Dekurionat. Aber durch die Verwaltungsreform

---

342 CTh 11, 16, 1 (318/19); vgl. Abschnitt VI.1. Vgl. die Ausführungen von Lehmann 1984, S. 381. Das Gesetz ist in der Subskription auf den 27. August 319 datiert, allerdings amtiert bereits im April 319 Proculus der Nachfolger von Aco Catullinus. Zur Datierung vgl. Seeck 1964, S. 176 und Barnes 1982, S. 170f. Liebs 1977, S. 324, Anm. 126, datiert das Gesetz in das Jahr 318.

343 CJ 11, 68, 2 (319 Seeck): *IMPERATOR CONSTANTINUS. Colonos nostros, qui sunt privati vel ad ratiocinia gerenda vel ad colendos agros idonei, retrahi iubemus ac tantum colendis nostris rebus addici, quin etiam in posterum observari, ne quis eorum rem privatam cuiusquam gerendam aut aliquid ministrandum suscipiat. CONST. A. IANIUARIO COM. ORIENTIS.* Vgl. Rosafio 2008; Saumagne 1937, S. 537; Eibach 1977, S. 83; Horstkotte 1988, S. 252.

344 Vgl. auch Eibach 1977, S. 83, Anm. 181, gegen Pallasse 1950, S. 22 und Malafosse, S. 48, Anm. 40.

345 Das Gesetz erging an den *praefectus praetorio* des Osten Constantius. Daher muss die Konstitution nach der Niederlage des Licinius im Jahre 324 erlassen worden sein. Leider können die beiden Erlasse aufgrund fehlender Subskriptionen nicht zuverlässig datiert werden. Vgl. zur Diskussion Liebs 1977, S. 325f., der wieder zur Reihenfolge der spätantiken Kompilatoren zurückkehren möchte. Hier wird die Datierung von Seeck 1964, S. 169 und 175 zugrunde gelegt, da die Gesetze sowohl terminologisch als auch inhaltlich in dieser Reihenfolge erlassen worden sein mussten.

346 CJ 11, 68, 1 (325 Seeck): *IMPERATOR CONSTANTINUS. Nullus omnino originalis colonus rei privatae nostrae ad aliquos honores vel quaelibet alia civitatis munera devocetur. Nec enim civitatum ordinibus et ceteris, ex quibus pro multitudine fieri nominationes oportet, per omnia florentibus ad haec suprema praesidia iniuriosa nominatione descendendum est. CONST. A. AD CONSTANTIUM PP.*

347 Vgl. Seeck 2000, S. 319.

Diokletians, die Konstantin fortsetzte, wurden unter anderem Provinz- und Domänenverwaltung neuorganisiert. Die Verwaltung der kaiserlichen Domänen unterstand nun dem *comes rerum privatarum*, während die *civitates* zur Provinzialverwaltung mit den *praefecti praetorio* an der Spitze gehörten.[348] Die Verwaltungsreform erforderte eine neuerliche Abgrenzung der Zuständigkeiten. CJ 11, 68, 1 war entsprechend an den Prätoriumspräfekten Flavius Constantius und CJ 11, 68, 2 an den *comes Orientis* Januarius gerichtet.[349] Konstantin schützte zudem die Domänenpächter vor der Berufung in die Kurie (*nominatio curialium*) und bewahrte sich dadurch mittelbar deren finanzielle Ressourcen.[350]

Dass Konstantin sich nicht scheute, in die Lebensumstände von Leuten mit schwerwiegenden Folgen für die betroffene soziale Gruppe einzugreifen, wenn es ihm opportun erschien, zeigt ein Erlass aus dem Jahre 314. Die Leichtschiffer (*levamentarii*), welche in Ostia die Hochseeschiffe entluden, durften nicht in den Stand der Hochseeschiffer (*navicularii*) wechseln.[351] Bereits Gothofredus verglich diese Berufsbindung mit der Bodenbindung der Kolonen.[352] Sowohl die Terminologie als auch die Formulierung des Tatbestands legen diesen Vergleich nahe. So wird der *levamentarius* wie einige Jahre später auch der *colonus* als *originalis* bezeichnet.[353] Die Tiberschiffer mussten in dem Beruf bleiben, den offenbar schon ihre Eltern ausübten, wie auch die Kolonen an dem Ort bleiben mussten, an dem sie das Land zu bebauen übernommen hatten.[354] Zu einem nicht bekannten Zeitpunkt wurde dann auch der Kolonat erblich.[355] Die Muster der Sachverhaltsregelungen ähneln sich,

---

348 Vgl. His 1896, S. 106–117 (grundlegende Differenzierung der einzelnen Zuständigkeitsbereiche, wenn auch in den Ausführungen veraltet); Vgl. Demandt 2007, S. 287 und Jones 1986, S. 486.

349 Vgl. PLRE I 225, s. v. Constantius 6 und PLRE I 453, s. v. Ianuarius 2. Zu den Aufgaben des *comes orientis* vgl. Demandt 2007, S. 297, 310 und 455.

350 Dass dieses Gesetz beachtet wurde, zeigt sich daran, dass Dekurionen die Privilegierung ausnutzen, indem sie Ackerflächen der Res privata pachteten und somit von kommunalen Diensten befreit waren. Darauf reagierte Kaiser Constantius II. im Jahre 342 (CTh 12, 1, 33) und setze das private Grundeigentum solcher Pächter auf unlukrative 25 *iugera* fest. Vgl. H. Lehmann 1984, S. 378–384; ders. 1989, S. 196–198; Horstkotte 1988, S. 247–253 sowie zuletzt Baumann 2014, S. 17–19.

351 CTh 13, 5, 1 (314): *IMP. CONSTANTINUS A. AD VOLUSIANUM. Si navicularius originalis levamentarius fuerit, nihilo minus aput eosdem, aput quos et parentes eius fuisse videntur, firmiter permanebit. DAT. XIIII KAL. APRIL. VOLUSIANO ET ANNIANO COSS.*

352 Vgl. Gothofredus 1975, Bd. 5, S. 66f.

353 Vgl. dazu Heuft 2013, S. 271–274, der im Anschluß an Gothofredus überzeugend darlegt, dass *originalis* auf *levamentarius* und nicht auf *navicularius* zu beziehen ist.

354 Siehe CTh 5, 17, 1 (332).

355 Die Standesbindung der Kolonen zeigt sich zuerst in: CJ 11, 68, 3 (364–367); CJ 10, 32, 29 (365); CJ 11, 48, 4 und CJ 6, 4, 2 (367 Seeck) sowie CJ 11, 53, 1 (371); vgl. dazu Schipp 2009, S. 72–76, 139 und 153f. Schmidt-Hofner 2008a, S. 271–284, ist darin zuzustimmen, dass diese Konstitutionen der valentinianischen Zeit Vorgängergesetze zur konstantinischen Zeit gehabt haben könnten.

und nur hinsichtlich der Gruppe der Betroffenen unterscheiden sich die Maßnahmen erheblich. Während die Konstitution zu den Leichtschiffern wohl die Reaktion auf ein Einzelfall war und eine verhältnismäßig kleine Berufsgruppe in Rom betraf, sollte die Standesbindung der Kolonen schließlich für Millionen von Menschen gravierende Konsequenzen zeitigen.

3. Konstantins allgemeine Kolonengesetze

An den *vicarius Britanniae* Pacatianus erging die Anweisung, dass Dekurionen für sich selbst sowie für ihre Kolonen die Steuerverantwortung übernehmen mussten.[356] Der Kaiser sorgte sich außerdem um die Steuergerechtigkeit unter den Dekurionen, denn weiter heißt es: Jeder solle nur die Verantwortung für seinen Teil tragen. Entsprechend werde ein Dekurio nicht mit den Abgaben eines anderen Dekurio oder anderer Gebiete belastet.[357]

Die Dekurionen wurden demnach nicht in solidarische Haftung genommen.[358] Sie sollten in ihrer Eigenschaft als reiche Grundherren nicht nur für ihre Steuerzahlungen, sondern auch für die ihrer Kolonen verantwortlich sein.[359] Dies setzte in jedem Fall ein langjähriges Vertragsverhältnis zwischen den Kolonen und den Dekurionen voraus. Die Inanspruchnahme von Stadträten für die Steuerlast auf Grundstücke, die ihnen nicht gehörten, wollte Konstantin durch diese Konstitution ausschließen. Dem britannischen Vikar Pacatianus wurde folglich die Gesetzesgrundlage gegeben, die Steuerhaftung in seiner Diözese grundlegend zu ordnen. Gleichwohl beanspruchte der Kaiser in dem Fall, in dem Land brachlag (*agri deserti*), auch Dekurionen für Land, das ihnen nicht gehörte. Die verlassenen Grundstücke stellte

---

356 Vgl. PLRE I 655f., s. v. Pacatianus 2. Zu den genannten Personengruppen *coloni* und *tributarii* vgl. Schipp 2009, S. 42, Anm. 65.

357 CTh 11, 7, 2 (319): *IMP. CONSTANTIUS A. AD PACATIANUM VICARIUM BRITTANIARUM. Unusquisque decurio pro ea portione conveniatur, in qua vel ipse vel colonus vel tributarius eius convenitur et colligit; neque omnino pro alio decurione vel territorio conveniatur. Id enim prohibitum esse manifestum est et observandum deinceps, quo iuxta hanc nostram provisionem nullus pro alio patiatur iniuriam. DAT. XII KAL. DECEMB. CONSTANTINO A. ET LICINO C. CONSS.* Zur Steuerverantwortung der Dekurionen vgl. auch CTh 12, 1, 186 (429). Cérati 1975, S. 30, Anm. 60 und Pallasse 1950, S. 37f. setzen voraus, dass es sich um das Land der Dekurionen handelte. Anders Mirković 1997, S. 51, die meint, die Dekurionen seien für Steuerzahlungen von Ländereien, die ihnen nicht gehörten, in Anspruch genommen worden.

358 Vgl. Goffart 1974, S. 82.

359 Um welche Art der Steuerveranlagung (*capitatio* oder *iugatio*) es sich handelt, geht aus dem Gesetz nicht hervor. Die Vermutung Eibachs 1977, S. 222, hier sei die Kopfsteuer angesprochen, wurde von Krause 1987, S. 172, als spekulativ zurückgewiesen. Zur Frage *capitatio* oder *iugatio* siehe auch den Aufsatz von Jones 1957, S. 88–94, mit umfangreichen Quellenangaben.

man in ihre Verantwortung.[360] Nur ein Jahr später bestätigt der Gesetzgeber durch ein Edikt die Absicht, Steuereinnahmen zu sichern und die Steuerlast möglichst gerecht zu verteilen. Konstantins legt fest, dass das konfiszierte Vermögen eines Steuerflüchtigen auf andere Personen verteilt wird, wobei ihnen dann auch dessen Steuerlast zugewiesen wird.[361] Der Steuerzahler sei zur Zahlung schließlich aufgrund eines menschlichen Gefühls (*humanus sensus*) moralisch verpflichtet. Kolonen waren von solchen Gesetzen nur indirekt betroffen. Der Kaiser war um ökonomische und fiskalische Kontrolle bemüht und versuchte die Grundherren entsprechend zu reglementieren. Aus der gemeinsamen Regierungszeit mit Licinius stammen zwei weitere Gesetze, in denen Kolonen erwähnt werden. Beide Konstitutionen sagen aber nur wenig über Konstantins Einstellung zu den Kolonen aus. So gewährte Konstantin im Jahre 321 den *rusticani*, zu denen sicher auch Kolonen zählten, Steuerfreiheit für Dinge des Eigenbedarfs und für landwirtschaftliche Geräte. Nutzten sie die Gegenstände jedoch nicht in ihrem Haushalt oder in ihrem landwirtschaftlichen Betrieb, sondern trieben damit Handel, dann mussten sie Steuern zahlen.[362] Im selben Jahr wird in einem Gesetz gegen Münzfälschung die Tatbeteiligung verschiedener Personengruppen geregelt.[363] Während der Grundherr, auf dessen Grundstück Münzen gefälscht worden sind, je nach Tatbeteiligung auf eine Insel deportiert wurde oder sein Vermögen verlor, verurteilte der Gesetzgeber einen Verwalter des

---

360 Vgl. die Diskussion bei Rosafio 2002, S. 159f. und Kehoe 2007, S. 168.

361 CTh 11, 7, 3 (320): *IMP. CONSTANTINUS A. AD POPULUM. Nemo carcerem plumbatarumque verbera aut pondera aliaque ab insolentia iudicum repperta supplicia in debitorum solutionibus vel a perversis vel ab iratis iudicibus expavescat. Carcer poenalium, carcer hominum noxiorum est officialium et cum denotatione eorum iudicum, quorum de officio cohercitiores esse debebunt, qui contra hanc legem admiserint. Securi iuxta eam transeant solutores: vel certe, si quis tam alienus ab humano sensu est, ut hac indulgentia ad contumaciam abutatur, contineatur aperta et libera et in usus hominum constituta custodia militari. Si in obdurata nequitia permanebit, ad res eius omnemque substantiam cives eius accedant, solutionis obsequio cum substantiae proprietate suscepto. Qua facultate praebita omnes fore credimus proniores ad solvenda ea, quae ad nostri usus exercitus pro communi salute poscuntur. DAT. KAL. FEB. CONSTANTINO A. VI ET CONSTANTIO CAES. CONSS.*

362 CTh 4, 13, 3 (321): *IMP. CONSTANTINUS A. MENANDRO. Rusticanos usibus propriis vel culturae ruris necessaria revehentes vectigal exigi non sinimus: capitali poena proposita stationariis et urbanis militibus et tertiis augustanis, quorum avaritia id temptari firmatur. Pro ceteris autem rebus, quas quaestus gratia comparant vendituri, solitum eos oportet vectigal agnoscere. DAT. K. AUG. CRISPO II ET CONSTANTINO CONSS.* Vgl. Eibach 1977, S. 121.

363 CTh 9, 21, 2, 4 = CJ 9, 24, 1, 5 (321): *IMP. CONSTANTINUS A. AD IANUARIUM. Si dominum fundi vel domus conscium esse probabitur, deportari eum in insulam oportebit, cunctis eius rebus protinus confiscandis; si vero eo ignaro crimen commissum est, possessionem aut domum debet amittere, in qua id scelus admissum est. Actor fundi vel servus vel incola vel colonus, qui hoc ministerium praebuit, cum eo qui fecit supplicio capitali plectetur, nihilo minus fundo vel domo fisci viribus vindicanda.* DAT. XII KAL. DEC. ROMAE CRISPO II ET CONSTANTINO II CC. CONS.

Landgutes, einen Sklaven, einen Saisonarbeiter oder einen Kolonen zum Tode.[364] Die Kolonen wurden folglich gleich den anderen freien und unfreien Landarbeitern behandelt. Kolonen wurden weder bevorzugt noch benachteiligt. Von einer Bodenbindung ist in keiner der Konstitutionen etwas zu erkennen.

Nachdem jedoch Konstantin die Alleinherrschaft errungen hatte, änderte sich der Ton. Er ordnete die Landwirtschaft im Osten des Imperiums neu und erlaubte im Jahre 325 den Kolonen, gegen ihre Grundherren zu klagen, wenn diese die Abgaben vertragswidrig erhöhen sollten. Sie mussten nur die Leistungen erbringen, die zuvor gewohnheitsrechtlich oder vertraglich festgelegt worden waren. Sollte der Grundherr dagegen verstoßen, konnte der Kolone Klage erheben. Der Grundherr musste gegebenenfalls das Zuvielverlangte (*superexactio*) zurückerstatten.[365] Dieses Gesetz wurde zu Unrecht als Indiz für eine allgemeine Bodenbindung gewertet.[366] Die Notwendigkeit einer gesetzlichen Regelung des kolonalen Klagerechts setzt allerdings ein mehrjähriges Pachtverhältnis der abhängigen Kolonen zu ihren Grundherren voraus (Dauerpacht).[367] Das gesetzliche Klagerecht steht somit im engen Zusammenhang mit dem Kolonat, mussten spätere Kaiser doch das Klagerecht der Kolonen gegen ihre Grundherren immer wieder bestätigen.[368] Das Gesetz ist zwar an alle Kolonen gerichtet (*quisquis colonus*), aber es betraf vorwiegend die Nur-Pächter, die Kolonen also, die in Abhängigkeit von ihren Grundherren standen und mit ihrer Arbeitskraft hafteten.[369] Die Grundherren nutzten offensichtlich deren prekäre Lage aus. Die Nur-Pächter wurden wie abhängige Klienten behandelt.[370] Die Grundherren folgten dem Beispiel des Kaisers, der die Arbeitskraft seiner Kolonen ausschließlich für sich beanspruchte. Sollten Kolonen dennoch für eine Zeit lang erfolgreich von ihrem Herkunftsort fliehen, folgten daraus weiter mögliche und zu regelnde Sachverhalte, etwa die Frage: Was soll mit etwaigen Kindern geschehen, welche die

---

[364] Die *incolae* dieses Gesetzes seien nach Eibach 1977, S. 239, nicht eingesessene freie Arbeiter gewesen. Pharr, S. 243, übersetzt „the resident of the house". Diese können freie als auch unfreie Bewohner gewesen sein.

[365] CJ 11, 50, 1 (325): *IMPERATOR CONSTANTINUS. Quisquis colonus plus a domino exigitur, quam ante consueverat et quam in anterioribus temporibus exactus est, adeat iudicem, cuius primum poterit habere praesentiam, et facinus comprobet, ut ille, qui convincitur amplius postulare, quam accipere consueverat, hoc facere in posterum prohibeatur, prius reddito quod superexactione perpetrata noscitur extorsisse. CONST. A. AD MAXIMUM VIC. ORIENTIS.*

[366] Gegen Johne 1992, S. 17.

[367] Vgl. Kehoe 2007, S. 133: Konstantin fasse einen traditionellen (kündbaren) Pachtvertrag als langfristige Vertragsbindung auf, wobei er die tatsächliche Marktsituation berücksichtige.

[368] Zum Prozessrecht der Kolonen siehe CJ 11, 50, 2 (396); CJ 11, 48, 20 (529); CJ 11, 48, 23, 1 (531–534); Nov. Iust. 80, 2 (539).

[369] Vgl. Schipp 2009, S. 256.

[370] Gegen Jones 1986, S. 807, welcher das Gesetz für ineffektiv hält; vermutlich sei es nur auf Dauerpächter (sitting tenants) und nicht auf abhängige Kolonen (tied coloni) angewandt worden.

Kolonin auf der Flucht gebar, wenn sie zum ursprünglichen Grundherrn zurückkehren musste. Im 5. Jahrhundert wurde dies häufig geregelt. Zuletzt entschied Valentinian III.: „In diesem Fall ordnen wir an, dass eine Kompensation durch Vertreter (*vicarii*) festgelegt wird, damit nicht durch Pflichtvergessenheit die Kinder von den Eltern getrennt werden.“[371] Zuvor regelte Honorius im Jahre 419 die Nachkommensfrage weniger einfühlsam und trennte die Kinderschar nach einem Schlüssel von einem zu zwei Drittel unter den Grundherren auf, ließ aber zu, dass, wenn als Ersatz eine *vicaria* mit dem dritten Teil ihrer Nachkommenschaft gestellt wird, diese nicht abgelehnt werden dürfe.[372]

So differenziert waren die Kolonengesetze zu Beginn des 4. Jahrhunderts freilich noch nicht, und ein entsprechendes Gesetz Konstantins ist nicht überliefert, da zu dessen Regierungszeit die Rechtsfolgen kaum eintreten konnten. Der Straftatbestand der Kolonenflucht wurde frühestens 332 allgemein geregelt, und der Kaiser starb 337. Die Kinder wären höchstens fünf Jahre alt gewesen. Und auch dann hätten viele dieser Fälle vorliegen müssen, damit der Kaiser dazu angefragt worden wäre. Der Grundsatz aber, Familien nicht zu trennen, stammt aus konstantinischer Zeit. Bei Aufteilung des Grundbesitzes sollen nämlich die Familien der Kolonen, Inquilinen und Sklaven nicht auseinandergerissen werden, wie es in einer Konstitution an Gerulus, den Verwalter dreier Provinzen heißt. Das Gesetz wurde 325 erlassen und auf abhängige Landarbeitskräfte angewandt.[373] Über die Stellung der Kolonen sagt

---

[371] Nov. Val. 31, 2 (451): *Quem casum iubemus vicariorum compensatione finiri, ne, quod impium est, filii a parentibus dividantur.* Dass überhaupt eine Ersatzleistung nötig war begründete der Gesetzgeber wie folgt: „Es ist nämlich gerecht, dass die Kinder zu ihm zurückkehren, die in dieser Zeit zur Welt gekommen sind, als die Frau noch kräftig genug war (um zu arbeiten), auf dass die Vindikation der Kinder wenigstens über den Verlust der eingebüßten Mutter, der im Laufe der Jahre entstanden ist, hinwegtröstet.“ Nov. Val. 31, 2 (451): *[...] aequum est, ut ad eum soboles redeat suscepta tunc temporis, quum adhuc mulier competebat, ut damnum amissae matris, quod processu contingit annorum, prolis saltem vindicatio consoletur.*

[372] CTh 5, 18, 1, 3 (419) = L. Rom. Vis. 5, 10, 1, 3: *[...] ea tamen condicione servata, ut vicaria cum agnatione partis tertiae non negetur, quae de colono suscepta est alieno, ita ut pro filiis quoque contrarii praebeantur.*

[373] CJ 3, 38, 11 (325): *IMP. CONSTANTINUS. Possessionum divisiones sic fieri oportet, ut integra apud successorem unumquemque servorum vel colonorum adscripticiae condicionis seu inquilinorum proxima agnatio vel adfinitas permaneret. Quis enim ferat liberos a parentibus, a fratribus sorores, a viris coniuges segregari? Igitur si qui dissociata in ius diversum mancipia vel colonos traxerint, in unum eadem redigere cogantur. CONST. A. GERULO D. III K. MAI. PROCULO ET PAULINO CONSS.* Die Angabe der Konsuln Proculus und Paulinus wurde als korrupt eingeschätzt; vgl. PLRE I 394, s. v. Gerulus. Da im Jahre 325 Paulinus und Julianus und 334 Optatius und Paulinus amtierten, wurden diese beiden Jahre als mögliche Ausgabedaten des Gesetzes erwogen. Salway 2008, S. 291–299, konnte jedoch aufgrund jüngerer Papyrusfunde nachweisen, dass Proculus als Gefolgsmann des Licinius Anfang des Jahres 325 aus seinem Amt gedrängt und sein Name in den Konsullisten gelöscht wurde. Das Gesetz ist folglich in das Jahr 325 zu datieren.

das Gesetz aber nichts aus, da die entscheidende Passage (*vel colonorum adscripticiae condicionis seu inquilinorum*) von den Redakteuren des Codex Justinianus interpoliert wurde, wie der Vergleich mit der theodosianischen Fassung zeigt.[374] Aber es spricht nichts gegen die Annahme, dass die Familien der Kolonen zur Zeit Konstantins gleich der im Gesetzestext genannten Sklavenfamilien behandelt worden wären.

Weitere Regelungen der konstantinischen Zeit betreffen die Aufgaben und Pflichten der Kolonen für das ihnen anvertraute Pachtgut. Konstantin betont in einem Erlass aus dem Jahre 326, dass dem Kolonen während der Abwesenheit des Grundherrn die Besitzwiedererlangungsklage (*actio recuperandae possessionis*) oblag.[375] Etwaige Versäumnisse wurden den Kolonen wie auch anderen Pächtern vorgeworfen.[376] Im selben Jahr legte Konstantin den Gerichtsstand für kaiserliche Kolonen bei Auseinandersetzungen mit den kaiserlichen Verwaltern (*actores* beziehungsweise *procuratores*) fest. Nach der justinianischen Fassung war das Provinzgericht (*rector provinciae*) zuständig.[377] Im zivilrechtlichen Verfahren dürfte vor dem *rationalis rei privatae* verhandelt worden sein. Appelationsinstanz war dann der Chef des Krongutes (*comes rerum privatarum*) oder der Kaiser.[378] Im Kriminalverfahren urteilte der Provinzstatthalter.[379] Letzterer war für die Kolonen privater Grundherren immer der Gerichtsstand.[380]

Fasst man diese unterschiedlichen Regelungen der Lebens- und Arbeitsumstände der Kolonen während der Alleinherrschaft Konstantins zusammen, dann stellt man fest, dass die restriktiven Tendenzen in der konstantinischen Gesetzgebung eine Folge der landwirtschaftlichen Reformen im Osten waren. Ein grundlegendes Gesetz, das auf einen Kolonat hinwiese, hat der Kaiser aber bislang nicht

---

374 CTh 2, 25, 1 (325): *IMP. CONSTANTINUS A. GERULO RATIONALI TRIUM PROVINCIARUM. In Sardinia fundis patrimonialibus vel emphyteuticariis per diversos nunc dominos distributis, oportuit sic possessionum fieri divisiones, ut integra apud possessorem unumquemque servorum agnatio permaneret. Quis enim ferat, liberos a parentibus, a fratribus sorores, a viris coniuges segregari? Igitur qui dissociata in ius diversum mancipia traxerunt, in unum redigere eadem cogantur: ac si cui propter redintegrationem necessitudinum servi cesserunt, vicaria per eum, qui eosdem susceperit, mancipia reddantur. Et invigilandum, ne per provinciam aliqua posthac querela super divisis mancipiorum affectibus perseveret. Dat. III KAL. MAI. PROCULO ET PAULINO CONSS.* Vgl. die Debatte um die justinianische Interpolation bei Eibach 1977, S. 147f. und Jones 1958, S. 8, Anm. 53.

375 CTh 4, 22, 1 = CJ 8, 5, 1 (326): *Cui tamen, quolibet tempore reverso, actionem recuperandae possessionis indulsimus, quia fieri potest, ut restitutio propter servulos infideles vel negligentes propinquos vel amicos et colonos interea differatur.*

376 Vgl. Eibach 1977, S. 27.

377 CJ 3, 26, 9 (326).

378 Die Bezeichnung der Ämter ist allerdings in konstantinischer Zeit noch sehr unsicher, da die Ämter gerade erst im Entstehen begriffen waren.

379 Vgl. Jones 1986, S. 486f. Skeptisch äußert sich dazu Eibach 1977, S. 92f.

380 Vgl. Kaser 1966, S. 543f.

erlassen. Lediglich die kaiserlichen Kolonen beanspruchte Konstantin für die *res privata*.[381] Erst im Jahre 332 wurden auch die Kolonen privater Grundherren an ihre Scholle gebunden. Das älteste erhaltene allgemeine Kolonengesetz adressiert Kaiser Konstantin an alle Provinzbewohner:[382]

> CTh 5, 17, 1 (332):
> *IMP. CONSTANT(INUS) A. AD PROVINCIALES. Apud quemcumque colonus iuris alieni fuerit inventus, is non solum eundem origini suae restituat, verum super eodem capitationem temporis agnoscat. Ipsos etiam colonos, qui fugam meditantur, in servilem condicionem ferro ligari conveniet, ut officia, quae liberis congruunt, merito servilis condemnationis compellantur implere. DAT. III KAL. NOVEMB. PACATIANO ET HILARIANO CONSS.*
>
> „Kaiser Konstantin an die Provinzbewohner. Bei wem auch immer ein Kolone fremden Rechts angetroffen wird, der soll nicht nur selbigen an seinen Herkunftsort zurückversetzen, sondern muss darüber hinaus dessen Kopfsteuer für diese Zeit übernehmen. Die Kolonen aber, die eine Flucht planen, werden wie Sklaven in Eisen gelegt, auf dass sie die Pflichten, die den Freien zukamen, verdientermaßen zur Bestrafung als Sklaven zusammengetrieben, erfüllen. Ausgegeben am 30. Oktober im Konsulat des Pacatianus und Hilarianus.“

Im Vordergrund der Interpretation standen immer die Kopfsteuer, welche der aufnehmende Grundherr erstatten musste, und die prophylaktische Fesselung des fluchtbereiten Kolonen.[383] Davon waren aber zunächst einmal nicht alle Kolonen betroffen, sondern lediglich die als *colonus iuris alieni* bezeichneten abhängigen Kolonen, die jetzt auch gesetzlich an einem bestimmten Ort (*origo*) festgehalten wurden.[384]

Eine der wesentlichen Neuerung dieses Gesetzes war, dass der Kaiser einer Gruppe von Pachtbauern absprach, *sui iuris* zu sein. Denn die Notwendigkeit, Kredite und Pachtzinsen abzusichern, bestand schon in der frühen Kaiserzeit, dennoch

---

[381] CJ 11, 68, 2 (319 Seeck).

[382] Vgl. dazu in allg. Darstellungen: Demandt 2007, S. 398; Alföldy 2011, S. 305f.; de Martino 1991, S. 440; Lot 1928, S. 124 und in der Literatur zur Kolonatsforschung: Schipp 2009, S. 35f. und 96–103; Kehoe 2007, S. 174f.; Koptev 2005, S. 40–47; Banaji 2001, S. 207f.; Giliberti 1999, S. 83f.; Munzinger 1998, S. 28; Mirković 1997, Preface; Johne 1992, S. 86–91; Durliat 1990, S. 90, Anm. 212; Panitschek 1990, S. 137; Jones 1986, S. 796; Carrié 1983, S. 207; Johne et al. 1983, S. 16; Goffart 1974, S. 72; Jones 1958, S. 1; Pallasse 1950, S. 30f.; Ganshof 1945, S. 262; Clausing 1925, S. 17; Rostowzew 1910, S. 397f.; Fustel de Coulanges 1885, S. 89. Vgl. auch Eibach 1977, S. 48, Anm. 101, mit der älteren Literatur.

[383] Zum Patrozinium über flüchtige Kolonen vgl. Krause 1987, S. 167–183.

[384] Zur weiteren Entwicklung des Tatbestandes der Flucht siehe Anhang, Tabelle 2 und 3.

schränkte man die Kolonen nicht dermaßen ein.[385] Die Verpächter besaßen das Pfandrecht auf das eingeführte Inventar ihrer Kolonen, ohne dass den Pächtern das Recht genommen wurde, ihr sonstiges Vermögen frei zu veräußern und somit das „feature of being *sui iuris*".[386] Die Kolonen büßten das freie Verfügungsrecht über ihr *peculium* erst Ende des 4. Jahrhunderts ein.[387]

Die Kolonen fremden Rechts (Nur-Pächter) besaßen offensichtlich kein Vermögen, das sie verpfänden konnten. Ihnen wurde das Recht genommen, über den Gewinn ihrer Arbeit frei verfügen zu können, da dieser, sobald er erwirtschaftet war, dem Grundherrn als Sicherheit diente. Sie mussten also bei allen geschäftlichen Entscheidungen die Zustimmung ihres Grundherrn einholen. Dies führte dazu, dass sie als *alieni iuris* angesehen wurden, weil ihnen die Befugnis, frei zu veräußern, als entscheidendes Merkmal der Eigenschaft *sui iuris* fehlte. Sie waren demnach von ihren Grundherren wirtschaftlich vollständig abhängig, und der Gesetzgeber trug diesem Umstand Rechnung.

Zunächst ist nur diese Gruppe gemeint, sodass die Verallgemeinerung von Mirković, *colonus iuris alieni* sei in den Gesetzen des späteren Römischen Reiches ein juristischer Status und verschiedene Gruppen fielen unter diese Rubrik, wie etwa *adscripticii* und *inquilini*, nicht zutreffen kann.[388] Die Gruppe der Kolonen fremden Rechts stellt keinen rechtlichen Status dar, sondern der Ausdruck bezeichnet konkret die Kolonen, die in größerem Maße als andere unter der Autorität ihres Grundherrn standen, weil sie lediglich ihre Arbeitskraft anbieten konnten (Nur-Pächter). Warum soll ein Grundherr einen Pächter, der seine Verbindlichkeiten beglichen hat, nicht von dannen ziehen lassen? Deshalb hatten auch die Bezeichnungen *adscripticii, inquilini* etc. nichts mit den *coloni iuris alieni* des konstantinischen Gesetzes zu

---

385 Dig. 20, 6, 14; Dig. 43, 33, 1f.; Dig. 20, 1, 32.

386 CJ 4, 65, 5 (223): *Certi iuris est ea, quae voluntate dominorum coloni in fundum conductum induxerint, pignoris iure dominis praediorum teneri. Quando autem domus locatur, non est necessaria in rebus inductis vel illatis scientia domini: nam ea quoque pignoris iure tenentur.* Über ihr sonstiges Vermögen konnten die Kolonen aber weiterhin frei verfügen. Vgl. Sirks 1999, S. 429 und Schipp 2009, S. 213.

387 In der 2. Hälfte des 4. Jahrhunderts wurde das Verfügungsrecht der Kolonen sukzessive eingeschränkt. Zuerst durften sie ihr Grundeigentum nicht mehr ohne Zustimmung des Grundherrn veräußern: CTh 5, 19, 1 (365): *Non dubium est, colonis arva, quae subigunt, usque adeo alienandi ius non esse, ut, et si qua propria habeant, inconsultis atque ignorantibus patronis in alteros transferre non liceat.* Ende des 4. Jahrhunderts untersagte Arcadius ihnen, dass sie ihr Vermögen (*peculium*) nicht mehr ohne die Zustimmung des Grundherrn, mit dem sie vertraglich oder erbrechtlich verbunden waren, veräußern durften: CJ 11, 50, 2, 2–3 (396): *Quam de cetero licentiam submovemus, ne quis audeat domini in iudicio nomen lacessere, et cuius ipsi sunt, eiusdem omnia sua esse cognoscant. Cum enim saepissime decretum sit, ne quid de peculio suo cuiquam colonorum ignorante domino praedii aut vendere aut alio modo alienare liceret, quemadmodum contra eius personam aequo poterit consistere iure, quem nec propria quidem leges sui iuris habere voluerunt et adquirendi tantum, non etiam transferendi potestate permissa, domino et adquirere et habere voluerunt?* Vgl. Schipp, 2009, S. 213–233.

388 Vgl. zu den *adscripticii* Sirks 2008, S. 129f.

tun. Diese Gruppen entstanden vor einem anderen Hintergrund und stehen in einem anderen räumlichen und zeitlichen Kontext, was allerdings nicht heißt, dass *adscripticii* nicht *iuris alieni* gewesen sein konnten.[389]

Auch die Vermutung von Koptev, dass der Ausdruck *colonus alieni iuris* erst durch die Redakteure des Codex Theodosianus eingebracht und nicht ursprünglich von den Verfassern des Gesetzes verwandt wurde, kann nicht zutreffen. *Colonus alieni iuris* ist in Verbindung mit dem Ausdruck *origini suae restituere* zu sehen, einer Umschreibung der sich herausbildenden *origo*-Bindung, bei gleichzeitiger juristischer Spezifizierung des Tatbestandes der Flucht, denn im Gesetz bezeichnete man den Kolonen auch als *colonus, qui fugam mediatur.* Hätten die Juristen des Theodosius II. einen zeitgemäßen Ausdruck einsetzen wollen, dann hätten sie die Anfang des 5. Jahrhunderts gebräuchliche Bezeichnung *coloni originarii* gewählt. Der Begriff *coloni iuris alieni* stammt daher aus ihren Vorlagen, da der veraltete Begriff zu ihrer Zeit die Stellung der abhängigen Kolonen und ihr Verhältnis zu den Grundherren nicht mehr adäquat ausdrückte.[390] Zudem nahm die eingesetzte Kommission zwar Kürzungen vor, griff aber anders als die Kompilatoren des Codex Justinianus nur selten in die Texte ein.[391]

In jedem Fall versuchten die Verfasser des Gesetzes in konstantinischer Zeit, eine bestimmte Kolonengruppe zu definieren, da zu Beginn des 4. Jahrhunderts die Bodenbindung noch nicht allgemein galt. Sie wurde ja nach unserer Überlieferung durch ebendieses Gesetz erst eingeführt. Nach meinem Dafürhalten bezogen der Verfasser wie auch die Redakteure das Gesetz auf die Pächter, die nur ihre Arbeitskraft einbringen konnten und deshalb abhängig waren.[392] Aber die Sicherheitsgewähr kann nicht der einzige Grund dafür sein, einige Kolonen nicht mehr als *sui iuris* anzusehen. Das Gesetz diente dann auch dazu, unterschiedliche Pachtformen und Arbeitsverhältnisse abhängiger Landarbeiter, die aus lokalen Traditionen heraus entstanden waren, unter dem Begriff *coloni iuris alieni* zu subsumieren.

Alieni iuris drückt darüber hinaus eine aus der wirtschaftlichen Abhängigkeit der Kolonen resultierende Minderung des sozialen Ansehens aus. Deshalb mahnen auch die zeitlichen (sukzessive Entstehung von gesetzlichen Einschränkungen), räumlichen (Aktualität und Effektivität von Gesetzen) und gruppenspezifischen (*coloni originarii, coloni iuris alieni, inquilini* etc.) Diskrepanzen zur Vorsicht bei der Bewertung. Die Kolonen waren in wirtschaftlicher Hinsicht dreifach belastet, sie unterlagen der *capitatio*, schuldeten dem Grundherrn den Pachtzins und hafteten

---

389 Vgl. Mirković 1997, S. 64; vgl. auch dies. 1986, S. 53–73, wo der indirekt zitierte Abschlusssatz noch fehlt.

390 Gegen Koptev 2005, S. 46. In einigen Gesetzen wird der Ausdruck auf *colonus/-a alienus/-a* verkürzt: CJ 11, 48, 8 (371); CTh 10, 20, 10 (379); CTh 5, 17, 3 (385); CJ 11, 52, 1 (392–395); und in den Gesetzen der nachrömischen Königreiche: L. Rom. Vis. 4, 21, 1 interpr.; L. Rom. Vis. 5, 10, 1, 3 interpr.; Cod. Hermog. zit. in L. Rom. Burg. 14, 6; Ed. Theod. 63.

391 Vgl. Abschnitt II.2.

392 Vgl. Koptev 2005, S. 46.

mit ihrem Vermögen. Als übergeordnetes staatliches Interesse kam noch der Bedarf an den Erzeugnissen der Kolonen hinzu.

Die Härte der konstantinischen Maßnahmen traf den entlaufenen Kolonen, der zurückkehren und künftig seinen Pflichten wie ein Strafsklave nachkommen musste, und den fluchtbereiten Kolonen, der in Eisen gelegt werden konnte. Koptev vertritt die Ansicht, das Edikt stehe in der ersten Hälfte des 4. Jahrhunderts isoliert da, und es habe keine so harten Anweisungen für eine Rückkehrpflicht der Kolonen mehr gegeben.[393] Tatsächlich stellte Konstantin aber nur fest, was ohnehin klar war: Ein abhängiger Bauer musste seinen vertraglichen oder ererbten Pflichten nachkommen, und der Grundherr hatte für ihn während der Zeit seiner Verpflichtung die Kopfsteuer zu zahlen. Sicherte sich ein anderer die Arbeitskraft des Kolonen, indem er ihn auf seinen Feldern arbeiten ließ, musste dieser die hinterzogene Steuer erstatten.[394] Die Rechtsfolge für den Hehler ist damit vergleichsweise mild, denn das Strafmaß für die Aufnahme eines entflohenen Kolonen sollte sich in späteren Gesetzen noch deutlich erhöhen.[395] Eine in der Tat harte Bestrafung stellte indes die Fesselung der auf Flucht sinnenden Kolonen dar, wenngleich sie nicht singulär ist, wie Koptev annimmt, und entflohenen Sklaven ungleich härtere Strafen drohten.[396] Es kann auch nicht mit Flaig von einem generellen Befehl Konstantins, die Kolonen in Ketten legen zu lassen, gesprochen werden. Nur in dem Fall, dass abhängigen Kolonen (*coloni iuris alieni*) nachgewiesen wird, dass sie zu fliehen beabsichtigen (*coloni, qui fugam meditantur*), dürfen diese, und zwar nur diese, festgehalten und wie Strafsklaven gefesselt werden.[397] Carrié stellt entsprechend fest, dass ein Grundbesitzer niemals Rechte an einem Kolonen erwarb, die mit seinem Recht an einem Sklaven vergleichbar wären, denn der Kolone wurde nie als Instrumentum des Landgutes betrachtet.[398] Vernachlässigen können wir in diesem Zusammenhang die Sklavenrhetorik, die lediglich der Verdeutlichung dient.[399]

So bietet das Gesetz zwei wesentliche Neuerungen für die rechtliche und soziale Stellung dieser Kolonengruppe: Die abhängigen Kolonen (Nur-Pächter) waren nun gesetzlich (für immer oder für eine vereinbarte Laufzeit) an die Scholle gebunden, und der Kaiser erlaubte den Grundherren, ihre Kolonen gewaltsam festzuhalten,

---

[393] Vgl. Koptev 2005, S. 42.

[394] Vgl. Cérati 1975, S. 283.

[395] Siehe im Anhang, Tabellen 2 und 4.

[396] Siehe zur Fesselung von Kolonen etwa: CJ 11, 53, 1, 1 (371): *revocati vinculis poenisque subdantur* und Lib. *or.* 47, 13: τοὺς μὲν ἔδησε διπλῷ δεσμῷ, τῷ τε οἰκήματι καὶ σιδήρῳ. Sklaven wurden der Tortur unterzogen: CJ 6, 1, 6, pr. (332). Zur Sklavenflucht vgl. Bellen 1971, S. 60–64, bes. 62. Auch freien Bürgern drohten statusmindernde Strafen, sollten sie in einem Freiheitsprozess zahlungsunfähig sein; siehe CTh 4, 8, 8 (332).

[397] Vgl. Flaig 2009, S. 70.

[398] Vgl. Carrié 1983, S. 223f.

[399] Siehe auch CJ 11, 52, 1, 1 (392–395). Durch dieses Gesetz werden die Kolonen keineswegs als Sklaven des Landes definiert; so aber Flaig 2009, S. 70.

wenn eine Fluchtgefahr bestand; und dies obwohl die Kolonen als freie Römer über das römische Bürgerrecht verfügten. Denn die meisten Kolonen waren Freigeborene oder Freigelassene mit latinischem oder römischem Bürgerrecht. In den Provinzen standen überdies zahlreiche Kolonen in einer peregrinen Rechtstradition. Das heißt, sie waren römische Bürger von Geburt an oder durch Freilassung, gehörten aber aufgrund von Gewohnheitsrechten zu den Latifundien ihrer Grundherren. Als entscheidend für die Behandlung einzelner Kolonengruppen sollte sich daher das nunmehr gesetzlich begründete Abhängigkeitsverhältnis zu ihren Grundherren herausstellen, da das Wort des Kaisers die hergebrachten Rechte bezüglich der getroffenen Normierung überstimmte.

Die Grundherren profitierten dabei zweifach von der Beschäftigung eines anderswo registrierten Bauern. Sie nutzten nicht nur dessen zusätzliche Arbeitskraft aus, sondern genossen diese Arbeit auch noch kopfsteuerfrei, sofern es ihnen gelang, die flüchtigen Kolonen vor den Steuerbehörden zu verbergen.[400] Der ursprüngliche Grundherr zahlte dann dessen Steuern weiter.[401] Die Rückforderung der Kopfsteuer (*capitatio*) von dem aufnehmenden Grundherrn war ein zentrales Anliegen dieser Gesetzgebung. Dass die Grundherren also ein starkes Interesse daran hatten, fremde Kolonen zu beherbergen, zeigt sich an den zahlreichen Bestimmungen der späteren Kaiser.[402] Einige Grundherren gingen sogar soweit, die Kolonen von andere Landgütern aktiv abzuwerben. Auch gegen dieses Abspenstigmachen (*sollicitatio*) oder Verbergen (*occultatio*) anderweitig verpflichteter Kolonen wurden zahlreiche Gesetze erlassen.[403] Im Ostgotenreich waren einige Grundherren offenbar so dreist, dass sie ihre eigenen Kolonen zu einem anderen Grundherrn schickten, um sodann die gesetzlich festgelegte Ausgleichzahlung einzustreichen.[404] Der Ressourcenkonflikt um die Arbeitskräfte in der Landwirtschaft war also zu konstantinischer Zeit bereits entbrannt; ein Dauerthema, wie die späteren Wiederholungen der Gesetze gegen die Freizügigkeit der Kolonen zeigen.[405]

Aus alledem folgt, was bei der Interpretation von CTh 5, 17, 1 bislang wenig beachtet wurde, nämlich dass diese Konstitution nicht nur private Kolonen, sondern auch kaiserliche Kolonen betraf.[406] In einem der Folgegesetze subsumiert der Gesetzgeber entsprechend die Termini *colonus privatus* und *colonus patrimonialis* unter

400 Vgl. Schipp 2009, S. 100–102.

401 Eusebios warf diese Praktiken dem Licinius, sicher auch in der Absicht ihn zu verunglimpfen, vor. Vgl. Abschnitt VII.1.

402 CJ 11, 48, 8 (371); CTh 10, 12, 2, 2; CTh 10, 12, 2, 3 (368–373); CTh 5, 17, 3 (386); CJ 11, 48, 12, 2 (395–407).

403 CJ 11, 53, 1, 1; CJ 11, 53, 1, 2 (371); CTh 5, 17, 2 (386); CJ 11, 52, 1, 2 (392–395). Vgl. im Anhang, Tabelle 4.

404 Ed. Theod. 84, 2; Vgl. dazu Schipp 2009, S. 278–280.

405 Vgl. Schmidt-Hofner 2017, S. 377 und Schipp 2009, S. 96–116.

406 Rosafio 2008, vermutet diesen Schritt erst in valentinanischer Zeit: „Dopo le riforme di Valentiniano e Valente, le differenze tra *coloni* delle terre imperiali e *coloni* delle terre private

dem Sammelbegriff *colonus iuris alieni*, wobei die Beherbergung flüchtiger Kolonen erneut verboten wurde.[407] Also galt wohl auch das konstantinische Gesetz für private Grundherren wie für die kaiserliche Verwaltung gleichermaßen. Anderenfalls hätte der Kaiser die Staatskasse benachteiligt. Die privaten Grundherren hätten auf kaiserliche Domänen geflohene Kolonen zurückfordern können, ohne dass die kaiserlichen Verwalter dergleichen vermocht hätten. Konstantin hatte anscheinend Bodenbindung und Rückführklausel für Kolonen auf kaiserlichen Domänen bereits eingeführt und erweiterte diese Bindung im Jahre 332 auf alle abhängigen Kolonen in den Provinzen.[408]

Abschließend seien noch Überlegungen zu der Frage angestellt, warum Konstantin das erste uns überlieferte Kolonengesetz an die Provinzbewohner richtete. Die durchaus häufiger vorkommende Adressierung *ad provinciales* ist zunächst einmal auf alle römischen und latinischen Bürger bezogen, die in einer Provinz ihren Herkunftsort (*origo*) hatten. Die freien Provinzbewohner, die in einer peregrinen oder munizipalen Rechtstradition standen, kommen wohl kaum noch in Betracht, da über 100 Jahre nach der *Constitutio Antoniniana* diese Rechtsstellung keine Rolle mehr gespielt haben dürfte. Nicht gemeint waren ferner Sklaven, da sie ohnehin keine Freizügigkeit besaßen. Wollte ein Gesetzgeber aber alle Menschen ansprechen, auch diejenigen, die in Italien wohnten, dann konnte er die Konstitution an das Volk (*ad populum*) adressieren.[409] Daher kann es nicht stimmen, wenn Mathisen meint, dass der rechtliche Status der Provinzialen völlig von der Verwendung der geographischen Gebiete durch die Bevölkerung zur Feststellung der persönlichen Identität losgelöst worden sei.[410] *Ad provinciales* grenzt nämlich alle freien römischen Bürger aus, deren Herkunftsort in Italien lag. Da sich Kolonen fremden Rechts, die in einer Provinz ihre *origo* hatten, auch in Italien auf einem fremden Landgut verdingt haben konnten, und Konstantin flüchtige Kolonen aus Italien offensichtlich nicht einbeziehen wollte, muss das Gesetz an die freien Bewohner der Provinzen gerichtet wor-

vengono di fatto annullate, in quanto per entrambi si afferma come unico principio del vincolo al suolo quello di natura ereditaria (*ius originarium*)." Dies ist sicher zu spät, und außerdem führten Valentinian I. und Valens keine Reform des Kolonats durch. Vgl. dazu auch Schmidt-Hofner 2008a, S. 284f.

407 CTh 5, 17, 2 (386): *IMPPP. VALENTINIANUS, THEODOSIUS ET ARCADIUS AAA. CYNEGIO PF. P. Quisquis colonum iuris alieni aut sollicitatione susceperit aut occultatione celaverit, pro eo, qui privatus erit, sex auri uncias, pro eo, qui patrimonialis, libram auri cogatur inferre. DAT. VIII. KAL. NOV. CONSTANTINOPOLI, HONORIO N. P. ET EVODIO COSS.* In der justinianischen Fassung (CJ 11, 64, 2) fehlen die nicht kaiserlichen Kolonen. Vgl. Schipp 2009, S. 106f.

408 CTh 11, 16, 1; CJ 11, 68, 1 und CJ 11, 68, 2.

409 Um ganz sicher zu gehen, richtete der Gesetzgeber das Gesetz *ad universos provinciales et populum*; bspw: CTh 15, 14, 5 (352). Siehe auch Nov. Theod. 2, 1, 3 (427). Vgl. Mathisen 2015, S. 285.

410 Mathisen 2015, S. 286.

den sein. Meines Erachtens werden die Pachtbauern Italiens vom Gesetzgeber ausgenommen, weil dort das Pachtverhältnis nicht traditionelle Wurzeln hatte, sondern vorwiegend auf der privatrechtlichen Vertragsform der *locatio conductio* beruhte.

Das Gesetz war also explizit an alle freien Provinzbewohner außerhalb Italiens ergangen. Von diesen war es für einige relevant, weil sie über verpachtetes Grundeigentum verfügten, und für viele, weil sie einen Pachtvertrag unterschrieben haben oder vielleicht auch schon in einigen Regionen erbrechtlich einem Grundherrn verpflichtet waren; nur für römische Bürger, die keine Landwirtschaft betrieben, war die Konstitution irrelevant.[411] Die unbekannte aber doch mit Sicherheit große Anzahl an Betroffenen verdeutlicht die Dimension dieser Gesetzesregelung. Diese Konstitution bleibt dann auch das einzige Kolonengesetz mit diesem weiten Adressatenkreis. Man könnte die Bedeutung dieser Regelung noch weiter ausdifferenzieren, wenn man sie mit den anderen konstantinischen Gesetzen *ad provinciales* ins Verhältnis setzte. Hier mag aber der Hinweis genügen, dass Konstantin mit den Gesetzen an die Provinzbewohner grundlegende und wesentliche Sachverhalte regelte.[412]

4. Mögliche Kolonengesetze Konstantins

In den spätantiken Codices fehlen zahlreiche Konstitutionen zum Kolonat. Von den frühen Gesetzen, durch welche der Handlungsspielraum der kaiserlichen und privaten Kolonen eingeschränkt wurde, sind nur die genannten Maßnahmen Konstantins und diese auch nur fragmentarisch überliefert.[413] Wichtige Merkmale des Kolonats wie die Erblichkeit der Bodenbindung oder die Übertragung der Kolonen bei Grundstücksverkäufen sind nicht vor der Mitte des 4. Jahrhunderts überliefert. So entsteht der Eindruck, der Kolonat sei von Valentinian I. und Valens rechtlich ausgestaltet worden. In den Gesetzen der valentinianischen Zeit lassen sich jedoch Rückverweise auf Kolonengesetze der Vorgänger finden. Anhand dreier Beispiele können weitere Kolonengesetze der vorvalentinianischen Zeit hypothetisch erschlossen werden.

Der Ausschluss kaiserlicher Kolonen vom Militärdienst ergibt sich strenggenommen schon aus den besprochenen Konstitutionen CJ 11, 68, 1 und CJ 11, 68, 2. Wenn die kaiserlichen Kolonen gezwungen wurden, nur Aufgaben auf den kaiserlichen Gütern zu übernehmen, dann müssten sie auch vom Militärdienst ausgeschlossen gewesen sein. Aber erst in einem Gesetz Valentinians I. an den *magister militum per Illyricum* Fl. Equitius zeigt sich, dass den kaiserlichen Kolonen der Militärdienst ausdrücklich verwehrt war. Sklaven und Kolonen sowie deren Söhne und

[411] Allenfalls die *coloni* in den Bergwerken könnten noch unter dieses Gesetz fallen.

[412] Vgl. Dillon 2012, S. 119–123 und 139–146.

[413] CTh 5, 17, 1 (332) ist auf den dispositiven Teil verkürzt; vgl. die Bemerkungen von Koptev 2005, S. 45f.

Nachkommen, heißt es, die von den kaiserlichen Gütern heimlich geflohen waren,[414] sind zurückzugeben, selbst wenn sie den Eid (*sacramentum*) bereits geleistet hatten. Auch diejenigen, die inzwischen in der Eliteeinheit der *protectores* dienten, mussten den Militärdienst quittieren.[415] Valentinian I. erneuerte damit ein Verbot des Militärdienstes für kaiserliche Kolonen, denn kurz danach wiederholt er in einer Konstitution an den Prätoriumspräfekten der Westpräfektur Sex. Petronius Probus im Wesentlichen den Erlass CJ 11, 68, 3 und stellt zudem fest,[416] dies sei schon oft verboten worden (*saepenumero praeceptum est*).[417] Die valentinianische Maßnahme ist höchst wahrscheinlich auf einen Einzelfall bezogen.[418] Die grundsätzliche Regelung des Sachverhaltes muss aber bereits in vorvalentinianischer Zeit getroffen worden sein. Damit bezog sich der Kaiser auf die Gesetzgebung seiner Vorgänger und bestätigte en passant die Erblichkeit des Kolonats im Kaiserdienst.

Auch Theodosius I. untersagte den kaiserlichen Kolonen, Militärdienst zu leisten. Um die kaiserlichen Güter zu ordnen, erließ er wahrscheinlich im Jahre 386 eine entsprechende Konstitution,[419] die an den *praefectus praetorio per Orientem* Cynegius gerichtet war. Diejenigen, die zum Boden gehören, den sie bebauen, sollen aufgrund der Verpflichtung ihrer Großväter (*avitae condiciones*) zurückgerufen werden, wenn sie im Militär dienen.[420] Ausgenommen waren nur Veteranen, welche der Kaiser nicht mehr in den Kolonat zwang.[421] Diese wurden schon wegen ihres Alters nicht mehr für die harte Arbeit auf dem Feld benötigt. Das Interesse des Kaisers an der Arbeitskraft seiner Kolonen wird hierbei deutlich. Die Verpflichtung der Großväter zeigt aber auch, dass Theodosius I. kein neues Recht schuf, sondern ältere

---

414 Welwei 1988, S. 169.

415 CJ 11, 68, 3 (364–367): *Servi atque coloni, etiam eorum filii vel nepotes, vel quicumque de fundis ac possessionibus nostris clanculo ad officia convolaverint diversa, reddantur, etiamsi armatae habuerint sacramenta militiae. Nos enim etiam eos discingi iubemus ac reddi, qui protectorum fuerint nomen adepti.*

416 Zur Datierung siehe Munzinger 1989, S. 41, Anm. 101. Seeck 1964, S. 134, datiert in das Jahr 364. Welwei 1988, S. 169 und Demandt 1970, Sp. 596 kommen zur selben Datierung in die Zeit von 364–367. Vgl. auch Schmidt-Hofner 2008b.

417 CJ 7, 38, 1 (364–367): *IMPERATORES VALENTIANUS, VALENS. Saepenumero praeceptum est, ut servi atque liberti, colonique praeterea rei nostrae nec non etiam eorum suboles ac nepotes, quicumque de nostris possessionibus recessissent ac se ad diversa militiae genera contulissent, cingulo, in quo obrepserant fraudulenter, exuti, si ad aliquas fortasse transcenderint dignitates, omni temporis definitione submota nostro patrimonio redderentur. VALENTIN. ET VALENS AA. AD PROBUM PP. GALLIARUM.* Vgl. Schmidt-Hofner 2008a, S. 271f. und zuletzt López Huguet 2016, S. 509f.

418 Vgl. Schmidt-Hofner 2008a, S. 272f.

419 Zur Datierung vgl. Munzinger 1998, S. 41, Anm. 102.

420 CJ 11, 63, 4, pr. (386): *Super patrimonialium refectione fundorum dudum nostris est legibus constitutum, ut ii, qui eos colentes solum eorum verterant, nunc alia loca deligentes, nunc ad militiam convolantes, ad avitas condiciones et propria iura revocentur.*

421 CJ 11, 63, 4, 1 (386): *Ceterum eos, qui castrensibus stipendiis otia quieta meruerunt veterani constituti, nequaquam placet tela in usum vomeris ligonisque convertere.*

Bestimmungen erneuerte. Zugleich sicherte er den Anspruch an seinen Kolonen rechtlich ab. Da auch der Militärdienst erblich war, hätten die zurückgeforderten Kolonen auf ihre ererbten Ansprüche verweisen können. Den bodengebundenen Kolonen wurde so die Möglichkeit genommen, ihre Freiheit nach einer Frist von dreißig Jahren aufgrund einer Sonderform der *praescriptio longi temporis* geltend zu machen.[422] Rechnet man daher zweimal dreißig Jahre zurück, dann bestand die Maßnahme bereits zur Zeit der Alleinherrschaft Konstantins. Auch wenn man dieses Argument nicht überstrapazieren darf, so kann man die Regelung doch als einen Hinweis auf die mögliche Erblichkeit des kaiserlichen Kolonats zur Zeit Konstantins werten. Und auch Valentinians I. Erlass (CJ 11, 68, 3) erstreckte sich auf die Nachkommen der Kolonen (*coloni, etiam eorum filii vel nepotes*). So verdichten sich die Indizien, dass zumindest für die kaiserlichen Kolonen die Erblichkeit des Rechtsstatus bereits in konstantinischer Zeit gesetzlich geregelt war.

Ähnliches gilt für die Folgen der Bodenbindung. Bei Landverkäufen mussten die bodengebundenen Kolonen und die registrierten Sklaven anteilig übertragen werden, wie Valentinian I. in einem Gesetz an den Prätoriumspräfekten der Westpräfektur Maximinus festlegte.[423] Der Kaiser reagierte damit auf eine offensichtliche Fehlentwicklung. Einige Grundeigentümer hatten die Bewirtschaftung des ganzen Landes hintertrieben, indem sie eine Parzelle verkauften, diese aber zusammen mit den ansässigen Kolonen und Sklaven des gesamten Gutes übertrugen. Damit verstießen die Grundherren gegen bestehende Gesetze, wie aus der Formulierung des Dokumentes hervorgeht.[424] Eine Konstitution auf die hier angespielt wird, ist der Erlass von Kaiser Constantius II. aus dem Jahre 356,[425] wonach der Bebauer des Landes ebenso an das Land gebunden war, wie das Land an den Bebauer.[426] Erst Hono-

---

422 Bei Kolonen betrug die Rückforderungsfrist dreißig Jahre, bei Koloninnen zwanzig Jahre; vgl. Schipp 2009, S. 68f., 126, 141, 182, 187, 189, 204, 294, 334, 338, 341, 443 und 582.

423 CJ 11, 48, 7, pr. (371): *Quemadmodum originarios absque terra, ita rusticos censitosque servos vendi omnifariam non licet.* Zu den *servi censiti* siehe Eibach 1977, S. 135–138. Zu den *coloni censiti* vgl. Sirks 2008, S. 142f. Maximinus amtierte in den Jahren 371–376. Ammian charakterisierte ihn als Vertreter eines korrumpierten Verwaltungsadels (Amm. 28, 1, 6f.; Amm. 28, 1, 41; Amm. 29, 2, 23, 1–3; Amm. 29, 6, 3; Amm. 30, 2, 11); vgl. PLRE I 577, s. v. Maximinus 7. Ein positives Bild von Maximinus entwirft Symmachus (Symm. *or.* 4, 11); vgl. Coşkun 2003, S. 5–16.

424 CJ 11, 48, 7, 1–2 (371): *Neque vero commento fraudis id usurpet legis illusio, quod in originariis saepe actitatum est, ut parva portione terrae emptori tradita omnis integri fundi cultura adimatur. Sed cum soliditas fundorum vel certa portio ad unumquemque perveniat, tanti quoque servi et originarii transeant, quanti apud superiores dominos et possessores vel in soliditate vel in parte manserunt.* Vgl. Schipp 2009, S. 53–55.

425 Vgl. Seeck 1900, Sp. 499; Saumagne 1937, S. 538f.; W. Goffart 1974, S. 78, Anm. 36; Eibach 1977, S. 52 und 208; Munzinger 1998, S. 29.

426 CTh 13, 10, 3 (356) = CJ 11, 48, 2: *IMP. CONSTANTIUS A. AD DULCITIUM CONSULAREM AEMILIAE. Si quis praedium vendere voluerit vel donare, retinere sibi transferendos ad alia loca*

rius erlaubte die Übertragung der abhängigen Kolonen und deren Nachkommen innerhalb des eigenen Grundbesitzes und verfügte, dass diese Regelung auch nach einer Veräußerung der Landgüter Bestand haben soll.[427] Valentinian I. entschied in einer konkreten Situation.[428] Auch Constantius' II. Erlass war nicht die einzige Regelung des Sachverhaltes in vorvalentinianischer Zeit.[429] Der „alte Trick" (*saepe actitatum est*),[430] die abhängigen Bauern mit einer kleinen Parzelle zu übertragen, wurde sicher schon bald nach Konstantins Kolonengesetze angewandt. Daher könnte bereits Konstantin diesbezügliche Gesetze erlassen haben.[431] In jedem Fall aber reagierten Constantius II. und Valentinian I. auf Missstände, die aus den Restriktionen der konstantinischen Kolonengesetzgebung resultierten.[432]

---

colonos privata pactione non possit. Qui enim colonos utiles credunt, aut cum praediis eos tenere debent aut profuturos aliis derelinquere, si ipsi sibi praedia prodesse desperant. DAT. III KAL. MAI. MEDIOLANO CONSTANTIO A. VIIII ET IULIANO CAES. II CONSS. Gewöhnlich wird das Gesetz aufgrund der Konsulangabe in das Jahr 357 datiert. Seeck 1964, S. 46, Z. 38 und ebd., S. 202, stellt aber zu Recht fest, dass Constantius II. sich 356 in Mailand und 357 in Rom aufhielt, die Konstitution also in das Jahr 356 zu datieren ist.

427 CJ 11, 48, 13, 1 (400). Vgl. Schipp 2012, S. 192f.

428 Vgl. Schmidt-Hofner 2008a, S. 279f.

429 Bezüglich der Kolonen: CTh 7, 1, 3 (349).

430 So Schmidt-Hofner 2008a, S. 280.

431 Ein Reskript Mark Aurels ist der einzige Beleg aus vorkonstantinischer Zeit, dass die Trennung von Boden und Pächter verboten war: Ein Vermächtnis sei demnach unwirksam, wenn die Pächter (*inquilini*) ohne das zugehörige Grundstück vermacht würden: Dig. 30, 112, pr. (Marcianus): *Si quis inquilinos sine praediis quibus adhaerent legaverit, inutile est legatum: sed an aestimatio debeatur, ex voluntate defuncti statuendum esse, divi Marcus et Commodus rescripserunt.* Vgl. zur Forschungskontroverse Marcone 2006; Jones 1958, S. 12, Anm. 22; Johne et al. 1983, S. 159f., der mit Seeck 1900, Sp. 494–496, meint, sie ständen im Zusammenhang mit den als Kolonen angesiedelten Barbaren; so auch Johne 1992, S. 84; anders Mirković 1997, S. 86f.

432 Hinweise auf ältere Kolonengesetze finden sich auch in anderen Konstitutionen, bspw. in CJ 11, 51, 1 (386): *lex a maioribus constituta* oder in Nov. Val. 31, 4 (451): *priora statuta iusserunt.*

VI. Ursache des Kolonats I: Regierungshandeln Konstantins

Der Kaiser reglementierte die Arbeitsbedingungen auf den kaiserlichen Gütern nicht nur direkt, sondern wie die Beispiele im vorherigen Kapitel zeigen, auch indirekt. Die Patrimonialkolonen waren Konstantin nämlich in zweifacher Hinsicht unterstellt: Er war ihr höchster Gesetzgeber und Richter, zugleich waren sie vertraglich oder gewohnheitsrechtlich verpflichtet, auf den kaiserlichen Gütern zu arbeiten. Konstantin konnte als Grundherr folglich im inneren Verhältnis von den Regeln profitieren, die er im äußeren Verhältnis als Kaiser gesetzt hatte. Im Ressourcenkonflikt um abhängige Landarbeitskräfte hat Konstantin, zumal die kaiserlichen Landgüter davon betroffen waren, eingegriffen und als Bindungsprinzip die Bodenbindung eingeführt. Sowohl die Kolonen des Kaisers als auch Kolonen privater Grundherren waren nunmehr in dieser Hinsicht gleichgestellt. Die Mobilität der Kolonen fremden Rechts wurde zu diesem Zweck für immer unterbunden.

Wie ist dieser Entwicklungssprung auf dem Weg zum Kolonat zu erklären? Dazu werden die Gesetze Konstantins zu den Kolonen nochmals in den Blick genommen und mithilfe des Analyseinstrumentes untersucht.[433] Diese Kontextualisierung der Gesetze Konstantins vor allem anhand der Kriterien Normierungswille oder reagierendes Gestalten reicht zwar nicht aus, den Regierungsstil Konstantins zu ermitteln, aber die Analyse öffnet den Blick auf die Konflikte und Bedingungen, welche das erste Gesetz zur Bodenbindung der Kolonen hervorriefen. Ferner können die Interaktionen zwischen Kaiser und grundbesitzender Elite dargelegt werden. Mithin werden die Ursachen der kolonatsbegründenden Konstitutionen verdeutlicht. Gegliedert nach Maßnahmen zu den kaiserlichen und zu den privaten Kolonen werden im Weiteren die Kolonengesetze auf die Intentionen Konstantins hin geprüft.

1. Gesetzgebung zur Sicherung der kaiserlichen Einnahmen aus Vermietung und Verpachtung

Kaiser und Juristen beschäftigten sich vor allem im 2. und 3. Jahrhundert häufig mit dem Verhältnis von Kolonen und Verpächtern,[434] aber bis Diokletian wurden die Pachtbauern dabei nicht personenrechtlich eingeschränkt.[435] In valentinianischer Zeit jedoch existierten bereits wesentliche Bestandteile des Kolonats. Dies bestätigt

---

[433] Zu den Kategorien des Regierungshandelns vgl. Abschnitt II.3.

[434] Vgl. die Übersicht zu den Erwähnungen in den Digesten: Johne et al. 1983, S. 244–257.

[435] CJ 7, 16, 19 (293) und CJ 7, 14, 11 (294). Vgl. Kaser 1975, 143f. und die Zusammenfassung von Schipp 2009, S. 37–41.

auch Schmidt-Hofner mittelbar, wenn er nach eingehender Untersuchung der valentinianischen Kolonengesetze zu dem Schluss kommt, dass in der Regierungszeit Valentinians I. kein qualitativer Entwicklungssprung der Bindungs- und Abhängigkeitsformen zu verzeichnen sei und insbesondere die kaiserlichen Entscheidungen zur Bodenbindung der Kolonen und zur Erblichkeit des Kolonenstatus in dieser Zeit situationsbedingt und affirmativ erfolgt seien.[436] Das juridische Instrumentarium zur Regelung der unfreien und abhängigen Arbeit auf den Landgütern war demnach bereits vorhanden und musste in der Zeit der konstantinischen Dynastie (312–361) eingeführt worden sein.[437] Kaiser Julian Apostata können wir aus der Betrachtung ausschließen, da von ihm kein Kolonengesetz überliefert wurde.[438] Seine Vorgänger Constantius II., Constans und Constantinus II. hatten keine nennenswerten Kolonengesetze erlassen,[439] und so muss Konstantin derjenige gewesen sein, welcher die Bedingungen der abhängigen Pachtbauern grundlegend veränderte.[440]

Einige Kolonengesetze Konstantins erneuern jedoch lediglich bereits geltende Regelungen. Der afrikanische Prokonsul Aco Catullinus etwa erhielt die Antwort, dass die kaiserlichen Bauern von außerordentlichen öffentlichen Lasten zu befreien seien und dass derjenige, der gegen diese Festlegung verstoße, bestraft werde.[441] Die in der Konstitution genannten Abgabenquoten konnte nur in der prokonsularischen Provinz erwirtschaftet werden, weswegen das Gesetz auch nur dort Anwendung fand. In anderen Konstitutionen zu den kaiserlichen Kolonen bewegte sich Konstantin zunächst ebenfalls in traditionellen Bahnen. Durch zwei Gesetze schützte er die kaiserlichen Kolonen vor anderweitigen öffentlichen und privaten Verpflichtungen.[442] Die Bezeichnung der Kolonen liest sich, legt man die Datierung Seecks zugrunde, wie eine Steigerung der Abhängigkeit: von *coloni rei privatae nostrae* im Jahre 319 (CJ 11, 68, 2) zu *colonus originalis rei privatae nostrae* im Jahre 325 (CJ 11,

---

436 Gegen die ältere Forschung, die immer von einer substantiellen Veränderung des Kolonenstatus in valentinianischer Zeit ausgegangen ist. Vgl. Schmidt-Hofner 2008a, S. 284f.

437 Konstantins Gesetzgebungstätigkeit setzt nach heutiger Überlieferung im Jahre 312 ein; vgl. dazu Liebs 2006. Constantius II. erließ bis in das Jahr 361 Gesetze, z. B. CTh 11, 1, 7.

438 Vgl. Brendel 2017, S. 383–387.

439 CTh 13, 10, 3 (357) = CJ 11, 48, 2 und CTh 11, 1, 7 (361).

440 Einen Sonderfall stellt die Gesetzgebung des Licinius dar. Konstantin hatte als Alleinherrscher dafür gesorgt, dass dessen Konstitutionen kassiert wurden: CTh 15, 14, 1 (324); vgl. Corcoran 2010, S. 99f.

441 CTh 11, 16, 1 (318/19): *IMP. CONSTANTINUS A. AD CATULLINUM PROCONSULEM AFRICAE. Patrimoniales fundos extraordinariis oneribus vel mediae aut tertiae portionis obsequiis fatigari non convenit, cum eosdem et auri speciem et frumenti plurimum modum constet persolvere, ita ut qui violare statuta temptaverit puniatur. PROPOSITA VI KAL. SEP. KARTHAGINE CONSTANTINO A. V ET LICINO CONSS.*

442 Offensichtlich handelte es sich um Kolonen, die über ein gewisses Vermögen verfügten. Zu den reichen Kolonen siehe Schipp 2009, S. 116, Anm. 391.

68, 1).[443] Konstantin bestätigte mit diesen Gesetzen den severischen Provinzialjuristen Callistratus insofern, als dieser feststellte, dass die kaiserlichen Kolonen von öffentlichen Diensten (*munera*) generell befreit seien.[444] Zuvor hatte schon Mark Aurel oder Lucius Verus (161–169) den kaiserlichen Kolonen in einem Reskript zugestanden, dass sie nur zu öffentlichen Diensten (*munera*) herangezogen werden dürften, wenn dem Fiskus dadurch kein Nachteil entstehe.[445] Dass die Abschirmung der kaiserlichen Kolonen, eine Innovation Konstantins gewesen sei, wie behauptet wurde,[446] erschließt sich daher nicht aus diesen Gesetzen. Somit wirkten die Konstitutionen durch ihre Rhetorik innovativ. Konstantin bekräftigte aber nur den Status quo ante.[447]

Ebenfalls affirmativ, und gewiss auf Anfrage eines Funktionsträgers erteilt, war die Konstitution aus dem Jahre 319 an den britannischen Vikar Pacatianus, wonach Dekurionen nur die Steuerverantwortung für sich selbst sowie für ihre Kolonen trugen.[448] Konstantin wiederholte hierbei lediglich eine Anordnung seines Vorgängers Aurelian.[449] Er wollte, dass verlassene Grundstücke wieder kultiviert wurden. Das Land wurde zur Inbesitznahme durch geeignete Personen freigegeben. Diese konnten Dekurionen sein, geeignet waren aber auch alle anderen Landbesitzer (*possessores*). Sie wurden mit einer Steuerbefreiung für einige Jahre gelockt, mussten aber danach Steuern zahlen.[450] Das Gesetz war an die privaten Grundherren adressiert und betraf nicht die kaiserlichen Kolonen. Ebenso ist auch das allgemeine Steuergesetz aus dem Jahre 320 zu den affirmativen Gesetzen Konstantins zu zählen, die in der Frühphase seiner Regierungszeit erlassen und an die private Grundherren gerichtet wurden.[451]

Bei den eherechtlichen Bestimmungen hingegen, sofern sie auf kaiserliche Kolonen anwendbar waren, zeigt sich die Tendenz, die auch in anderen Konstitutionen zu beobachten ist,[452] dass Konstantin die abhängigen und langzeitig verpflichteten

[443] Zur Datierung vgl. Seeck 1964, S. 169 und 175.

[444] Dig. 50, 6, 6, 11 (Callistratus lib. 1 de cognit.): *Coloni quoque Caesaris a muneribus liberantur, ut idoniores praediis fiscalibus habeantur.* Wohl während der Samtherrschaft von Septimius Severus und Caracalla verfaßt; vgl. Liebs 1977, S. 322, Anm. 116. Vgl. dazu Pelham 1890, S. 10; Pallasse 1950, S. 21 und Johne et al. 1983, S. 170f.

[445] Dig. 50, 1, 38, 1 (Papirius lib. 2 de const.).

[446] So Giliberti 1999, S. 82f.

[447] Dig. 50, 6, 6, 11 (Callistratus lib. 1 de cognit.); Dig. 50, 1, 38, 1 (Papirius lib. 2 de const.).

[448] CTh 11, 7, 2 (319).

[449] CJ 11, 59, 1: *Cum divus Aurelianus parens noster civitatum ordines pro desertis possessionibus iusserit conveniri et pro his fundis, qui invenire dominos non potuerunt quos praeceperamus, earundem possessionum triennii immunitate percepta de sollemnibus satisfacere, servato hoc tenore praecipimus, ut, si constiterit ad suscipiendas easdem possessiones ordines minus idoneos esse, eorundem agrorum onera possessionibus et territoriis dividantur.*

[450] Vgl. Jones 1986, S. 812f.

[451] CTh 11, 7, 3 (320).

[452] CTh 5, 17, 1 (332). So auch in späteren Gesetzen, bpsw.: Nov. Val. 27, pr. (449).

Landarbeiter pauschal gleich behandelte und derart unterschiedliche Gruppen wie die Pächter der Erbpachtgrundstücken (*praedia emphyteuticaria*), die Angehörigen kaiserlicher Privatgüter (*res privata*) und vielleicht auch die kaiserliche Kolonen (*originarii patrimoniorum fundorum*) mit denselben Einschränkungen belegte, die für Fiskalsklaven galten.[453] Der Charakter der Konstitution ist innovativ, da man die Bestimmungen des *SC Claudianum* nun nicht mehr nur auf Beziehungen zwischen Fiskalsklaven und freien Frauen anwandte, sondern diese Regelungen auch auf die genannten Gruppen ausdehnte. Konstantin reagierte mit dieser Konstitution wahrscheinlich auf eine Anfrage der kaiserlichen Verwalter, die zum Inhalt hatte, dass die Arbeitskraft und das Vermögen der Nachkommenschaft verpflichteter Landarbeiter auf den Landgütern des Kaisers durch nicht rechtmäßige Beziehungen mit freien Frauen, die nicht dem Kaiser verpflichtet waren, verloren gingen. Durch diese Regelung sicherte sich der Kaiser auch die Arbeitskraft der Kinder der an sich personenrechtlich freien Pächter. Als junianische Latiner waren ihre Kinder fortan ihrem Patron, dem Kaiser, besonders verpflichtet, da ihnen die Testierfreiheit und die Fähigkeit, uneingeschränkt über ihr Vermögen zu verfügen, fehlte.[454] Mit dieser Regelung begünstigte der Kaiser sich selbst, indem er die genannten Gruppen verpflichtete, auf den kaiserlichen Gütern zu arbeiten, und benachteiligte die privaten Grundherren, da die Anzahl der auf dem Arbeitsmarkt verfügbaren Arbeitskräfte durch diese Regelung entsprechend verringert wurde.

Andere Kolonengesetze Konstantins zeugen ebenfalls von einem ausgesprochenen Willen zur Neuerung. So sind überhöhte Abgaben und Dienste ein immerwährender Streitpunkt zwischen Grundherren und Kolonen. Eine entsprechende Anfrage stellte der Vikar des Ostens Maximus an Kaiser Konstantin, da sich die Kolonen privater Grundherren beschwert hatten. Der Kaiser bestätigte jedem Kolonen (*quisquis colonus*) ein Klagerecht wegen überhöhter Forderungen, und der Grundherr musste gegebenenfalls das Zuvielverlangte (*superexactio*) zurückerstatten.[455] Tatsächlich ist dieses Gesetz innovativ, denn weder griff der Gesetzgeber zuvor solchermaßen in das Verhältnis zwischen Kolone und privatem Grundherrn ein, noch wird in der Konstitution auf Gesetze früherer Kaiser rekurriert.[456] Schließlich waren Kolonen bis in diokletianische Zeit prozessfähig,[457] und als römische Bürger durften sie jederzeit Klage gegen ihre Grundherren erheben. Dass der Kaiser dies aber nun gesetzlich bekräftigen musste, ist bezeichnend für den Status bestimmter Kolonengruppen.

---

453 CTh 4, 12, 3 (320).

454 Gai. *inst.* 3, 56; Gai. *inst.* 1, 167; Frg. Dosith. 5; vgl. Kaser 1975, S. 297.

455 CJ 11, 50, 1 (325). Zitiert in Abschnitt V.3.

456 Ein solcher Eingriff des Gesetzgebers sei nach Johne 1992, S. 17, in der Kolonenwirtschaft vor dem 3. Jahrhundert nicht belegt. Das Gesetz CJ 4, 65, 16 (260), das Kehoe 2007, S. 133, anführt, behandelt einen anderen Sachverhalt.

457 Vgl. Eibach 1977, S. 24. Vgl. auch Giliberti 1999, S. 109.

Gegen überhöhte Abgaben und Dienste wehrten sich schon im 2. Jahrhundert die kaiserlichen Kolonen des *saltus Burunitanus* in der *Africa proconsularis*. Von den Pächtern waren höhere Abgaben und Dienste verlangt worden, weshalb sie sich an Kaiser Commodus wandten. Sie verwiesen darauf, dass gemäß einer Lex Hadriana weder die Pachtquote (*partes agrariae*) erhöht, noch die Hand- und Spanndienste (*operarum praebitio iugorumve*) ausgeweitet werden dürften.[458] Kaiser Commodus beschied daraufhin am 15. Mai 182:

> CIL VIII 10570, col. IV (Souk el-Kremis):
> *[Imp(erator) Caes(ar)] M(arcus) Aurelius Commodus An/[toni]nus Aug(ustus) Sarmat(icus) Germanicus / maximus Lurio Lucullo et nomine a/liorum proc(uratores) contemplatione dis/cipulinae et instituti mei ne plus / quam ter binas operas curabunt / ne quit per iniuriam contra perpe/tuam formam a vobis exigatur.*
>
> „Kaiser Marcus Aurelius Commodus Antoninus Augustus, Sieger über die Sarmaten (und) größter Sieger über die Germanen an Lurius Lucullus und an alle anderen, die es angeht. Die Prokuratoren werden in Anbetracht der Gewohnheit und auf meine Anweisung hin dafür sorgen, dass keine (zusätzliche) Leistung von euch unrechtmäßig gegen die ewige Ordnung gefordert wird."

Von den kaiserlichen Kolonen durften also keine (zusätzliche) Leistung unrechtmäßig gegen die ewige Ordnung aufgrund von Gewohnheit und kaiserlicher Anweisung (*discipulina et institutum*) gefordert werden, während nach dem Gesetz an den Ostvikar Maximus alle Kolonen nur die zuvor gewohnheitsrechtlich und vertraglich festgelegten Leistungen erbringen mussten (*consuescere et in anterioribus temporibus*). Den Kolonen privater Grundherren wurden demnach die gleichen Klagerechte eingeräumt, die einst Commodus, wenn nicht zuvor schon Hadrian, den kaiserlichen Kolonen der burunitanischen Domäne zugestanden hatte. Sie sollten die vertraglichen oder die gutsrechtlichen Leistungen für ihren Grundherren erbringen und vor ungerechtfertigten Forderungen nach zusätzlichen Leistungen geschützt sein.[459] In beiden Fällen bestätigten die Kaiser dabei neben einer Dienst- und Abgabenordnung beziehungsweise einer vereinbarten Vertragsleistung auch das Bestehen von gewohnheitsrechtlichen Forderungen, wie aus den Ausdrücken *discipulina* und *consuetudo* hervorgeht.

Reskript und Konstitution galten zunächst einmal nur im *saltus Burunitanus* beziehungsweise im Amtsbereich des *vicarius Orientis*.[460] Dabei ist das Reskript durch

[458] Vgl. zu CIL VIII 10570 (= ILS 6870) Weber, in: Johne et al. 1983, S. 399f., Nr. 72, und Flach 1978, S. 490.
[459] Zu Pachtdauer und Gutstatuten vgl. Held 1971, S. 250f.
[460] Vgl. zur Abgabenordnung in der *Africa proconsularis* Weber, in: Johne et al. 1983, S. 309–343 und Kehoe 1988, passim, mit der Literatur.

patronalen Fürsorge gekennzeichnet, Commodus sorgte sich um die Einhaltung der bestehenden Ordnung, wohingegen Konstantin seinen Willen ausdrückte und mit Bestrafung drohte. Die Kolonen im Gültigkeitsbereich der jeweiligen kaiserlichen Verlautbarung waren damit letztendlich davor geschützt, mehr als die gutsrechtlichen beziehungsweise vertraglichen und gewohnheitsrechtlichen Abgaben und Dienste erbringen zu müssen.

Sicher wollte Konstantin wie vor ihm schon Commodus dadurch verhindern, dass Unruhe unter ihnen ausbricht und sie sich durch Flucht den Belastungen entzogen, denn immer wieder wandten sich Kolonen an den jeweiligen Kaiser und deuteten an, dass sie ihr Land verlassen, sollten sich die Zustände nicht bessern. So drohten etwa die Kolonen einer Domäne im heutigen Kasar Mezouar (*Africa proconsularis*) Commodus, sich dorthin zu wenden, wo sie frei und unbehelligt verweilen können.[461] Auch kaiserliche Kolonen in Lydien kündigten an, auf privates Land überzusiedeln, wenn Septimius Severus ihrer Bitte nicht nachkomme, die Kolletionen (Κολλητιῶνες) zu bestrafen,[462] welche Bauern verschleppten, um die anderen Dorfbewohner zu erpressen, da sie nicht mehr unter diesem Druck leben und ihre Äcker bestellen wollten.[463] Die Bewohner von Skaptopara in Thrakien gaben Kaiser Gordian III. kund, ihre väterlichen Heimstätten zu verlassen, wenn die Belastungen durch vorbeiziehende Gruppen nicht aufhörten, die sich von ihnen Unterkunft und Verpflegung verschafften.[464] Und die kaiserlichen Kolonen von Aragua in Phrygien beschwerten sich bei Philippus Arabs, dass Kommandeure und Soldaten, überdies

---

461 CIL VIII 14428, Fragm. A, Z. 6 (Kasar Mezouar): *[- - - domum rev]ertamur ubi libere morari possimu[s s]i v[ero leg]es tutatur.* Vgl. Kehoe 2007, S. 75; Hauken 1998, S. 29–34 und zuletzt Hoffmann-Salz 2011, S. 186f. Siehe auch mit anderer Ergänzung Weber, in: Johne et al. 1983, S. 401, Nr. 74.

462 Zu den κολλητιῶνες vgl. die Ausführungen von Herrmann 1990, S. 40f.

463 Keil/von Premerstein 1914, Nr. 55, Z. 23–30 und Keil/von Premerstein 1914, Nr. 55, Z. 51–54: Καὶ / [το]ῖς τῆς γεωργίας καμάτοις προσέχειν κεκωλυ/[μ]ένοι τῶν κολλητιώνων καὶ τῶν ἀντικαθεστώ/των ἀπειλούντων καὶ ἡμεῖν τοῖς καταλειπομέ/νοις τὸν περὶ ψυχῆς κίνδυνον καὶ μὴ δυνάμενοι{ς} / ἐκ τοῦ κωλύεσθαι τὴν γῆν ἐργάζεσθαι μηδὲ ταῖς δε/[σ]ποτικαῖς ἐπακούειν ἀποφοραῖς καὶ ψήφοις πρὸς /[τ]ὰ ἑξῆς [...] φυγάδας <τε> γενέσθαι τῶν δεσποτικῶν χωρίων, ἐν οἷς / <κ>αὶ ἐγεννήθημεν καὶ ἐτράφημεν καὶ ἐκ προγόνων / διαμένοντες γεωργοὶ τὰς πίστεις τηροῦμεν τῷ / δεσποτικῷ λόγῳ. Siehe Herrmann 1990, S. 34–37, der sich nicht auf Septimius Severus festlegt. Siehe auch Krause 1987, S. 178 und Held 1971, S. 275f.

464 CIL III 12336, Z. 59–78 (Skaptopara): Ἐδηλώσαμεν γὰρ μη/κέτι ἡμᾶς δύνασθαι ὑπομένειν ἀλ/λὰ καὶ νοῦν ἔχειν συνλείπεινκαὶ τοὺς / πατρῴους θεμελίους διὰ τὴν τῶν / ἐπερχομένων ἡμεῖν βίαν καὶ γὰρ / ὡς ἀληθῶς ἀπὸ πολλῶν οἰκοδεσπο/τῶν εἰς ἐλαχίστους κατεληλύθα/μεν καὶ χρόνῳ μέν τινι ἴσχυσεν / τὰ προστάγματα τῶν ἡγουμένων / καὶ οὐδεὶς ἡμεῖν ἐνόχλησεν οὔτε / ξενίας αἰτήματι οὔτε παροχῆς ἐπι/τηδείων προϊόντων δὲ τῶν χρόνων / πάλιν ἐτόλμησαν ἐπιφύεσθαι ἡ/μεῖν πλεῖστοι ὅσοι τῆς ἰδιωτίας / ἡμῶν καταφρονοῦντες ἐπεὶ οὖν οὐ/κέτι δυνάμεθα φέρειν τὰ βάρη / καὶ ὡς ἀληθῶς κινδυνεύομεν ὅπερ / οἱ λοιποὶ τόδε καὶ ἡμεῖς προλιπεῖν / τοὺς προγονικοὺς θεμελίους τού/του χάριν δεόμεθά σου. Vgl. Herrmann 1990, S. 18–27.

hochgestellte Personen aus der Stadt sowie irgendwelche Leute des Kaisers (Καισαριανοί) durch die Landschaft Appia zögen, die Landstraße verließen und bei den Kolonen eindrängen.[465] Sie hielten die Bewohner von der Arbeit ab und beschlagnahmten ihre Pflugochsen. Auf diese Weise erlitten sie größtes Unrecht und seien schutzlos den Erpressungen ausgesetzt gewesen.[466] Überliefert sind zwar nur die kaiserlichen Antworten von Gordian III., der an das Gericht des Statthalters verwies, und Philippus Arabs, der den *frumentarius* M. Aurelius Eglectus, einen Soldaten im centenaren Rang, anwies, sich der Sache nach eingehender Prüfung anzunehmen, dennoch dürfen wir bei Commodus und Septimius Severus, deren Antworten nicht erhalten sind, von einem Bescheid im Sinne der Dorfbewohner ausgehen, weil sie anderenfalls keine Stele errichtet hätten.[467]

Bei den Kaisern obwaltete offensichtlich die Fürsorge für ihre Kolonen. Sie agierten dabei als Patrone ihrer abhängigen Bauernschaft. Diese drohten als Ultima Ratio zu flüchten, wohlwissend um dieses wirkungsvolle Druckmittel. Den Klagen ihrer Kolonen gaben die Kaiser dann um des inneren Friedens willen nach. Konstantins Haltung gegenüber seinen Kolonen unterscheidet sich in diesem Punkt nicht grundsätzlich von den Verhaltensweisen der Kaiser im 3. Jahrhundert. Ungerechtfertigte Abgaben und Belastungen und irgendwelche sonstigen Dienste versuchte er ebenso wie Commodus, Gordian III., Septimius Severus und Philippus Arabs von den eigenen Kolonen abzuwenden. Diese wiesen ihre Funktionsträger vor Ort an, jener erließ Gesetze, welche die Statthalter umsetzen sollten beziehungsweise den betroffenen Kolonen als Anspruchsgrundlage dienten.[468]

---

465 Zu den Caesariani (Καισαριανοί) vgl. Herrmann 1990, S. 40.

466 CIL III 14191, Z. 12–23 (Aragua): Ἔχε[ι δὲ τὸ τῆς διηγ]/ήσεως ἐν τούτοις χωρίον ὑμέτερόν [ἐ]σμεν, ἱερώτατ[οι Καίσαρες δῆ]/μος ὁλόκληρος οἱ καταφεύγοντες κὲ γεινόμενοι τῆς ὑμετέρας [οὐσίας γεώργοι, δια]/σειόμεθα δὲ παρὰ τὸ ἄλογον κὲ παραπρασσόμεθα ὑπ’ ἐκείνων ο[ἷς σώζειν τὸ δημό]/σιον ὀφίλει· μεσόγειοι γὰρ τυγχάνοντες κὲ μ[ή]τε παρὰ στρατ[οπέδοις ὄντες πάσ]/χομεν ἀλλότρια τῶν ὑμετέρων μακαριωτάτων καίρων· [διοδεύοντες γὰρ] / τὸ Ἀππιανῶν κλίμα παραλιμπάνοντες τὰς λεωφόρους ὁ[δοὺς οἵ τε στρα]/τιῶται κὲ δυνάσται τῶν προυχόντων κ[ατ]ὰ τὴν πόλιν Ἀ[ππίαν κὲ δοῦλοι ὑ]/μέτεροι ἐπεισε[ρ]χόμενοι κὲ καταλιμπάνοντες τὰς λε[ωφόρους ὁδοὺς κὲ ἀπὸ τῶν] / ἔργων ἡμᾶς ἀφίσταντες κὲ τοῦς ἀροτῆρας βόας ἀνγ[αρεύοντες τὰ μηδὲν ὀφει]/λόμενα αὐτοῖς παραπράσσουσιν· κὲ συμβαίνει οὐ [τὰ τυχόντα ἡμᾶς ἐκ τοῦ τοι]/ούτου ἀδικεῖσθαι διασειομένους. Vgl. Herrmann 1990, S. 28–33.

467 Herrmann 1990, nennt sechzehn solcher „Hilferufe aus den Provinzen“, wie er sie bezeichnet, die in Stein gemeißelt wurden. Von unzähligen weiteren Petitionen können wir ausgehen. Krause 1987, S. 177f., hat sicher recht, dass die Kolonen stabile Lebensverhältnisse bevorzugten und nur in Not geraten ihre Parzelle verließen, aber er rechnet zu Unrecht damit, dass die Kolonen nur selten ihren Wohnort wechselten. Kolonen gerieten im 3. Jahrhundert immer häufiger in eine Notlage. Wie die Inschriften zeigen drohten sie nicht nur zu fliehen, sondern viele waren schon gegangen (CIL III 12336, Z. 63–66: καὶ γὰρ / ὡς ἀληθῶς ἀπὸ πολλῶν οἰκοδεσπο/τῶν εἰς ἐλαχίστους κατεληλύθα/μεν).

468 CTh 11, 16, 1 (318/19); CJ 11, 68, 2 (319 Seeck); CJ 11, 68, 1 (325 Seeck); CJ 11, 50, 1 (325).

Überdies sicherte sich Konstantin durch einige Konstitutionen die Arbeitskraft der fähigen Patrimonialkolonen, die künftig ausschließlich auf den Gütern der Res privata tätig sein durften, womit er die Bodenbindung gewissermaßen vorwegnahm.[469] Der hierbei verwandte Terminus *colonus originalis* betont die Absicht, dass die Kolonen nur dem Kaiser verpflichtet sind. Konstantin hob sodann entweder die Bindung an den Geburtsort auf und ersetzte diesen durch die kaiserlichen Güter oder aber die kaiserlichen Güter waren bereits deren Geburtsort.[470] Im ersten Fall hätte er für zugezogene Kolonen die Schollenbindung eingeführt, im zweiten auf der Verpflichtung seiner Kolonen als *originales* insistiert. Denn in vorkonstantinischer Zeit war ein römischer Bürger *originalis* seines Geburtsortes. Er konnte andernorts Vermögen erwerben und dort seinen Wohnsitz (*domicilium*) nehmen, war aber dann an seinem neuen Wohnort als *incola* nicht zu öffentlichen Diensten verpflichtet.[471] Diese Freizügigkeit entzog Konstantin nun den *coloni originales rei privatae nostrae*. Für Ackerbauern kommt dies während der Laufzeit ihres Pachtvertrages einer Orts- und Berufsbindung gleich. Von einer Verpflichtung über die Vertragslaufzeit hinaus oder gar eine Bindung der Nachkommen der Kolonen ist keine Rede. Ein rechtlicher Erbzwang kann daher nach meinem Dafürhalten aus dieser Konstitution nicht abgeleitet werden.[472]

Am Ende dieser Ausführungen kann man resümieren, dass das Klagerecht der Kolonen gegen überhöhte Forderungen der Grundherren, das Konstantin den kaiserlichen und privaten Kolonen einräumte beziehungsweise bestätigte, lediglich das innere Verhältnis zwischen dem jeweiligen Kolonen und seinem Grundherrn betraf. Dabei schätzte Konstantin die Prozessfähigkeit der kaiserlichen und privaten Kolonen bei außerordentlichen Belastungen wie seine Vorgänger ein. Dadurch, dass der Kaiser sich aber die Dienste seiner Kolonen in einem höheren Maße als seine Vorgänger sicherte, schmälerte er im gleichen Maße die Möglichkeiten der privaten Grundherren, Arbeitskräfte für ihre Felder auf einem regionalen Arbeitsmarkt anzuwerben.[473] Die Regelungen des inneren Verhältnisses zwischen kaiserlicher Verwaltung und kaiserlichem Kolonen wirkten sich also auf das äußere Verhältnis zu den anderen Grundherren aus. Dies erscheint mir ein nicht ganz unwesentliches Argument zu sein, da die anderen Grundherren, welche letztendlich die kaiserliche Herrschaft stützten, in dem beschriebenen Aushandlungsprozess als Akzeptanzgruppe mit Sicherheit den Kaiser in ihrem Sinne zu beeinflussen suchten. Diese Be-

[469] CJ 11, 68, 2 (319 Seeck).
[470] CJ 11, 68, 1 (325 Seeck).
[471] CJ 10, 40, 4 und CJ 10, 40, 7 (286–305). Vgl. Eibach 1977, S. 205.
[472] Vgl. Pallasse 1950, S. 22, Anm. 20 und Eibach 1977, S. 78, Anm. 167. Saumagne 1937, S. 508 und 515, geht hingegen von einem Erblichkeitszwang aus.
[473] Zu den Arbeitsmärkten vgl. demnächst Schipp 2023. Zur Kommunikation zwischen Kaiser und privaten Grundherren bezüglich der Überlassung von Arbeitskräften vgl. auch das Skirengesetz von Kaiser Theodosius II.: CTh 5, 6, 3 (409).

strebungen der grundbesitzenden Eliten wurden dann offensichtlich bei den Regelungen zur Kolonenflucht oder zur Fluchtandrohung von Kolonen berücksichtigt, denn diese Rechtsfragen berührten ebenfalls das äußere Verhältnis unter den kaiserlichen und privaten Grundherren. In diesem Ressourcenkonflikt gelangte Konstantin schließlich zu einer anderen Lösung als die Kaiser vor ihm, wie im nächsten Abschnitt weiter ausgeführt wird.

2. Innovative Gesetzgebung (reagierendes Gestalten) zur Schlichtung in einem Ressourcenkonflikt

Schon der Agrarschriftsteller Columella empfahl den römischen Grundherren, an alteingesessenen Pächtern festzuhalten.[474] Auch ist mit hoher Wahrscheinlichkeit davon auszugehen, dass Kinder von Pachtbauern in vielen Fällen den Beruf ihrer Eltern ergriffen und der Pachtvertrag oder eine gewohnheitsrechtliche Bindung an den Grundherrn auf die Nachkommen übertragen wurde.

Trotzdem haben wir in den Digesten keinen Beleg für ein Bindungsprinzip wie die Bodenbindung oder die Bindung an den Grundherrn. Für die Zeit der Pachtdauer waren die Kolonen lediglich verpflichtet, den Boden zu kultivieren und die fälligen Zinsen zu zahlen.[475] Sie hafteten für den Pachtzins, wenn sie den Acker vor Ablauf der Pachtzeit verließen.[476] Und schließlich waren Verpächter und Pächter gegenseitig verpflichtet, eine Strafsumme zu entrichten, wenn der Pächter vertrieben wurde oder der Pächter dem Landgut entfloh.[477] An Versuchen, die Pächter länger als vereinbart festzuhalten, hat es indes nicht gemangelt, wie Philippus Arabs in einem Reskript feststellt: „Weder unwillige Pächter (*conductores*) noch ihre Erben sollen nach Ablauf der Pachtzeit gegen ihren Willen festgehalten werden, was schon oft

---

474 Colum. 1, 7, 3: *Felicissimum fundum esse, qui colonos indigenas haberet, et tamquam in paterna possessione natos iam inde a cunabulis longa familiaritate retineret.* Vgl. Schipp 2012, S. 181.

475 Dig. 19, 2, 25, 3 (Gaius 10 ad ed. provinc.): *Conductor omnia secundum legem conductionis facere debet. et ante omnia colonus curare debet, ut opera rustica suo quoque tempore faciat, ne intempestiva cultura deteriorem fundum faceret. praeterea villarum curam agere debet, ut eas incorruptas habeat.*

476 Dig. 19, 2, 55, 2 (Paulus 2 sent.): *Qui contra legem conductionis fundum ante tempus sine iusta ac probabili causa deseruerit, ad solvendas totius temporis pensiones ex conducto conveniri potest, quatenus locatori in id quod eius interest indemnitas servetur*; Dig. 19, 2, 24, 2 (Paulus 34 ad ed.): *Si domus vel fundus in quinquennium pensionibus locatus sit, potest dominus, si deseruerit habitationem vel fundi culturam colonus vel inquilinus, cum eis statim agere.*

477 Dig. 19, 2, 54, 1 (Paulus 5 resp.): *Inter locatorem fundi et conductorem convenit, ne intra tempora locationis Seius conductor de fundo invitus repelleretur et, si pulsatus esset, poenam decem praestet Titius locator Seio conductori: vel Seius conductor Titio, si intra tempora locationis discedere vellet, aeque decem Titio locatori praestare vellet: quod invicem de se stipulati sunt.*

in Reskripten festgelegt worden ist."[478] Selbst Diokletian lehnte noch jede personenrechtliche Beschränkung bei privater Pacht ab.[479]

Durch einen Pachtvertrag konnte auch in der 2. Hälfte des 4. Jahrhunderts noch ein kolonales Verhältnis gestiftet werden.[480] Dennoch konnte bisher keine Entwicklung festgestellt werden, wonach die Kolonen aufgrund ihrer Pachtverträge in ihrer Freizügigkeit behindert worden wären. Das Pachtverhältnis wurde durch die Gesetze in den Digesten hinreichend geregelt.[481] Einer Bodenbindung bedurfte es nicht, die schuldrechtlichen Ansprüche der Pächter zu realisieren. Der Kolonat entwickelte sich offensichtlich nicht aus den privatrechtlichen Pachtverhältnissen der Prinzipatszeit.[482]

Dabei war die *locatio conductio* nur eine vorwiegend in Italien verbreitete Vertragsform, durch die eine Abhängigkeit begründet werden konnte. Daneben bestanden in den Provinzen traditionelle Beziehungen zwischen Grundherrn und abhängigem Bauern. Das erste allgemeine Kolonengesetz war entsprechend an alle freien Provinzbewohner adressiert worden. Konstantin subsumierte die gewohnheitsrechtlichen, traditionellen und vertragsrechtlichen Pachtverhältnisse unter dem Begriff *coloni iuris alieni*. *Colonus* bedeutete Pachtbauern und der Zusatz *alieni iuris* zeigte an, dass der Kolone abhängig war. Diese Abhängigkeit der Pachtbauern (Nur-Pächter) war es, die Konstantin in den Jahren seiner Alleinherrschaft auch gesetzlich durchsetzte, als er den Herkunftsort für kaiserliche Kolonen und für abhängige Kolonen privater Grundherren festschrieb. Der Kaiser reagierte dabei auf Bedrohungssituationen der inneren Ordnung gestaltend. Er hat zunächst die eigenen Kolonen an ihre Pflichten gemahnt, die sie entweder als Freigelassene des Kaisers oder als vertraglich verpflichtete Freigeborene in zweiter, dritter oder x-ter Generation

---

478 CJ 4, 65, 11 (244): *IMPERATOR PHILIPPUS. Invitos conductores seu heredes eorum post tempora locationis impleta non esse retinendos saepe rescriptum est. PHILIPP. A. AURELIO THEODORO. PP. VI ID. AUG. PEREGRINO ET AEMILIANO CONSS.* Vgl. Johne 1992, S. 47 und Held 1971, S. 251. Finley 1980, S. 143 und 145, wertet aufgrund seines Gespürs für die Arbeiterklasse das Gesetz nicht zu Unrecht als Andeutung nachlassender Kraft, sich gegen schlechtere Arbeitsbedingungen zum Nutzen anderer zu erwehren.

479 CJ 7, 16, 19 (293): *Principaliter causam eius de quo supplicas esse quam tuam perspicimus. Nam cum te eum ad libertatem produxisse profitearis, illius interest magis sollemniter suum tueri statum et consequenter tua etiam agetur causa: nam si ab eo, contra quem fundis preces, servus dicatur eique libertas ex manumissione tua vindicetur, probatio servitutis originis et beneficium manumissionis libertatem illi adsignans tuum etiam ius patronatus tuetur. Si vero consentiat servituti, tunc iure concesso adito praeside provinciae eum invitum etiam defendere poteri.* CJ 7, 14, 11 (294): *Si vestram possessionem nullus praecessit titulus, sed ingenui constituti operas mercede placita locastis, nec statui quicquam vestro derogatum est nec ad conventionis implendam fidem sollemniter agere prohibemini.* Vgl. Kaser 1975, S. 143f.

480 CJ 11, 48, 8 (371).

481 Vgl. die Übersicht von Johne et al. 1983, S. 244–257.

482 Vgl. Panitschek 1990, S. 140f. Die These von der fortentwickelten Vertragsform der *locatio conductio* als Ursache der Bodenbindung lehnt Vera 1997, S. 185–224, zu Recht entschieden ab.

zu erfüllen hatten.[483] Er verstand dabei seine kaiserlichen Rechte an den Sklaven, Freigelassenen und abhängigen Freien der Res privata als eine autoritär-patronale Form der Kolonenwirtschaft und schuf mit dem Edikt aus dem Jahre 332 einen ersten Entwurf für die Errichtung des Kolonats.[484] Mit dieser Gesetzgebung übertrug er bestimmte Herrenrechte an Sklaven und patronale Rechte gegenüber Freigelassenen auch auf andere abhängige Statusgruppen, selbst wenn diese das römische oder latinische Bürgerrecht besaßen. In den meisten Fällen waren diese Gruppen entweder Nur-Pächter oder standen in einer peregrinen Rechtstradition. Die Verfügungsrechte über die Freizügigkeit solcher Gruppen abhängiger Landarbeiter, konkret das Recht, die Bodenbindung durchsetzen zu dürfen, beanspruchte der Kaiser für seine Kolonen und konzedierte diese Rechte schließlich auch den Großgrundbesitzern. Diese werden entsprechend dem daraus resultierenden Abhängigkeitsverhältnis in den Gesetzen häufig *patroni* genannt, die abhängigen Kolonen bezeichnen die spätantiken Autoren manchmal als *clientes*.[485]

Der Kolonat ist von Panitschek als Substitut für die Minderfreiheit nach peregrinem Recht gedeutet worden, das durch die *Constitutio Antoniniana* 212 außer für *dediticii* aufgehoben worden sei.[486] Die auf den kaiserlichen Gütern arbeitenden Peregrinen, unter diesen auch angesiedelte Barbaren,[487] und andere den Großagrariern verpflichtete Leute hatten hernach zwar das römische Bürgerrecht, waren aber

---

483 Ein Beispiel für Kolonen, die seit Generationen auf demselben Gut dienten, sind die Pächter des *saltus Burunitanus*, die sich selbst als *rustici tui vernulae et alumni saltu(u)m tuarum* bezeichnen (CIL VIII 10570, col. III, Z. 28f.). Vgl. Weber, in: Johne et al. 1983, S. 319, mit weiteren Belegen.

484 CTh 5, 17, 1 (332).

485 *Patroni*: CJ 6, 4, 2 (367); CTh 12, 1, 50, 2 (362); CTh 5, 19, 1 (365); CJ 11, 52, 1, 1 (392–395); CJ 11, 50, 2, 4 (396); Ed. Theod. 48; L. Rom. Vis. 9, 3, 2 interpr.; L. Rom. Burg. 7; Gelas. *epist.* 14, 14 (ed. Thiel 370f.); *clientes*: Aug. *en. in ps.* 93, 7 (CCL 39, 1308); *Vita Caesarii episcopi Arelatensis* 1, 61 (MGH SS rer. Merov. 3 [B. Krusch, 1896], S. 433–501); Sidon. *epist.* 5, 19, 1f. und Auson. *Mos.* 8–11 und Auson. *Mos.* 23f. Zu den womöglich als Kolonen bezeichneten Klienten in der Mosella des Ausonius vgl. Bieler 1937, S. 285–287. Die Argumentation von Panitschek 1990, S. 151, *clientela* beschreibe nicht das Verhältnis Grundherr zu Kolone und komme nicht in der Kolonatsgesetzgebung vor, greift nicht, da seine Gegenbeispiele zum Patrozinium (CTh 9, 24, 1–6) auch auf Kolonen angewandt werden können; vgl. Schipp 2009, S. 205–208 und Krause 1987, S. 90–92.

486 So die These von Panitschek 1990, S. 137–154. Siehe Abschnitt IV.1.

487 Wie eine solche Überlassung besiegter Barbaren an private Grundherren ausgesehen hat, ist für die spätere Zeit belegt, als Kaiser Theodosius II. die unterlegenen Skiren per Gesetz auf private Grundherren verteilte. Dazu wurde der Stammesverband der Skiren aufgelöst, und sie mussten jeweils in ein rechtliches Verhältnis zu einem Grundherrn treten: CTh 5, 6, 3 (409): *Scyras barbaram nationem maximis Chunorum, quibus se coniunxerunt, copiis fusis imperio nostro subegimus. Ideoque damus omnibus copiam ex praedicto genere hominum agros proprios frequentandi, ita ut omnes sciant susceptos non alio iure quam colonatus apud se futuros nullique licere ex hoc genere colonorum ab eo, cui semel adtributi fuerint, vel fraude aliquem abducere vel fugientem suscipere, poena proposita, quae recipientes alienis censibus adscriptos*

weiterhin wirtschaftlich und wohl auch persönlich von diesen abhängig. Sie standen in einem Klientelverhältnis zu ihren kaiserlichen oder privaten Grundherren. Der Status der abhängigen Kolonen wird deshalb von den Juristen als Einrichtung von Halbfreiheit mit Bodenbindung (Minderfreiheit) beschrieben. Peregrine Rechtssetzungen sind womöglich teilweise durch den Kolonat ersetzt oder anderenfalls als gewohnheitsrechtliche Bindungen weitergeführt worden.[488]

---

vel non proprios colonos insequitur. Opera autem eorum terrarum domini libera utantur ac nullus sub acta peraequatione vel censui ...acent nullique liceat velut donatos eos a iure census in servitutem trahere urbanisve obsequiis addicere, licet intra biennium suscipientibus liceat pro rei frumentariae angustiis in quibuslibet provinciis transmarinis tantummodo eos retinere et postea in sedes perpetuas collocare, a partibus Thraciae vel Illyrici habitatione eorum penitus prohibenda et intra quinquennium dumtaxat intra eiusdem provinciae fines eorum traductione, prout libuerit, concedenda, iuniorum quoque intra praedictos viginti annos praebitione cessante. Ita ut per libellos sedem tuam adeuntibus his qui voluerint per transmarinas provincias eorum distributio fiat. Siehe zur Barbarenansiedlung auch CTh 13, 11, 10 (399) und zu dem Begriff *transmarina provincia* CTh 6, 14, 1 (372); Nov. Val. 33 (451); Ed. Theod. 69 (um 500) und Aug. *epist.* 10*, 2, 1f. (CSEL 88, 46f.). Die Ansiedlung der Skiren wird von dem Kirchenhistoriker Sozomenos zum Teil bestätigt, da er schildert, dass er die besiegten Skiren, welche in die Abhängigkeit der Grundherren gegeben worden waren, in Bithynien die Felder bestellen sah. Als Grund für diese Maßnahme nennt er die Absicht der Behörden, diese so zu verteilen, dass sie sich nicht als Masse auflehnen konnten. Ihnen war ferner untersagt, Konstantinopel oder Europa zu betreten, damit sie durch das Meer von den ihnen bekannten Gegenden getrennt waren: Soz. 9, 5, 5–7: Ὁ δὲ Οὔλδης πρὸς τὸ πέραν τοῦ ποταμοῦ μόλις διεσώθη πολλοὺς ἀποβαλών, ἄρδην δὲ τοὺς καλουμένους Σκιρούς (ἔθνος δὲ τοῦτο βάρβαρον ἱκανῶς πολυάνθρωπον πρὶν τοιᾷδε περιπεσεῖν συμφορᾷ)· ὑστερήσαντες γὰρ ἐν τῇ φυγῇ οἱ μὲν αὐτῶν ἀνῃρέθησαν, οἱ δὲ ζωγρηθέντες δέσμιοι ἐπὶ τὴν Κωνσταντινούπολιν ἐξεπέμφθησαν. δόξαν δὲ τοῖς ἄρχουσι διανεῖμαι τούτους, μή τι πλῆθος ὄντες νεωτερίσωσι, τοὺς μὲν ἐπ' ὀλίγοις τιμήμασιν ἀπέδοντο, τοῦς δὲ πολλοῖς προῖκα δουλεύειν παρέδοσαν, ἐπὶ τῷ μήτε Κωνσταντινουπόλεως μήτε πάσης Εὐρώπης ἐπιβαίνειν καὶ τῇ μέσῃ θαλάσσῃ χωρίζεσθαι τῶν ἐγνωσμένων αὐτοῖς τόπων. ἐκ τούτων τε πλῆθος ἄπρατον περιλειφθὲν ἄλλοι ἀλλαχῇ διατρίβειν ἐτάχθησαν· πολλοὺς δὲ ἐπὶ τῆς Βιθυνίας τεθέαμαι πρὸς τῷ καλουμένῳ Ὀλύμπῳ ὄρει σποράδην οἰκοῦντας καὶ τὰς αὐτόθι ὑπωρείας καὶ λόφους γεωργοῦντας. Vgl. zur Ansiedlung der Barbaren Schipp 2009, S. 86–89 und Grey 2011b, passim. Die Ansiedlung war aber nicht die Ursache des Kolonats, wie von der älteren Forschung angenommen, sondern die Barbaren wurden in den Kolonat gezwungen, weil sie aufgrund der inferioren, personenrechtlichen Stellung besser zu kontrollieren waren. Womöglich wurden bereits die Sarmaten von Konstantin als bodengebundene (Wehr)bauern (*Limigantes*) angesiedelt (angeblich 300.000); siehe Chron. min. I 234; Hieron. *chron.* 233 c (Helm); *Anon. Vales.* 6, 30–32; Eus. *vit. Const.* 4, 6; Amm. 16, 12, 17f. Vgl. Constantinescu/Pascu/Diaconu 1975, S. 65 und Lengyel/Radan 1980, S. 112. Nach der Neulesung des Gießener Papyrus (Papyrus Gissensis 40) hatten bestimmte peregrine Rechte auch nach 212 weiter Bestand; vgl. Kuhlmann 2012, S. 50.

[488] Vgl. den allgemeinen Überblick von Liebs 2012, Sp. 1957–1960. Die gewohneitsrechtlichen Bindungen peregriner Bauern sind am besten in der *Africa proconsularis* dokumentiert; vgl. Weber, in: Johne et al. 1983, S. 309–343. In der Spätantike lassen sich diese Traditionen in Ägypten nachweisen; vgl. Rostowzew 1910, S. 313–402; Mazza 2001; Fikhman 2006; Sarris 2006; sowie in Nordafrika: vgl. Tablettes Albertini und dazu Weßel 2003.

Überdies darf nicht die Bedeutung der Freilassung mit römischem oder latinischem Bürgerrecht durch den Kaiser wie auch durch private Grundherren außer Acht gelassen werden.[489] Zahlreiche Freigelassene, unter ihnen viele *latini Iuniani*, sind im ersten und zweiten Jahrhundert in den Provinzen belegt.[490] Daran änderte auch die allgemeine Bürgerrechtsverleihung durch Caracalla nichts.[491] So machte auch Konstantin, wie im vorherigen Abschnitt ausgeführt, die Kinder von Fiskalsklaven und der ihm verpflichteten Pächter nicht ohne Grund zu junianische Latinern,[492] denn die personenrechtliche Stellung der *latini Iuniani* war prekär: Sie erlangten durch die Freilassung nie das volle römische Bürgerrecht und blieben Zeit ihres Lebens vermögens- und erbrechtlich eingeschränkt und damit von ihren ehemaligen Herren rechtlich und ökonomisch abhängig.[493] Sie lebten als Freie und starben als Sklaven, wie es Salvian auf den Punkt bringt.[494] Der personenrechtliche Status als Sklave, als Freigelassener oder als abhängiger Provinzialer mit römischem Bürgerecht diente letztendlich dazu, dass gewisse Teile der Landbevölkerung von Kaiser und Großagrarier unter Kontrolle gehalten wurden. Daher blieben auch viele Liberti in der Landwirtschaft gewohnheitsgemäß an den Boden gebunden. Zunächst und vor allem betraf diese Maßnahme die kaiserlichen Freigelassenen, spätestens seit Konstantin aber auch die ehemaligen Sklaven privater Grundherren.

Der Entwicklungssprung hin zum Kolonat durch das Regierungshandeln Konstantins bezüglich der agrarischen Arbeitsverhältnisse kann durch einen Vergleich der Gesetzgebung der Kaiser Philippus Arabs und Konstantin verdeutlicht werden.[495] Konstantin schützte wie alle Kaiser die eigenen Kolonen. Durch das Gesetz an den Prokonsul Aco Catullinus etwa untersagte er ungerechtfertigten Belastungen. Wie bereits ausgeführt, konnte diese Regelung nur in der *Africa proconsularis*

---

489 Vgl. Panitschek 1990, S. 151.

490 Vgl. Alföldy 1982, S. 350f.

491 Erst Justinian schaffte das verminderte Bürgerrecht ab: CJ 7, 15, 2 (530) und CJ 7, 6, 6 (531).

492 CTh 4, 12, 3 (320); siehe Abschnitt V.2.

493 Wie schon die frühkaiserzeitlichen Autoren feststellten: Suet. *Aug.* 40, 3f. und Tac. *ann.* 13, 27, 2. Vgl. zur patronalen Kontrolle des Freilassers über seine ehemaligen Sklaven Mouritsen 2011, S. 223–226, und zum Freigelassenenpatronat in der Spätantike Barschdorf 2012, S. 90f.

494 Salv. *ecc.* 3, 7, 32–34: *Nam quid est aliud quam servituti addicere quos non vis aliquid quasi ingenuos possidere. More ergo illorum uteris, qui servos suos non bene de se meritos, quia civitate Romana indigenos iudicant, iugo Latinae libertatis addicunt: quos scilicet iubent quidem sub libertorum titulo agere viventes, sed nolunt quidquam habere morientes donare non possunt. Ita ergo et tu religiosos filios tuos quasi Latinos iubes esse libertos, ut vivant scilicet quasi ingenui et moriantur ut servi, et iuri fratrum suorum quasi per vinculum Latinae libertatis adstricti, etiamsi videntur arbitrii sui esse, dum vivunt, quasi sub illorum tamen positi potestate moriantur.* Vgl. zu Salvians Gesellschaftskritik Badewien 1980.

495 Die Konstitutionen des Philippus Arabs eignen sich zum Vergleich, da dieser neben Gordian III. (271 Gesetze) der einzige Soldatenkaiser war, von dem eine signifikante Anzahl an Gesetzen (78 Gesetze) überliefert wurde; vgl. Körner 2002, S. 160–162. Zudem hatte er Reskripte zu kolonalen Rechtsfragen verfasst.

umgesetzt werden, sodass wir eine vorherige Anfrage der dortigen kaiserlichen Kolonen vermuten dürfen. Das Gesetz war folglich die Antwort des Kaisers auf eine Petition der Patrimonialkolonen.[496] Auch Philippus Arabs reagierte auf Eingaben seiner Leute. Er beauftragte einen lokalen Funktionsträger mit der Streitschlichtung, nachdem sich die kaiserlichen Kolonen aus dem Dorf Aragua in Phrygien, die unter anderem von Caesariani bedrängt worden waren, bei ihm beschwert hatten.[497] Beide Kaiser bewegten sich hierbei in den Bahnen ihrer Vorgänger, so erließ Konstantin auch keine neuen Gesetze etwa zur Besteuerung der Kolonen, sondern schärfte auf Anfragen von Funktionsträgern die Gesetze seiner Vorgänger ein.[498] Unter diesen befand sich auch Philippus Arabs, dessen Konstitutionen ebenfalls in einer klassischen Tradition stehen.[499] In der allerdings entscheidenden Frage der Kolonenflucht kam Konstantin jedoch zu einer anderen Rechtsauffassung als die Kaiser vor ihm. Denn während etwa Philippus Arabs 244 noch verboten hatte, die abwanderungswilligen Pächter festzuhalten,[500] erlaubte Konstantin schließlich 332, die *coloni iuris alieni*, die auf Flucht sinnen, in Eisen legen zulassen.[501] Philippus Arabs bezieht sich ausdrücklich auf die Reskripte seiner Vorgänger (*saepe rescriptum est*), während Konstantin ein neues Bindungsprinzip einführte.[502]

Fassen wir die Überlegungen zum ersten allgemeinen Kolonengesetz von 332 zusammen. Die schuldrechtlichen Ansprüche der Verpächter waren aufgrund der bestehenden Gesetze geregelt. Die in den Digesten gesammelten Normierungen bilden die unterschiedlichen Fallgestaltungen ab, die in einem Pachtverhältnis entstehen konnten. Diese Gesetze bezogen sich aber auf die Vertragsform der *locatio conductio*, die vorwiegend in Italien verbreitet war. Zur Normierung der traditionellen, gewohnheitsrechtlichen oder vielleicht auch schon der erbrechtlichen Pachtverhältnisse in den Provinzen reichten diese Regelungen aber nicht aus. Jede Form eines Pachtverhältnisses wird mit dem konstantinischen Gesetz erfasst. Die Kolonen, sofern sie über kein Vermögen verfügten und sich damit aus dem Pachtverhältnis freikaufen konnten, wurden zur Erfüllung ihrer Pflichten zur Bewirtschaftung der Agrarflächen und zur Befriedigung der an sie gestellten Forderungen gezwungen. Die Innovation bestand also unter anderem darin, dass mit der Bodenbindung dieselbe Rechtsfolge auf eine Vielzahl von unterschiedlichen Rechtsverhältnissen angewandt wurde.

[496] CTh 11, 16, 1 (318/19). Vgl. Abschnitt VI.1.
[497] CIL III 14191. Vgl. Abschnitt VI.1.
[498] CTh 11, 7, 2 (319); CTh 11, 7, 3 (320).
[499] Vgl. Körner 2002, S. 178–180.
[500] CJ 4, 65, 11 (244).
[501] CTh 5, 17, 1 (332).
[502] Das *saepe rescriptum est* stellt so Körner 2002, S. 178f., eine bloße Formel dar, um dem Gesetz mehr Autorität zu verleihen; das heißt aber nach meinem Dafürhalten nicht, dass es entsprechende Gesetze seiner Vorgänger nicht gegeben hat.

Der eigentliche Grund und die tatsächliche Innovation dieser Konstitution bestehen aber in einem bislang häufig übersehenen Sachverhalt. Kaiser Konstantin nutzte nämlich das Momentum der Alleinherrschaft und normierte die Konkurrenz unter den Großgrundbesitzern um die Arbeitskräfte in der Landwirtschaft. Licinius hatte die Grundherren noch mit Steuerzahlungen für flüchtige Kolonen belastet.[503] Jeder Verpächter hatte von nun an eine Anspruchsgrundlage, die ihm ermöglichte, seine wie auch immer verpflichteten Pachtbauern von einem anderen Grundherrn zurückzufordern. An die Provinzialen ist das Gesetz adressiert. An die Grundeigentümer ist es gerichtet. Schließlich heißt es im ersten Satz der Dispositio: Bei wem auch immer ein Kolone fremden Rechts angetroffen wird (*apud quemcumque colonus iuris alieni fuerit inventus*). Die gängige Praxis, fremde Leute auf den eigenen Äckern für sich arbeiten zulassen, sollte beendet werden. Noch unterstellte der Kaiser nicht, dass die Arbeitskräfte abgeworben und verborgen worden sind. Doch er kommunizierte den Großgrundbesitzern in den Provinzen deutlich, dass er die intransparente Beschaffung von Arbeitskräften und die damit verbundene Steuerhinterziehung nicht mehr duldete. Der dadurch entstandene gesamtwirtschaftliche Schaden könnte ausschlaggebend für dieses Gesetz gewesen sein.

Die kaiserliche Verwaltung und auch die privaten Grundherren beanspruchten gleichermaßen persönlich abhängige Landarbeiter, denen das Recht, die Güter zu verlassen, fehlte.[504] Schon Plinius der Jüngere hielt an seinen hoch verschuldeten Pächtern fest, weil der Boden permanent kultiviert werden musste.[505] Eine Unterbrechung der Fruchtfolge hätte sonst zur Wüstung der Agrarlandschaft geführt.[506] Die konstantinische Anpassung des Pachtrechts war überdies nötig geworden, da durch die Verwaltungsreformen Diokletians und Konstantins die ihrer militärischen Aufgaben beraubten Prätoriumspräfekten Steuerzahlung und Bodenbearbeitung verschärft einforderten und sich die kaiserliche Verwaltung unter dem Chef des Krongutes (*comes rerum privatarum*) professionalisierte.[507] Wie bereits dargelegt wurde, veränderte die Dezentralisierung der Prätoriumspräfekturen den Charakter der Gesetzgebung. Konstantin regierte in den Provinzen indirekt per Gesetz. Auf Anfragen von Funktionsträgern versuchte der Kaiser die Mobilität der Kolonen zu unterbinden und den Ressourcenkonflikt unter den Großgrundbesitzern, zu denen er selbst gehörte, zu schlichten. Konstantin sorgte somit für einen Ausgleich zwischen den kaiserlichen Domänen und den Großagrariern, mit dem Nebeneffekt, dass dadurch zugleich die Steuereinnahmen gesichert wurden. Saisonale und klimainduzierte Fluktuation der Landarbeiter sollten zunehmend unterbunden werden, aber

---

503 Wenn wir hier Eus. *HE* 10, 8, 12, folgen dürfen. Siehe Abschnitt VII.1.

504 Vgl. Banaji 2001, S. 190–212. Indem Konstantin die Freizügigkeit der Kolonen einschränke, solle die Situation der Großgrundbesitzer verbessert werden. Vgl. auch Sirks 1993.

505 Plin. *epist.* 9, 37, 2f.; vgl. Schipp 2012, S. 182 und Page 2012, S. 135f.

506 Vgl. Schipp 2012, S. 181–183 und 193f.

507 Vgl. Jones 1986, S. 100–103; Demandt 2007, S. 97f. und 293f. Vgl. zur Einrichtung der Prätoriumspräfekturen durch Konstantin Coşkun 2004, S. 279–286.

auch jegliche Binnenmigration aufgrund von innerer und äußerer Bedrohung stand damit unter Strafe. Bodenbindung und Zensusregistration waren folglich nur die Vehikel, um die Kultivierung des Bodens sowie die Versorgung der Bevölkerung und des Militärs zu sichern.

VII. Ursache des Kolonats II: Innerer Konflikt und äußere Kriege

Konstantin oblagen als Oberbefehlshaber und Heerführer die Aufgaben, für den Nachschub im Felde und die Versorgung der Soldaten in den Militärlagern zu sorgen. Einige Kolonengesetze wurden dann auch im Zusammenhang mit militärischen Operationen erlassen, die nun genauer betrachtet werden sollen, damit die Zusammenhänge von Gesetzgebung und äußerer Begleitumstände deutlich werden und um die Frage zu beantworten, welche Einflüsse und Bedingungen Konstantin zum Regierungshandeln hinsichtlich der agrarischen Arbeitsverhältnisse bewegten.

In den Jahren 318 bis 321 und von 324 bis 326 lässt sich eine vermehrte diesbezügliche Gesetzgebungstätigkeit beobachten.[508] Die sicher datierten Agrar- und Kolonengesetze erließ Konstantin ebenfalls in diesen Zeiträumen, und zwar in den Jahren 319–321 (6) und 325/26 (3). Nur zwei Gesetze bilden hier scheinbar eine Ausnahme: CJ 11, 48, 1 (328) und CTh 5, 17, 1 (332). Aber auch diese beiden Gesetze stehen, wie die anderen einschlägigen Konstitutionen, in einem sachlichen Kontext zu den militärischen Auseinandersetzungen, die Konstantin an Rhein und Donau mit den Franken, Alemannen, Sarmaten und Goten führte, und sie spiegeln daneben auch den Konflikt zwischen den beiden übriggebliebenen Augusti wider.

1. Kampf um die Alleinherrschaft (316–324)

Bereits 316 kam es zu einem ersten Waffengang zwischen den Schwägern, den Licinius verlor. In dessen Folge musste er alle europäischen Besitzungen außer Thrakien an Konstantin abtreten. Licinius wurde aber als Augustus des Ostens anerkannt. Die Söhne Konstantins und der Sohn des Licinius wurden ein Jahr später zu Caesaren erhoben. Dieser Friede hielt aber nur bis zum Jahre 320. Danach schwelte der Konflikt und brach schließlich im Jahre 324 aus. Konstantin und Licinius rangen nun offen um die Alleinherrschaft. Licinius unterlag. Der siegreiche Konstantin verschonte zwar zunächst das Leben seines Rivalen, ließ aber dessen Andenken auslöschen. Die Gesetze des Unterlegenen wurden aufgehoben.[509]

Dennoch haben einige licinische Gesetze in der theodosianischen und justinianischen Gesetzessammlung die Zeit überdauert. Die komplizierte Rekonstruktion der Gesetzgebung des Licinius kann hier nicht diskutiert werden.[510] Es sei nur darauf verwiesen, dass er in einigen Gesetzen die Privilegien für die Verwaltung und das Militär regelte und festsetzte, wie bestimmte Rangklassen zu erlangen seien. Die

---

[508] Vgl. Liebs, 2007, S. 98.
[509] CTh 15, 14, 1–4 (324; 325); Chron. min. I 232 (zu 325); Eutr. 10, 6; *Anon. Vales.* 5, 29.
[510] Vgl. dazu Corcoran 2010.

Soldaten und Veteranen werden außerdem steuerlich begünstigt. Ein Steuerprivileg erhielt ferner die Stadtbevölkerung in Lykien und Pamphylien.[511] Wenn man aus diesen nur zufällig und unvollständig überlieferten Gesetzen Rückschlüsse ziehen darf, dann dass Licinius das Militär und die einfachen Leute bevorzugte.[512] Diese Einschätzung bestätigen auch einige zeitgenössische oder zeitnahe Charakterisierungen des Licinius. Er habe, schreibt ein unbekannter Autor, die einfachen Bauern geschont. Auch soll er selbst aus dem Bauernstand stammen.[513] Aurelius Victor gestand ihm eine positive Eigenschaft zu, nämlich die der Sparsamkeit, wenn auch nur auf eine bäuerliche Weise.[514] Libanios hob die Blüte der Städte in der Regierungszeit des Licinius hervor.[515]

Dem stehen einige negative Urteile anderer Zeitgenossen entgegen. Er sei, heißt es bei Eusebius, der gesetzloseste Mensch gewesen und habe ungesetzliche Gesetze erfunden.[516] Zu diesen zählt Eusebius auch neue Steuern, die Licinius ersonnen habe. Außerdem ließe er Gold und Silber eintreiben, das Land neu vermessen sowie Strafgelder von Leuten erheben, die nicht mehr auf der Scholle säßen, sondern schon längst verstorben seien.[517] Der Kirchenhistoriker klagt Licinius ferner der Habgier

---

511 CTh 13, 10, 2 (313) ist nach Seeck 1964, S. 52 sowie ders. 1919, S. 542f., auf Licinius zu beziehen. Vgl. auch Jones 1964, S. 63. Einige Gesetze im Codex Justinianus sind Licinius eindeutig zuzuordnen: CJ 6, 1, 3; CJ 3, 1, 8 (314); CJ 7, 22, 3 (314); CJ 7, 16, 41. Im Codex Theodosianus fehlen die In- und Subskriptionen des Licinius, weshalb nur anhand geographischer und itinerarischer Kriterien die Urheberschaft des Licinius wahrscheinlich gemacht werden kann: CTh 10, 14, 1 (315); CTh 8, 4, 3 (317); CTh 10, 7, 1 (317); CTh 10, 20, 1 (317); CTh 12, 1, 5 (317); CTh 1, 27, 1 (318); CTh 11, 30, 12 (323); CTh 12, 1, 8 (323). Vgl. die Übersichten Corcoran 2010, S. 105 und 108.

512 Vgl. Chantraine 2001, S. 311.

513 Epit. *de Caes.* 41, 9: *Agraribus plane ac rusticantibus, quod ab eo genere ortus altusque erat.* Vgl. Liebs 1977, S. 349.

514 Aur. Vict. 41, 3: *Namque illi praeter admodum magna cetera, huic parsimonia et ea quidem agrestis tantum modo inerat.*

515 Lib. *or.* 30, 6.

516 Eus. *HE* 10, 8, 11: Τί δεῖ τῶν καθ᾽ ἕκαστα καὶ κατὰ μέρος τῶι θεομισεῖ πεπραγμένων μνημονεύειν ὅπως τε νόμους ἀνόμους ὁ παρανομώτατος ἐξεῦρεν; τούς γέ τοι ἐν ταῖς εἱρκταῖς ταλαιπωρουμένους ἐνομοθέτει μηδένα μεταδόσει τροφῆς φιλανθρωπεύεσθαι μηδ᾽ ἐλεεῖν τοὺς ἐν δεσμοῖς λιμῶι διαφθειρομένους μηδ᾽ ἁπλῶς ἀγαθὸν εἶναι μηδένα μηδ᾽ ἀγαθόν τι πράττειν τοὺς καὶ πρὸς αὐτῆς τῆς φύσεως ἐπὶ τὸ συμπαθὲς τῶν πέλας ἑλκομένους. Eus. *HE* 10, 8, 12: Τί χρὴ τὰς περὶ γάμων καινοτομίας ἀπαριθμεῖσθαι ἢ τοὺς ἐπὶ τοῖς τὸν βίον μεταλλάττουσιν νεωτερισμοὺς αὐτοῦ, δι᾽ ὧν τοὺς παλαιοὺς Ῥωμαίων εὖ καὶ σοφῶς κειμένους νόμους περιγράψαι τολμήσας, βαρβάρους τινὰς καὶ ἀνημέρους ἀντεισῆγεν, νόμους ἀνόμους ὡς ἀληθῶς καὶ παρανόμους.

517 Eus. *HE* 10, 8, 12: Ἐπισκήψεις τε μυρίας κατὰ τῶν ὑποχειρίων ἐθνῶν ἐπενόει χρυσοῦ τε καὶ ἀργύρου παντοίας εἰσπράξεις ἀναμετρήσεις τε γῆς καὶ τῶν κατ᾽ ἀγροὺς μηκέτ᾽ ὄντων ἀνθρώπων πρόπαλαι δὲ κατοιχομένων ἐπιζήμιον κέρδος. Siehe auch Eus. *vit. Const.* 1, 55. Barnes 1982, S. 128, bringt die Hypothese von einem reichsweiten Zensus im Jahre 321 in die Diskussion ein, auf den Eusebius in den beiden Textstellen Bezug nehme.

an; die Vermögen der Christen habe er wie einen unverhofften Fund an sich gerissen.[518] Nachdem Eusebius die Gesetzgebung des Licinius geschmäht hatte, lobte er hingegen die Gesetze Konstantins, diese seien frömmer als fromm.[519] Eine Kritik an der konstantinischen Gesetzgebung ist hierin wohl kaum zu erkennen, es sei denn man betrachtet die Steigerung in die beiden Extreme als Eusebius' Versuch, die gemäßigten Gesetze des Licinius zu verunglimpfen und zu überspielen, dass einige der konstantinischen Gesetze vielleicht doch nicht so fromm waren, wie sie der Kirchenmann gerne gesehen hätte. Die vermeintlichen Laster des Licinius werden schließlich von einem unbekannten Autor noch einmal prägnant zusammengefasst: Habgier, Grausamkeit und Wollust. Die Habgier äußere sich in der Tötung vieler wegen ihres Reichtums.[520]

Licinius musste erhebliche Finanzmittel im Kampf um die Vorherrschaft aufwenden. Trotz Tyrannentopik und Lobhudeleien kann man erkennen, dass sich Licinius im Wesentlichen durch hohe Vermögenssteuern und Konfiskationen finanzierte. Er zog also besonders die Reichen zu Zahlungen heran, während er die einfachen Bauern nur indirekt über die Steuern belastete. Vielleicht hat er sich auch persönlich bereichert. Denn selbst Julian Apostata erwähnt in einer Rede auf Constantius II., dass Licinius großen Reichtum angehäuft habe: Die Gier des Tyrannen funktioniere wie eine Dürre, mit dem Ergebnis, dass das Geld sehr knapp sei, während sich in den Nischen des Palastes große Schätze befänden.[521] Der Vorwurf der Thesaurierung trifft aber sicher nicht zu, dürfte doch der Ostkaiser einen großen Teil seines Etats für das Militär ausgegeben haben. Von 311 an unterhielt Licinius ein Heer, mit dem er zunächst gegen Maximinus Daia und dann von 316–324, wie oben skizziert, gegen Konstantin kämpfte. Wenn die numerischen Angaben der antiken Autoren in der Tendenz zutreffen, dann finanzierte Licinius jeweils das größte Heer seiner Zeit.[522] Noch in valentinianischer Zeit hallte der erhöhte Finanzbedarf des Bürgerkrieges nach. So lobte Themistios, dass Valens die Steuererhebung ausgesetzt habe. Vor dessen Thronbesteigung sei nämlich die jährliche Naturalabgabe vierzig Jahre hindurch stets erhöht worden.[523] Rechnet man von 364, dem Jahr, in dem die Rede gehalten wurde, zurück, dann wurde im Jahre 324 zum ersten Mal die

---

518 Eus. *vit. Const.* 1, 52.

519 Eus. *vit. Const.* 4, 26, 1.

520 *Anon. Vales.* 5, 22: *Per tempora quibus nondum gerebatur bellum civile, sed item parabatur, Licinius scelere, avaritia, crudelitate, libidine saeviebat, occisis ob divitias pluribus, uxoribus eorum corruptis.*

521 Iul. *or.* 1, 8 B: Ἐπεὶ δὲ ἁπάντων κύριος κατέστη (sc. Konstantin), ὥσπερ ἐξ αὐχμοῦ τῆς ἀπληστίας τοῦ δυναστεύσαντος (sc. Licinius) πολλῆς ἀπορίας χρημάτων οὔσης καὶ τοῦ πλούτου τῶν βασιλείων ἐν μυχοῖς συνεληλαμένου, τὸ κλεῖθρον ἀφελὼν ἐπέκλυσεν ἀθρόως τῷ πλούτῳ πάντα. Vgl. Jones 1964, S. 110.

522 *Anon. Vales.* 5, 23–28 und Zos. 2, 22–28. Allerdings sind die Zahlenangaben der Soldaten nur vage und es gehört zum Topos der Panegyrik, dass der Sieger numerisch unterlegen war. Vgl. aber Barnes 1981, S. 76f.

523 Them. *or.* 8, 113c.

Annona erhöht. Doch welcher Kaiser war hierfür verantwortlich? Themistios bezog sich in der Rede auf die Situation im Osten des Reiches. Die Getreideabgaben können aber nicht nach der Erntezeit erhöht werden.[524] Im Frühjahr und Sommer regierte dort noch Licinius. Ohnedies wäre eine Erhöhung der Getreideabgabe kurz nach der Machtübernahme im Herbst durch Konstantin sehr ungeschickt gewesen.[525] Licinius war daher wahrscheinlich der erste Kaiser, welcher die Annona im Osten des Reiches erhöhte. Diese Erhöhung traf die Großgrundbesitzer unmittelbar, da die Abgaben bei gleichbleibender Erntemenge zunächst von deren Anteil zu erbringen war. Dies dürfte die Stimmung unter den Senatoren und Großgrundbesitzern gegen Licinius zusätzlich angeheizt haben.[526]

Aber auch Konstantin benötigte hohe Finanzmittel zum Unterhalt seines Heeres. Außerdem gründete er eine neue Hauptstadt. Alleine die Getreideversorgung des stetig wachsenden Konstantinopels musste erst einmal zusätzlich aufgebracht werden.[527] Konstantin verfolgte dabei einen anderen Weg als Licinius, indem er für Steuergerechtigkeit unter den Dekurionen und sonstigen Grundherren sorgte.[528] Diese Tendenz bestätigt der Kaiserbiograph Eusebius. Als Alleinherrscher habe Konstantin nur drei Viertel der jährlichen Grundsteuer verlangt, wodurch die Grundherren in jedem vierten Jahre steuerfrei gewesen seien. Dies bekräftigte er mit einem Gesetz, damit auch künftige Generationen etwas von dieser Vergünstigung hätten.[529] Das Gesetz ist nicht überliefert. Jedoch bezieht sich die Aussage des Kirchenmannes sicherlich nicht auf eine generelle Steuervergünstigung, sondern es handelt sich um eine lokal begrenzte Maßnahme, etwa um brachliegendes Land fruchtbar zu machen, so wie im Jahre 319, als Konstantin einen Steuernachlass in Britannien gewährte.[530] Des Weiteren habe, so Eusebius, Konstantin die Landvermessung der früheren Herrscher getadelt und dafür gesorgt, dass die Grundherren,

---

524 Vgl. Ausbüttel 1998, S. 86: Das Steuerjahr beginne am 1. September und bis dahin müssten die Steuersätze den Provinzstatthaltern angezeigt werden.

525 Gegen Jones 1964, S. 110, der die erste Abgabenerhöhung Konstantin zuschreibt.

526 Vgl. Karayannopulos 1958, S. 30, zu den Recheneinheiten *iugum/caput*, und 96f., zur Verwendung und Erhebungsform der Steuern.

527 Philostorg. 2, 9; Chron. min. I 234. Vgl. Dagron 1974, S. 228f.

528 Z. B. durch CTh 11, 7, 2 (319) und CTh 12, 1, 10 (325). Vgl. Baumann 2014, S. 26–29.

529 Eus. *vit. Const.* 4, 2: Ὅπως δὲ καὶ τὸ κοινὸν τῶν ἀνθρώπων εὐθυμεῖσθαι παρεσκεύαζε, σκοπήσειεν ἄν τις ἐξ ἑνὸς βιωφελοῦς καὶ διὰ πάντων ἐλθόντος εἰσέτι νῦν γνωριζομένου παραδείγματος. τῶν κατ᾽ ἔτος εἰσφορῶν τῶν ὑπὲρ τῆς χώρας συντελουμένων τὴν τετάρτην ἀφελὼν μοῖραν, τοῖς τῶν ἀγρῶν δεσπόταις ἐδωρεῖτο ταύτην, ὡς τῷ λογιζομένῳ τὴν κατ᾽ ἔτος ἀφαίρεσιν διὰ τεττάρων συμβαίνειν ἐνιαυτῶν ἀνεισφόρους γίγνεσθαι τοὺς τῶν ἀγρῶν κτήτορας. ὃ δὴ νόμῳ κυρωθὲν κρατῆσάν τε καὶ εἰς τὸν μετέπειτα χρόνον οὐ τοῖς παροῦσι μόνοις, καὶ παισὶν αὐτῶν διαδόχοις τε τοῖς τούτων ἄληστον καὶ διαιωνίζουσαν παρεῖχε τὴν βασιλέως χάριν.

530 CTh 11, 7, 2 (319); siehe dazu Abschnitt V.3.

sofern ihnen zu hohe Belastungen auferlegt worden waren, einen Ausgleich erhielten.[531] Vielleicht spielt Eusebius auf Licinius an, dem er vorwarf, das Land neu vermessen zu haben,[532] oder er kritisiert generell die Landvermessungen im Zuge der diokletianischen Reform.

Eusebius' Aussagen können wegen seiner panegyrischen Darstellung nur unter Vorbehalt herangezogen werden. Dennoch darf man annehmen, dass es die allgemein bekannten Sachverhalte, die er erwähnt, auch gegeben hat. Gehen wir einmal davon aus, dass Eusebius uns hier verklausuliert, aber im Kern zutreffend unterrichtet und Konstantin sowohl eine Bodenreform im Osten durchführte, als auch einen Teil der Grundsteuerzahler entlastete, dann bestätigt der Kirchenhistoriker die auch in den Gesetzen zu greifende Begünstigung der Großagrarier. Licinius hatte diese Gruppen offenbar stärker belastet. Gleichzeitig soll er, so die Aussage der Epitome de Caesaribus, die Bauern geschont haben.[533] Konstantins Gesetze hingegen schränkten die kaiserlichen und privaten Kolonen in ihrer Bewegungsfreiheit ein. Durch CJ 11, 50, 1 (325) wurde die Dauerpacht für kaiserliche Kolonen bestätigt und durch CTh 5, 17, 1 (332) die abhängigen privaten und kaiserlichen Kolonen (Nur-Pächter) endgültig an ihre Scholle gebunden. Der Kolonat entstand also zur Zeit und infolge der Auseinandersetzung Konstantins mit Licinius.

Als Alleinherrscher führte Konstantin verschiedene Maßnahmen fort, welche seit den diokletianischen Reformen ergriffen worden sind. Relevant für den landwirtschaftlichen Sektor waren vor allem, die mögliche Einführung der Dauerpacht und regionale Nachlässe der Grundsteuer in den Jahren 319 und 325, die wahrscheinliche Neuvermessung der Landgüter im Jahre 327 und schließlich die Bodenbindung für abhängige Kolonen im Jahre 332; dies waren jeweils Maßnahmen Konstantins, Militär und Zivilgesellschaft nach der langen Zeit der Bürgerkriege auf eine Friedensordnung umzustellen und die Verwaltungsreformen des Diokletian in seinem Sinne zu korrigieren und abzuschließen. Gewiss setzte er auch im Osten die als Westkaiser erlassenen Gesetze durch. Bei alledem musste Konstantin die Ertragsmöglichkeiten der Grundherren und die Belastungsgrenze der Bauern austarieren. So sollten etwa die Bauern (*agricolae*) in der Erntezeit nicht zu außerordentlichen Belastungen herangezogen werden.[534]

Dem Kaiser und seinen Beratern waren die Tragweite und Folgen ihres Handelns für die abhängigen Bauern sicher nicht bewusst – und wenn, dann hätten sie diese

---

531 Eus. *vit. Const.* 4, 3: Ἐπεὶ δ' ἕτεροι τὰς τῶν πρότερον κρατούντων τῆς γῆς καταμετρήσεις κατεμέμφοντο, βεβαρῆσθαι σφῶν τὴν χώραν καταιτιώμενοι, πάλιν κἀνταῦθα θεσμῷ δικαιοσύνης ἄνδρας ἐξισωτὰς κατέπεμπε τοὺς τὸ ἀζήμιον τοῖς δεηθεῖσι παρέξοντας.

532 Eus. *HE* 10, 8, 12.

533 Epit. *de Caes.* 41, 9.

534 CJ 11, 48, 1 (328): *IMPERATOR CONSTANTINUS. Numquam rationibus vel colligendis frugibus insistens agricola ad extraordinaria onera trahatur, cum providentiae sit opportuno tempore his necessitatibus satisfacere. CONST. A. AD AEMILIANUM PP. LECTA VII ID. MAI. ROMAE IANUARINO ET IUSTO CONSS.* Vgl. Karayannopulos 1958, S. 158.

wohl in Kauf genommen. Das Errichten von protostaatlichen Strukturen im Finanzsektor musste den Bewohnern des Reiches dabei vielfach als Zwang erscheinen, da vor allem im Steuer- und Arbeitsrecht Neuregelungen beziehungsweise erstmals überhaupt staatliche Regelungen getroffen wurden. Aber von einem Zwangsstaat zu sprechen, geht trotzdem an der Sache vorbei. Der Kaiser sorgte vielmehr pragmatisch und zielorientiert für einen möglichst reibungslosen Ablauf der staatlichen Aufgaben.

2. Verwüstung und Bedrohung der Grenzprovinzen (306–334)

Zu den staatlichen Aufgaben gehörte auch die Grenzsicherung, ein weiterer Faktor, der die Lebens- und Arbeitsumstände der Kolonen wesentlich beeinflusste. Schon als Caesar trat Konstantin Unruhen und Grenzübertritten von Barbaren entschieden entgegen; dabei nutzte er diese Gelegenheit aber auch für seine eigenen Zwecke. Wegen eines Aufruhrs der Franken in Germanien etwa verlegte er im Jahre 306 britannische Truppen an die Rheingrenze, wodurch er sich einen strategischen Vorteil im Kräftespiel um die Vorherrschaft im Westen des Reiches verschaffte. Ein Jahr später demonstrierte Konstantin die römische Überlegenheit am Rhein, setzte mit seinen Truppen über den Fluss und bekämpfte die Brukterer in ihren Siedlungsräumen. Die feindlich gesinnten Kleinkönige Ascarius und Merogaisus ließ er hinrichten. An den Gefolgsleuten übte er Vergeltung.[535] Dadurch sollten befreundete Barbaren abgeschreckt werden.[536] Konstantin befolgte hierbei die außenpolitischen Maßgaben der Tetrarchie,[537] entgegen der Gepflogenheiten mancher früherer Kaiser, die sich das Wohlverhalten der Barbaren durch Subsidien kauften. Nach dieser Demonstration seiner Entschlossenheit ließ Konstantin 309 eine Brücke von Köln nach Deutz bauen.[538] Künftige Strafaktionen konnten nun rasch im Territorium der Aufrührer durchgeführt werden. Neben dem praktischen Nutzen symbolisierte die Brücke für jeden Barbaren ersichtlich die römische Macht und Überlegenheit.[539] Diese Handlungsmuster seiner Außenpolitik zeigen sich auch in weiteren Grenzkonflikten.[540] Zur Zeit der gemeinsamen Herrschaft mit Licinius fielen Franken oder

---

535 Eutr. 10, 3, 2. *Paneg.* 4(10) 16; *Paneg.* 6(7) 11f. *Paneg.* 7(6) 4; Eus. *vit. Const.* 1, 25, 1. Vgl. Zöllner 1970, S. 14f. und Barceló 1981, S. 12f.

536 *Paneg.* 7(6) 12, 2.

537 So Stallknecht 1967, S. 32.

538 CIL XIII 8502 = ILS 8937.

539 *Paneg.* 6(7) 13. Unruhen unter den Franken wurden rasch aufgegeben: *Paneg.* 6(7) 21 und Lact. *mort. pers.* 29, 3.

540 Vgl. Barceló 1981, S. 14.

Alemannen am Rhein in das Römische Reich ein.[541] Die militärischen Operationen überließ er nun allerdings seinen Generälen und nominell seinem Sohn Crispus.[542] Die Kampfhandlungen waren überschaubar, es kam dabei zu kleineren Scharmützel, und der Kaisersohn stellte schließlich die Ordnung wieder her.[543] Aber wichtiger als der militärische Erfolg war das Zeichen, das Konstantin damit setzte. Auch in seiner Abwesenheit waren Barbaren, die auf Reichsboden vorgedrungen waren, nicht vor Vergeltungsmaßnahmen sicher.[544] Der Kaiser hielt sich derweil auf dem Balkan auf, vor allem in Sirmium, Naissus und Serdica.[545] Dort erließ er unter anderem Agrar- und Steuergesetze, wodurch die bedrohten und verwüsteten Grenzregionen befriedet und wieder aufgebaut werden sollten.[546] Im Jahre 321 wurde überdies ein reichsweiter Zensus durchgeführt.[547] Konstantin sorgte also für wirtschafts- und sozialpolitische Rahmenbedingungen, ließ die Rheingrenze von seinem Sohn sichern und hielt gleichzeitig Licinius in Schach.

Die Lage eskalierte schließlich, als Konstantin an der Donau eingefallene Barbaren zurückschlug und bis in das Gebiet seines Kontrahenten verfolgte.[548] Der Abzug von Truppen hatte jene ermutigt.[549] Konstantin konnte den strategischen Vorteil nutzen, Licinius nach Kleinasien abdrängen und von gotischen Hilfstruppen weitgehend fernhalten.[550]

Als Alleinherrscher ließ Konstantin den Donaulimes ausbauen.[551] Straßen und Grenzanlagen wurden instandgesetzt oder neu gebaut, zwischen Oescus und Sucidava wurde eine feste Brücke über die Donau geschlagen, und stromabwärts wurde wahrscheinlich 328 das strategisch wichtige Kastell Daphne errichtet.[552] Die Goten (Terwingen und Taifalen) wichen daher den Römern aus und griffen im Jahre 332

---

[541] Vgl. die summarischen Angaben von Nazarius, die auf Franken hinweisen: *Paneg.* 12(9) 21; *Paneg.* 12(9) 25. Vgl. Zöllner 1970, S. 15.

[542] Optat. *carm.* 5, 30–32; Optat. *carm.* 10, 24–28; Optat. *carm.* 18, 8.

[543] Die Vernichtung der Feinde, welche der Panegyriker erwähnt, ist stark übertrieben: *Paneg.* 12(9) 22, 6. Vgl. Barceló 1981, S. 18f.

[544] Vgl. Stallknecht 1967, S. 33.

[545] Vgl. Seeck 1964, S. 168–170 und Barnes 1982, S. 74.

[546] CTh 11, 7, 2 (319); CJ 11, 68, 2 (319 Seeck); CTh 4, 12, 3 (320) und CTh 11, 7, 3 (320).

[547] Vgl. Barnes 1982, S. 128. Im Westen belegt durch CIL VI 1690–1693 = ILS 1240–1242: *L. Aradius Valerius Proculus peraequator census provinciae Gallaeciae.*

[548] Für unsere Überlegungen ist es unerheblich, um welche Barbarengruppe es sich handelt. *Anon. Vales.* (5, 21) spricht von Goten, Optatian (Optat. *carm.* 6) von Sarmaten, während Zosimus (Zos. 2, 21) nicht zwischen Goten und Sarmaten unterscheidet; vgl. König 1987, S. 143, mit weiteren Quellenhinweisen.

[549] *Anon. Vales.* 6, 21.

[550] Vgl. dazu Patsch 1928, S. 16–33; Stallknecht 1967, S. 32–35; Barceló 1981, S. 50–59; Brockmeier 1987, passim; Wolfram 2001, S. 70–71 und Brandt 2006, S. 132–136.

[551] Vgl. allgemein zu den Befestigungsanlagen Patsch 1928, S. 19–22 und Schmidt 1969, S. 226f.

[552] *Anon. Vales.* 6, 31; Aur. Vict. 41, 18; Epit. *de Caes.* 41, 13; Prok. *aed.* 4, 7, 7f.; RIC VII 474f., Nr. 29–38 (Konstantinopel). Vgl. König 1987, S. 173, mit der Literatur.

auf der Suche nach Siedlungsland die Sarmaten an,[553] die seit zehn Jahren mit Rom verbündet waren.[554] Der Kaiser schritt auf deren Hilfegesuch nicht persönlich ein, sondern ließ wiederum einen seiner Söhne die Goten bekämpfen.[555] Er beobachtete unterdessen das Geschehen aus der Nähe. Constantinus II. besiegte schließlich am 18. Februar 332 die Goten.[556] Durch das gotische Vordringen wurden aber nicht nur sarmatische Siedlungen zerstört, sondern auch ein sozialer Umbruch in der sarmatischen Gesellschaft in Gang gesetzt. Die freien Sarmaten (Argaragantes) mussten die Limigantes, vermutlich die versklavte Bauernschaft, wegen der Goteninvasion bewaffnen. Diese nutzten aber im Jahre 334 die Gelegenheit und erhoben sich erfolgreich gegen ihre Herren.[557] Die daraufhin vertriebenen Sarmaten nahm Konstantin in das römische Gebiet auf. Einige, die geeignet waren, reihte er in sein Heer ein, und den anderen wies er Land zur Bebauung zu, auf dass sie sich den nötigen Lebensunterhalt erwirtschafteten.[558] Der Anonymus Valesianus nennt sogar die Gebiete, in denen die Hilfesuchenden künftig lebten. Demnach siedelte Konstantin sie entlang der Donaugrenze und in Italien an.[559]

Bei der Behandlung der Goten hingegen verfolgte er andere Ziele. [560] Der größte und für den Bestand des Imperiums gefährlichste Sozialverband im Vorfeld der Donauprovinzen sollte auf Dauer vom Reichsgebiet ferngehalten werden. Ein Teil der Terwingen, die in das Sarmatenland eingedrungen waren,[561] gingen wohl mit ihren

---

553 Vgl. zu den Siedlungsräumen der Sarmaten Patsch 1928, S. 16f.

554 *Anon. Vales.* 6, 32; Eus. *vit. Const.* 4, 6 und Amm. 17, 12, 18f. Vgl. Barceló 1981, S. 56f.

555 Iul. *or.* 1, 9 (Bidez) gegen Eutr. 10, 7, 1, nach dessen Schilderung Konstantin persönlich eingriff.

556 Zur Datierung vgl. Seeck 1964, S. 181; siehe auch König 1987, S. 174.

557 *Anon. Vales.* 6, 32; RIC VII 215, Nr. 532f. Zudem könnten auch Siedlungsbewegungen der Alanen die Sarmaten in Bedrängnis gebracht haben. Vgl. mit der Literatur König 1987, S. 176f.

558 Eus. *vit. Const.* 4, 6: Οἱ δὲ λιμένα σωτηρίας οὐκ ἄλλον ἢ μόνον Κωνσταντῖνον εὕραντο, ὁ δ'οἷα σῴζειν εἰδὼς τούτους πάντας ὑπὸ τῇ Ῥωμαίων εἰσεδέχετο χώρᾳ, ἐν οἰκείοις τε κατέλεγε στρατοῖς τοὺς ἐπιτηδείους, τοῖς δ' ἄλλοις τῶν πρὸς τὴν ζωὴν εἵνεκα χώρας εἰς γεωργίαν διένεμεν.

559 *Anon. Vales.* 6, 32: *Sed servi Sarmatarum adversum omnes dominos rebellarunt, quos pulsos Constantinus libenter accepit et amplius trecenta milia hominum mixtae aetatis et sexus per Thraciam, Scythiam, Macedoniam, Italiamque divisit.* Eine andere Gruppe floh zu verwandten und befreundeten Barbaren; vgl. Barceló 1981, S. 57.

560 Die Forschungskontroverse um den Charakter des Gotenfoedus von 332 kann hier nicht dargelegt werden. Vgl. dazu Stallknecht 1967, S. 5–31; Barceló 1981, S. 54–56; Brockmeier 1987, passim, und König 1987, S. 174f. Sie lehnen gegen Chrysos 1973, 55–64, die These von einem Föderatenvertrag, welcher die Goten zu Reichsangehörige machte, zu Recht ab. Auch ist weder davon auszugehen, dass Konstantin Dakien tatsächlich wieder für das Römische Reich zurückgewinnen, noch, dass er darauf verzichteten wollte. Vgl. dazu die grundsätzliche Kritik von Schulz 1993, S. 28–37.

561 Chron. min. I 234: *Pacatiano et Hilariano. His conss. victi Gothi ab exercitu Romano in terris Sarmatarum die XII k. Mai* und Hieron. *chron.* 233 c (Helm): *Romani Gothos in Sarmatarum regione vicerunt.*

Frauen und Kinder zugrunde.[562] Mit den Überlebenden schloss Konstantin jedoch einen Friedensvertrag.[563] Vielleicht wurden die Besiegten auf ehemaligem Reichsterritorium (*Dacia Traiana*) geduldet, wo sie in gentiler Geschlossenheit siedeln konnten.[564] Auf jeden Fall aber mussten sie fakultativ Heeresfolge leisten und Geiseln stellen.[565] Unter diesen befand sich auch der Sohn ihres Anführers Ariarich.[566] Die taifalischen Reiter wurden hingegen in Phrygien angesiedelt und dem Imperium dienstbar gemacht.[567] Der Gotenvertrag aus dem Jahre 332 hielt dann immerhin ein halbes Jahrhundert lang.[568]

Kaiserliche Propaganda und kaisertreue Panegyrik wollen uns glauben machen, Konstantin habe die Barbaren ohne große Mühe besiegt. Er konnte diese Aufgabe sogar seinem gleichnamigen Sohn überlassen. Und gewiss darf man die einzelnen militärischen Operationen nicht überschätzen. Trotzdem war Konstantin an der unteren Donau lange Zeit militärisch gebunden. Vielleicht erlitt er sogar kleinere militärische Rückschläge, welche die kaisertreuen Autoren aus nachvollziehbaren Gründen verschweigen.[569] Das Ausmaß der Feldzüge war womöglich größer, als die

---

562 *Anon. Vales.* 6, 31: *Ita per Constantinum Caesarem centum prope milia fame et frigore extincta sunt.* Vgl. Patsch 1928, S. 29.

563 Eus. *vit. Const.* 4, 5, 2: Τῷ δ' αὐτοῦ ἐπιθαρρῶν σωτῆρι τὸ νικητικὸν τρόπαιον καὶ τούτοις ἐπανατείνας, ἐν ὀλίγῳ καιρῷ πάντας παρεστήσατο, ἄρτι μὲν τοὺς ἀφηνιῶντας στρατιωτικῇ σωφρονίσας χειρί, ἄρτι δὲ λογικαῖς πρεσβείαις τοὺς λοιποὺς ἡμερώσας. Eusebius nennt die Gegner der Römer im Weiteren zwar Σκύθης, gemeint sind aber unzweifelhaft die Terwingen und Taifalen: Iord. *Get.* 21, 112: *Gothorum interfuit operatio, qui foedus inito cum imperatore quadraginta suorum milia illi in solacio contra gentes varias obtulere.*

564 Die *Dacia Traiana* habe laut Julian (Iul. *Caes.* 329 C) Konstantin wieder zurückgewonnen. Auch wenn dies in der satirischen Schrift *Caesares* als Ironie aufzufassen ist, hat die Vorstellung, von einer Ansiedlung der Goten in der ehemaligen Provinz *Dacia* etwas für sich, zumal Julian über die Rückeroberung des Konstantin spottet, sie stelle eine bedeutendere Leistung als die Ersteroberung des Trajans dar. Die Pointe betrifft also nicht die Tatsache der Eroberung, sondern nur die Art und Weise der Eroberung. Wolfram 2001, S. 397, Anm. 33, schlägt in diesem Zusammenhang den diskutierenswerten Begriff ‚verstärkte Reichsabhängigkeit' vor.

565 Nach Eusebius (Eus. *vit. Const.* 4, 5) entfielen die von früheren Kaiser gezahlten Jahresgelder. Auch in den anderen Quellen findet sich kein konkreter Hinweis auf eine fortgeführte, permanente Bezahlung der Goten (*annonae foederaticae*); vgl. Schipp 2014, S. 136f., mit Literaturangaben. Zur fakultativen Gestellung gotischer Hilfstruppen hingegen siehe etwa Lib. *or.* 59. Lib. *or.* 89 und Amm. 20, 8, 1. Amm. 23, 2, 7; vgl. dazu Lippold 1992, S. 385–387.

566 PLRE I 102, s. v. Ariarich. *Anon. Vales.* 6, 31: *Tunc et obsides accepit inter quos Ariarici regis filium. Sic cum his pace firmata.* Iord. *Get.* 21, 112: *Tunc etenim sub Ariarici et Aorici regum suorum florebant imperio.*

567 Symeon Metaphrastes, *vit. S. Nicolai* 17; Symeon Metaphrastes, *vit. S. Nicolai* 20 (Migne PG 116, 337f., 342). Vgl. Patsch 1928, S. 30; Schmidt 1969, S. 227 und Wolfram 2001, S. 71.

568 Vgl. Barceló 1981, S. 56.

569 Zosim. 2, 31, 3. Die verwirrende Anekdote von Konstantins Eingreifen und Niederlage gegen die Taifalen wird von der Forschung überwiegend als Erfindung des Zosimus abgetan. Demandt 2007, S. 99, sieht dagegen keinen Grund, der Notiz nicht zu vertrauen. Eine gewisse

konstantinfreundliche Überlieferung zugeben mag. Als die wesentlichen Kampfhandlungen abgeschlossen waren, ließ sich der Kaiser mit sichtlicher Genugtuung als Sieger und Triumphator über die Goten bezeichnen.[570] Auf Münzen wird Konstantin für die Abwehr der barbarischen Stämme und für einen großen Sieg über die Goten gefeiert.[571] Die Sockelinschrift einer Siegessäule in Istanbul kündet noch heute von der Rückkehr der Fortuna und dem Sieg über die Goten.[572]

Jenseits der Donau waren erhebliche Teile der grenznah siedelnden Barbaren in Bewegung geraten, und die Übergriffe der Barbaren und die langjährige Bedrohungssituation lösten Flucht- oder sogar Migrationsbewegungen in den betroffenen Provinzen aus.[573] Die Gotenkriege sollten daher für die Kolonen fatale Folgen haben. Das Bemühen um eine dauerhafte Befriedung der Grenzregion zeitigte weitreichende rechtliche Folgen für die Landpächter.[574] Am 30. Oktober 332 erließ Konstantin das nach unserer Überlieferung erste Gesetz CTh 5, 17, 1, welches wesentliche Merkmale des späteren Kolonats aufweist.[575] Mit dieser Maßnahme stellte er einen Ausgleich unter den Grundbesitzern her. Der Gotenkrieg hatte offensichtlich die Konkurrenz um die Ackerpächter verschärft. Ferner ließ Konstantin in der betroffenen Region vermutlich neue Kataster anlegen und führte eine Bodenreform

---

Glaubwürdigkeit supponiert Wolfram 2001, S. 397, Anm. 28, im Anschluß an Paschoud 1971, S. 229, Anm. 43.

570 CIL III 7000 = ILS 6091 (Ortakoy/Orcistus): *Imp(erator) Caes(ar) Consta[n]tinus / Maximus Guth(icus) victor ac trium/fator Aug(ustus).* In dem Reskript an die Bürger von Orcistus vom 30. Juni 331 lässt sich Konstantin als *Gothicus maximus victor ac triumphator* bezeichnen. Die Kombination aus Triumphaltitel und dem Epitheton *triumphator* spricht zumindest im Vergleich mit allen anderen bisherigen Grenzkonflikten für die außergewöhnliche Bedeutung der Gotenkriege, zumal er in seinem Brief auf weitere Triumphaltitel verzichtete. Vgl. dazu Grünewald 1990, S. 148f. und Wienand 2021, S. 485–488. Zum Orcistus-Dossier vgl. die Deutung von Van Dam 2007, S. 150–162 und 368–372.

571 RIC VII 215, Nr. 531 (Trier): Av. *IMP CONSTANTINUS MAX AUG*, drapierte Panzerbüste des Konstantin mit Lorbeerkranz in der Brustansicht nach rechts gewandt; Rv. *DEBELLATORI GENTIUM BARBARARUM // GOTHIA / TR*; Kaiser steht in Feldherrntracht auf der rechten Seite in der Vorderansicht, den Kopf nach links gewandt, die rechte Hand reicht er einem ihm gegenübertretenden Soldaten, der einen Barbaren hinter sich herzieht. Siehe auch RIC VII 333, Nr. 306 (Rom); RIC VII 522, Nr. 173 (Thessallonica) und RIC VII 629, Nr. 171 (Nicomedia).

572 CIL III 733 = ILS 820 (Istanbul/Konstantinopel): *Fortunae / Reduci ob / devictos Gothos.* Dabei besteht eine gewisse Unsicherheit, ob das Siegesmonument auf Konstantin bezogen werden kann. Grünewald 1990, S. 148, ordnet die Inschrift aufgrund epigraphischer Argumente Konstantin zu, während Stichel 1999, S. 481–492, aus archäologischer Sicht die Gotensäule in das frühe 6. Jahrhundert datiert.

573 *Anon. Vales.* 5, 21 erwähnt gefangene Provinzialen, die den Goten wieder abgejagt worden sein sollen.

574 Vgl. auch CTh 3, 5, 4f. (322); CTh 4, 8, 8 (322); CTh 6, 1, 1 (322).

575 Zu CTh 5, 17, 1 (332); vgl. zuletzt Harke 2021, S. 160, der aber die jüngere Forschung nicht einbezieht.

durch.[576] Womöglich gewährte er einen Steuernachlass auf brachliegendes Land.[577] Im Vorjahr könnte zudem ein reichsweiter Zensus durchgeführt worden sein.[578] Am Ende des Jahres 332 und nach dem erfolgreichen Gotenkrieg sorgte der Kaiser, wie schon 320/21 nach den Kriegen gegen Franken und Alemannen, durch entsprechende Gesetze für geordnete Verhältnisse und den Wiederaufbau. Die wirtschaftliche und soziale Ordnung in den bedrohten und teils in Mitleidenschaft gezogenen Grenzprovinzen sowie deren Vorfeld wurden wiederhergestellt. Konstantin ergriff die Initiative, und seine Außenpolitik folgte dabei bestimmten Handlungsmustern.[579] Abschreckung durch Vergeltungsmaßnahmen, Machtdemonstration durch Brücken- und Befestigungsbauten, Ansiedlung von Barbaren sowie von den Römern diktierte Verträge waren die Voraussetzungen für die Pazifizierung einer Grenzprovinz und die Konsolidierung der Landwirtschaft. Dabei sollte Sicherheit für den primären Wirtschaftssektor geschaffen und die durch die Bedrohungssituation in den Grenzprovinzen ausgelöste Migration unterbunden werden. Das Gotenfoedus und das Kolonengesetz von 332 dienten somit auch der langfristigen Befriedung und Prosperität der danubischen Grenzprovinzen sowie der militärischen und wirtschaftlichen Absicherung von Konstantinopel.[580] Damit hatte Konstantin den Rücken frei für den Krieg gegen das Perserreich.

Die Schilderung der Goten- und Sarmatenkriege haben gezeigt, dass im römischen Hinterland nicht nur Kriegerverbände auf der Suche nach Beute unterwegs waren, sondern sich im römischen Vorfeld ebenfalls Sozialverbände auf Wanderschaft befanden. Früher oder später hätten diese die Grenzen des Römischen Reiches verletzt. Daher griff Konstantin in einen internen Konflikt unter Barbaren ein. Die Hilfe für die Sarmaten war gleichwohl ungewöhnlich und wurde von Julian Apostata entsprechend kritisiert. Konstantin hätte ausharren sollen, bis sich die Barbaren gegenseitig vernichteten.[581] Einige Forscher wunderten sich ebenfalls über die vermeintliche Abkehr von einer lang geübten römischen Tradition.[582] Julian versucht

---

576 Eus. *vit. Const.* 4, 3.

577 Eus. *vit. Const.* 4, 2.

578 In den Jahren 306 und 311 sind Zensus belegt und bei Fortschreiben des 5-Jahre-Zyklus muss 331 ein Zensus stattgefunden haben. Vgl. Jones 1986, S. 62 und 1077, Anm. 44 sowie Barnes 1982, S. 227–228.

579 So schon Patsch 1928, S. 119. Vgl. ferner Stallknecht 1967, S. 32f. und Barceló 1981, S.58.

580 Iord. *Get.* 21, 112: *Nam et ut famosissimam et Romae emulam in suo nomine conderet civitatem, Gothorum interfuit operatio, qui foedus inito cum imperatore quadraginta suorum milia illi in solacio contra gentes varias obtulere.* Jordanes stellt einen engen Zusammenhang zwischen der Einweihung Konstantinopels und dem Gotenkrieg her; vgl. Dagron 1974, S. 35, Anm. 7. und Grünewald 1990, S. 150. Auch aus *Anon. Vales.* 6, 30f., kann man dies schließen. Am 18. Mai 332 hat nach der Chron. min. I 234, die Verteilung von Brot in Konstantinopel begonnen. Vgl. zur Versorgung der Stadtbevölkerung Jones 1986, S. 696–701, und zum konstantinopolitanischen Senat und Kolonat Dagron 1974, S. 180f.

581 Siehe Iul. *or.* 1, 12 (Bidez); siehe auch *Paneg.* 3(11), 17f.

582 Vgl. Stallknecht 1967, S. 34 und Wolfram 2001, S. 70.

aber eher das Vorgehen seines Onkels zu diskreditieren, als dass er die konstantinischen Maßnahmen zuverlässig einschätzt. Abwartendes Zuschauen stellte nämlich keineswegs eine Maxime römischer Außenpolitik dar.[583] Konstantin erweiterte die üblichen Verfahren tetrarchischer Grenzpolitik. Stabile Verhältnisse konnten angesichts der veränderten Situation im Vorfeld der Donauprovinzen nur durch langfristig wirkende Maßnahmen, vor allem durch oktroyierte Bündnisverträge, die eine Ansiedlungsperspektive enthalten, erreicht werden. Die Migration sozialer Verbände ist dann auch der Grund für die Gesetze und Verträge im Jahre 332.

---

583 König 1987, S. 173f., hält die julianische Kritik mit Verweis auf Tacitus (Tact. *ann.* 2, 26, 3) zu Recht für einen Topos.

VIII. Ursache des Kolonats III: Klima und Pandemien

Als letzte und tiefstliegende Ursache für den Kolonat sollen abschließend die Auswirkungen von Klima und Pandemien auf die ländlichen Gesellschaften untersucht werden. Die kollektive Wahrnehmung und Verarbeitung von zufälligen Ereignissen können unter dem Konzept von kontingenten Erfahrungen erforscht werden. Die inzwischen klassische Definition von Kontingenz durch Luhmann, wonach kontingent etwas sei, „was weder notwendig noch unmöglich ist; was also so, wie es ist (war, sein wird), sein kann, aber auch anders möglich ist", soll als theoretisches Gerüst für die folgenden Überlegungen zur Bedeutung von klimatischen und pandemischen Erfahrungen als Ursache des Kolonats dienen.[584] Aus der kombinierten Negation der Unmöglichkeit und der Notwendigkeit resultiert, dass kontingente Erfahrungen nicht berechenbar und zufällig zugleich sind. Dadurch eröffnet man einen weiten Rahmen an Modalitäten gegenüber einer nur binären auf das Mögliche versus Unmögliche gerichteten Betrachtung. Naturkatastrophen, die ebenfalls in den Kontext unerwarteter Ereignisse zu erforschen wären, werden, sofern es sich nicht um Wetterkatastrophen handelt, ausgeklammert, da sie nur lokale Bedeutung hatten und sich nicht signifikant auf die reichsweite Landwirtschaft und Bevölkerungsentwicklung in der Spätantike auswirkten.

Die im vorherigen Kapitel behandelten Bedrohung der Grenzprovinzen und die Ansiedlung sozialer Verbände sind für die betroffenen Personen ebenso kontingente Erfahrungen wie die Kriegszüge zwischen den politischen Gegnern. Diese innen- und außenpolitischen Ereignisse sind aber menschengemacht, wohingegen Klima und Pandemien von Menschen zu ertragende Umweltfaktoren waren, denen sie in vormodernen Gesellschaften nahezu völlig schutzlos ausgeliefert waren. Die traumatischen Erfahrungen von Kolonen, die einer klimainduzierten Hungersnot entkommen wollten, oder von Sklaven in der Landwirtschaft, die eine Seuche durchlebten, hat niemand niedergeschrieben, und wir können eine individuelle Kontingenzerfahrung nicht mehr ermitteln. Die Verarbeitung unerwarteter Vorkommnisse kann man daher nur ahnen. Deshalb wird darauf verzichtet, diese Irritationen der betroffenen Landleute mittels eines Kontingenzkonzepts zu untersuchen.

Die tiefgreifenden sozialen und kulturellen Veränderungen, die durch Pandemien und Klimaanomalien ausgelöst wurden, spiegeln sich aber in den kollektiven Handlungen der Menschen wider und lassen sich aus den literarischen Zeugnissen

---

[584] Luhmann 1984, S. 152, fährt fort: „Der Begriff bezeichnet mithin Gegebenes (zu Erfahrendes, Erwartetes, Gedachtes, Phantasiertes) im Hinblick auf mögliches Anderssein; er bezeichnet Gegenstände im Horizont möglicher Abwandlungen." Luhmann beruft sich auf Aristoteles, wonach Kontingenz nicht notwendig und nicht unmöglich sei: „Es könnte auch anders sein." Obschon Luhmann Leibniz' Theorie der Kontingenz bekannt war, verzichtet er auf eine entprechende Präzisierungen des Begriffs; vgl. ebd., S. 152, Anm. 6.

herauslesen. Das Konzept der Kontingenz nach Luhmann wurde daher bewusst gewählt, um die Reaktionen auf Umwelteinflüsse herauszufiltern. Die Bewältigungsstrategien sind systemtheoretisch in einer zunehmend rechtlich stratifizierten Gesellschaft und nach einer durch die Tetrarchen reformierten Machtorganisation im spätrömischen Reich äußerst different.[585] Die abhängigen Bauern und die grenznah siedelnden Barbaren dürften sehr unterschiedliche Strategien der Bewältigung verfolgt haben. Die Handlung der Regierungsmacht auf exogene Einflüsse wird unter diesen Prämissen auf ihr selbstrefferentielles Verhalten geprüft. Nicht nur die Erörterung von allgemeinen Auswirkungen auf die Landwirtschaft, sondern die sozialen Folgen der Kontingenzerfahrungen stehen im Fokus, wobei das besondere Augenmerk auf deren Bewältigung gelegt wird.

1. Kontingenzerfahrungen und ihre Ursachen

In einigen Regionen wandelten sich die Lebensbedingungen unter anderem aufgrund klimatischer Veränderungen. Immer wieder waren, so die Grundannahme, Sozialverbände gezwungen, ihre Siedlungsgebiete zu verlassen, weil sich die Anbaubedingungen in einer bestimmten Region dauerhaft verschlechterten.[586] Die Folgen waren Hunger- oder Erfrierungstod, Landstriche verödeten und Krankheiten breiteten sich aus.[587]

So grassierte eine Generation vor Konstantins Regierungsantritt eine Pandemie, die in Nordafrika ausgebrochen war und sich im ganzen Imperium Romanum verbreitete. Die als Cyprianische Pest bezeichnete Massenerkrankung wurde nach Cyprian, dem Bischof von Karthago, benannt, dem wir eine ausführliche Beschreibung der Seuche verdanken.[588] Der Kirchenmann hat die Infektionskrankheit seiner

---

585 Nicht behandelt werden religiöse Bewältigungsstrategien.

586 Zur Wechselwirkung von Klima und sozialen Veränderungen vgl. Preiser-Kapeller 2021, S. 21–26.

587 Hunger und Seuchen werden etwa von Konstantins Zeitgenossen, wenn auch in topischer Form, geschildert: *Anon. Vales.* 6, 31; Eus. *HE* 9, 8; Lact. *mort. pers.* 7, 3 und Iul. *mis.* 341 B–C. Siehe auch in späterer Zeit: Cassiod. *var.* 12, 25, 6 (MGH AA 12 [Mommsen, 1894], S. 382); Greg. Tur. *hist.* 5, 33 (MGH SS rer. Mer. 1, 1 [Krusch/Levison, ²1951], S. 238); Greg. Tur. *hist.* 6, 44 (MGH SS rer. Mer. 1, 1 [Krusch/W. Levison, ²1951], S. 316f.); Greg. Tur. *hist.* 9, 44 (MGH SS rer. Mer. 1, 1 [Krusch/Levison, ²1951], S. 475); Cypr. *Demetr.* 3–8. Vgl. dazu Harper 2017, S. 136–145. Das inspirierende, aber problematische Werk von Harper kann hier nicht diskutiert werden. Vgl. dazu J. Haldon et al., Plagues, climate change, and the end of an empire: A Response to Kyle Harper's The Fate of Rome: 1. Climate (https://doi.org/10.1111/hic3.12508). 2. Plagues and a Crisis of Empire (https://doi.org/10.1111/hic3.12506). 3. Disease, Agency, and Collapse (https://doi.org/10.1111/ hic3.12507), in: History Compass 16 (2018); letzter Zugriff am 22.2.2022. Die in dieser Studie zitierten Aussagen und Belege von Harper 2017 wurden mit den Kommentaren von Haldon et al. abgeglichen.

588 Vgl. Haas 2009, S. 60f.

genauen Schilderung zufolge selbst beobachtet.[589] Vielleicht handelte es sich um die Pocken.[590] Mit Hostilian im Jahre 251 und Claudius II. Gothicus im Jahre 270 fielen ihr sehr wahrscheinlich zwei Kaiser zum Opfer.[591] Zur Hochzeit der Pandemie sollen in Rom um die 5000 Menschen am Tag gestorben sein – wenngleich wir diese Angaben nur als einen Hinweis auf eine sehr hohe tägliche Opferzahl nehmen können.[592] Die Ausbreitung der Krankheit kann mit einer allgemeinen Klimaveränderung in Verbindung gebracht werden. Cyprian berichtet nämlich auch davon, dass es im Winter keinen Überfluss an Regen mehr für die Aussaat gebe, im Sommer die übliche Wärme für das Reifen der Früchte fehle, das Frühjahr trübe sei und im Herbst dann die Ernte mager ausfalle. Die Montanindustrie liege darnieder. Der Bauer auf den Feldern fehle, ebenso der Seemann auf den Meeren und der Soldat in den Kasernen. Auf dem Forum entbehre man der Ehrlichkeit, vor Gerichte herrsche Ungerechtigkeit, in der Freundschaft mangle es an Eintracht, in den Künsten hapere es an Expertise und die Sitte falle der Disziplinlosigkeit anheim.[593] Kurzum: Cyprian schildert den allgemeinen Verfall aufgrund der moralischen Verwahrlosung der heidnisch geprägten Gesellschaft, wobei er dem gemäße klimatische Veränderungen in den vier Jahreszeiten beobachtet haben will. Angesichts der eindeutigen Aussageabsicht des Bischofs ist die Forschung in ihrer Einschätzung der Zuverlässigkeit der cyprianischen Wetterbeobachtungen skeptisch.[594] Aber wenngleich die Aussagen des Kirchenmannes sicher mit Vorsicht zu genießen sind, so ist der klimatologische Befund für das Ende des 3. Jahrhunderts trotzdem auffällig. Während der Cyprianischen Pest ist nämlich nur eine geringe Sonnenaktivität zu verzeichnen, und auch das Wachstum der Baumringe verlangsamte sich zusehends.[595] Daraus folgt, dass es in diesem Zeitraum weniger Niederschläge gab.[596] Geringe Sonnenak-

---

589 Vgl. Cypr. *de mort.* Zur Pest siehe auch Pont. *vit. Cypr.* 9; Pont. *vit. Cypr.* 10; Arnob. 1, 3 (CSEL 4, 3); Zos. 1, 26, 2.

590 Cypr. *de mort.* 14.

591 Epit. *de Caes.* 30; ILS 571; SHA *Claud.* 11, 3–12, 4; Georgios Synkellos, *ecloga chron.* 469, 18–21; Zos. 1, 46, 1.

592 Cypr. *de mort.* 8; Cypr. *de mort.* 14; siehe Harper 2017, S. 138. Vgl. mit den Quellenhinweisen Hartmann 2008, S. 304, Anm. 23.

593 Cypr. *Demetr.* 3: *Non hieme nutriendis seminibus tanta imbrium copia est, non frugibus aestate torrendis solita flagrantia est nec sic verna de temperie sua laeta sunt nec adeo arboreis fetibus autumna fecunda sunt. Minus de effossis et fatigatis montibus eruuntur marmorum crustae, minus argenti et auri opes suggerunt exhausta iam metalla et pauperes venae breviantur in dies singulos; et decrescit ac deficit in arvis agricola, in mari nauta, miles in castris, innocentia in foro, iustitia in iudicio, in amicitiis concordia, in artibus peritia, in moribus disciplina.* Vgl. Sommer 2009, S. 289.

594 Vgl. Preiser-Kapeller 2021, S. 293f.

595 Vgl. Harper 2015, S. 223–260.

596 Der Kirchenhistoriker Eusebius stellte bereits den Zusammenhang von Klimaveränderungen und der Ausbreitung von Seuchen her: Eus. *HE* 9, 8, 1.

tivität beeinflussen überdies die North-Atlantic-Oscillation (NAO), wodurch wiederum die Verbreitung von Nagern und Insekten, den Trägern des Krankheitserregers,[597] gefördert wurde.[598] Diese Konstellation des Klimas in den 50er- bis 70er-Jahren des 3. Jahrhunderts begünstigten die Ausbreitung von Seuchen.[599] Vergleichbare Klimaanomalien traten etwa auch während der Pest im Mittelalter auf.[600]

Die tatsächlichen demographischen Auswirkungen der Pandemien können aufgrund der unzureichenden Quellenlage nicht zuverlässig eingeschätzt werden.[601] Die Seuchen traten vorwiegend in den Städten auf, weswegen auch kein signifikanter Zusammenhang zur Entstehung des Kolonats besteht.[602] Und der wichtigste Gewährsmann Cyprian führt seine Endzeiterwartungen aus, sodass seine Aussagen nur bedingt herangezogen werden können.[603] Gleichwohl dürfte die landwirtschaftliche Produktivität durch die Antoninische und die Cyprianische Pest in bestimmten Regionen, insbesondere im Norden und Nordosten, zurückgegangen sein.[604]
Die makroökonomischen Herausforderungen nahmen für die zentrale Regierungsmacht im 3. Jahrhundert jedenfalls zu. Die römische Wirtschaft war strukturell geschwächt worden. Die Geldentwertung trägt Anzeichen einer Hyperinflation. Der Metallwert der Silbermünzen sank kontinuierlich.[605] Der Doppeldenar (*Antoninianus*) zum Beispiel verlor von 250 bis 270 fast 100 Prozent seines Silbergehalts.[606] Schuld an dieser Entwicklung dürften aber nicht die genannten Seuchen gewesen sein, denn nach der Antoninischen Pest erholte sich die römische Wirtschaft, und auch nach der Cyprianischen Pest wäre der ökonomische Niedergang in den betroffenen Regionen wieder auszugleichen gewesen.[607] Ein Grund für die wirtschaftlichen und fiskalischen Probleme waren sicherlich die schon beschriebenen Bürgerkriege und Barbareneinfälle, die eine höhere Belastung der Staatskasse zur Folge hatten. Die tiefere Ursache für einen (regionalen) wirtschaftlichen Niedergang, wenigstens aber einen strukturellen Wandel muss in der globalen Klimaverschlechterung von der Mitte des 3. Jahrhunderts an gesehen werden.[608]

---

597 Harper 2017, S. 211f.
598 Vgl. Sirocko 2009, S. 165f. Zum Einfluss der NAO auf die Migration sozialer Verbände siehe auch Preiser-Kapeller 2021, S. 302f.
599 Vgl. Sirocko 2009, S. 148. Daten siehe Kromer/Friedrich 2007, S. 54f.
600 Vgl. Sirocko 2009, S. 165.
601 Die Bevölkerungszahlen und Mortalitätsziffern von Harper 2017 sind auf einer unzureichenden Datenbasis erstellt.
602 Harper 2017, S. 138f., glaubt, die Pest habe sich auch auf dem Land verbreitet, kann dies aber nur unzureichend belegen. Dennoch teile ich die Einschätzung von Harper 2015, S. 223–260, dass es sich um eine Pandemie handelt.
603 Vgl. Preiser-Kapeller 2021, S. 288–297.
604 Vgl. Tietz 2015, S. 333f.; McMichael 2017, S. 148 und Preiser-Kapeller 2021, S. 295f.
605 Vgl. allg. Demandt 2007, S. 55.
606 Vgl. Sommer 2009, S. 293f. und Harper 2017, S. 148.
607 Vgl. Ruffing 2008, S. 827 und Preiser-Kapeller 2021, S. 295.
608 Vgl. die konzise Erörterung der Krise des 3. Jahrhunderts von Sommer 2009, S. 290–297. Witschel 1999, S. 24, stellt zutreffend fest, dass das Gesamtsystem des Imperiums vom 1. bis

Die klimagünstige Phase, das Roman Climate Optimum, war beendet. Das warmfeuchte Klima im Mittelmeerraum, welches ein kontinuierliches ökonomisches Wachstum ermöglicht und gleichzeitig die demographische Entwicklung begünstigt hatte, wurde von einer Phase mit deutlich ungünstigerem Klima abgelöst.[609] Die Sommer wurden trockener, die Winter kälter. Klimaextreme häuften sich. Dadurch wurde das Pflanzenwachstum immer wieder Trockenstress ausgesetzt. Dies lässt sich am Korrelationskoeffizient des Homogenitätsindex, einer Zusammenstellung dendrochronologisch datierter Hölzer, ablesen.[610] Dieser Koeffizient sinkt von Ende des 3. bis Mitte des 5. Jahrhunderts von ungefähr 0,6 auf 0,4.[611] Das sich verringernde Baumwachstum lässt auf geringere Niederschläge im Frühjahr und auf höhere Temperaturen im Sommer schließen. Im Osten des Reiches etwa zur Regierungszeit des Maximinus Daia (311–313) sei der gewöhnliche Niederschlag im Winter ausgeblieben, wie der Kirchenhistoriker Eusebius beiläufig berichtet.[612] Die regelmäßig zur Verfügung stehende Wassermenge ging den dendrochronologischen Daten zufolge in diesem Zeitraum tatsächlich zurück.

Ergänzend hierzu liefert die Zeitreihe der ^{14}C-Produktion Klimainformationen für den Herbst und Winter. Diese wird unter anderem von der Sonnenaktivität beeinflusst, welche sich in der uns interessierenden Zeitspanne vom Jahre 250, mit einer extrem geringen Sonnenaktivität (über 1,1 Atome/cm^2/sec.), bis zum Jahre 300, mit einer hohen Sonnenaktivität (unter 0,7 Atome/cm^2/sec.), anomal entwickelte, ehe eine gemäßigte Phase von etwa 80 Jahren (320 bis 400) zu verzeichnen ist.[613] Die Korngrößenzeitreihen lassen zudem einzelne starke Hochwasser erkennen, zum Beispiel in den Jahren 250 und 325.[614]

Von den Wetteranomalien und den langen und kalten Wintern dürfte vor allem die Landwirtschaft im Norden und Nordosten betroffen gewesen sein.[615] So beschreibt Julian Apostata die aufgrund der Ozeanwärme milden Winter in Lutetia,

---

6. Jahrhundert recht stabil gewesen sei. Zu den sich regional auswirkenden Klimasveränderungen siehe aber Schmidt/Gruhle 2006.

[609] Vgl. McMichael 2017, S. 148–150.

[610] Vgl. zu den Proxydaten Preiser-Kapeller 2021, S. 331, die eine trocknere Periode im 3. Jahrhundert belegen.

[611] Vgl. zu den Daten Schmidt/Gruhle 2006, S. 431–465. Siehe auch Büntgen et al. 2011, S. 578–582.

[612] Siehe Eus. *HE* 9, 8, 1: Οἱ μὲν οὖν ἐξ ἔθους ὄμβροι τε καὶ ὑετοὶ χειμαδίου τῆς ὥρας ὑπαρχούσης τὴν ἐπὶ γῆς ἀνεῖχον συνήθη φοράν. Dieser Hinweis ist besonders wertvoll, denn Eusebius gibt unfreiwillig die klimatische Veränderung als Ursache von kontingenten Erfahrungen, in diesem Fall waren es Hunger, Seuchen und Krieg, preis, obwohl er die Gottlosigkeit des Kaisers, er nennt ihn Tyrann, für das Unglück in den asiatischen Provinzen verantwortlich machen will.

[613] Vgl. Kromer/Friedrich 2007, S. 54.

[614] Vgl. Sirocko 2009, S. 146 und 149; gemessen am Ulmener Maar (UM2).

[615] Vgl. Halsall 2007, S. 83f.; Tietz 2015, S. 333f. und Preiser-Kapeller 2021, S. 295.

welche aber in seiner Zeit ungewöhnlich kalt gewesen seien.[616] Aber auch im Mittelmeerraum verringerten sich der positive Effekt der NAO. Das Klima im 4. Jahrhundert ist geprägt von einer raschen Abfolge von Dürre und Nässe, wobei regionale Unterschiede wahrscheinlich sind.[617]

Die negativen Folgen der Klimaveränderungen für die im Vorfeld von Rhein und Donau siedelnden Barbaren wurden dadurch verstärkt, dass eine streng bewachte Reichsgrenze quer über den eurasischen Kontinent von der Nordsee bis zum Schwarzen Meer verlief. Klimainduzierte Migration wurde unterbunden, da die Migrationswege von Nordosten nach Südwesten in die mediterrane, warmgemäßigte Klimazone versperrt waren. Die geschlossenen Migrationsrouten wirkten sich im 2. Jahrhundert aufgrund des römischen Klimaoptimums nicht aus. Landwirtschaft war auch in der nemoralen, kühlgemäßigten Klimazone einträglich. Der Migrationsdruck auf die römischen Nordgrenzen wurde erst größer, als sich das allgemeine Klima im 3. Jahrhundert verschlechterte.

2. Kontingenzbewältigung und ihre Folgen

Die schweren Goteneinfälle in der kurzen Regierungszeit des Claudius II. Gothicus im Jahre 269 sind noch als Raub- und Plünderfahrten einzuschätzen.[618] Die Schilderung der Historia Augusta, die Goten seien mit Familien, Sklaven, Frauen und Wagen gekommen, ist mit Sicherheit anachronistisch und kann nur mit aller Vorsicht überhaupt als Quelle herangezogen werden.[619]

Aber bereits Maximian wies nach 286 den unterlegenen Franken brachliegendes Land in den Gebieten der Treverer und Arvier (Nervier?) zu.[620] Constantius I. Chlorus gab den besiegten Goten 295/96 an der unteren Donau Land zur Bebauung und siedelte 297 die besiegten Chamaven und Friesen in Gallien an, wo sie nicht nur

---

616 Iul. *mis.* 340 D–341 B.

617 Vgl. Haas 2009, S. 128–130 und Harper 2017, S. 169f.

618 Zos. 2, 46, 2.

619 SHA *Claud.* 6, 6; vgl. Hartmann 2008, S. 302. Die besiegten Goten wurden zum Teil als Kolonen angesiedelt: SHA *Claud.* 9, 4: *Multi naufragio perierunt, plerique capti reges, captae diversarum gentium nobiles feminae, inpletae barbaris servis Scythicisque cultoribus Romanae provinciae. Factus limitis barbari colonus e Gotho.* Allerdings bedeutet *colonus* hier nicht Pachtbauer, sondern schlicht Bauer. Vgl. Clausing 1925, S. 84, gegen Zumpt 1845, S. 16. Siehe auch Mirković 1997, S. 88 und Grey 2011b, S. 156.

620 *Paneg.* 8(5) 21, 1: *Itaque sicuti pridem tuo, Diocletiane Auguste, iussu deserta Thraciae translatis incolis Asia complevit, sicut postea tuo, Maximiane Auguste, nutu Arviorum et Trevirorum arva iacentia Laetus postliminio restitutus et receptus in leges Francus excoluit, ita nunc per victorias tuas, Constanti Caesar invicte, quidquid infrequens Ambiano et Bellovaco et Tricassino solo Lingonicoque restabat, barbare cultore revirescit.* Vgl. Demougeot 1972, S. 102f.

das Land pflügen, sondern auch verteidigen mussten.[621] Die Krieger seien, wie der Panegyriker schildert, in Begleitung ihrer Frauen und Kinder gewesen.[622] In den Gebieten von Amiens, Beauvais, Troyes und Langres hat der Vater Konstantins ferner Franken als Laeten eine Heimstätte gegeben.[623] Vom Ausmaß solcher gentilen Ansiedlungen zeugen spätere Nachweise und Namensübertragungen auf das Siedlungsgebiet. So sind in der Gegend von Langres mehrfach *pagi (Ch)amavorum* überliefert.[624] Der Prinzenerzieher und Staatsbeamte Ausonius erwähnt in seiner Mosella, dass die Sarmaten im Hunsrück das Land bebauten.[625] Und die Notitia dignitatum verzeichnet Laeten- und Sarmatenpraefekten.[626] Diese Belege sind zwar nicht zwingend auf die Zeit der Tetrarchie zu beziehen, vermitteln aber einen Eindruck von der regionalen Bedeutung solch geschlossener Ansiedlungen.

Seit den Markomannenkriegen wurden immer wieder militärische Gefolgschaften von römischen Truppen aufgerieben oder besiegt. Die Überlebenden gliederten die Kaiser in ihre Heere ein, oder sie wurden versklavt. Nur selten aber wanderten die Krieger in Begleitung ihrer Familien. Die Asdingen-Vandalen etwa vertrauten dem römischen Militärbefehlshaber Clemens ihre Frauen und Kinder an, bevor sie die Kostoboken angriffen. Ihr Ersuchen nach römischem Land war zuvor abgelehnt worden.[627] Vom Ende des 3. Jahrhunderts an scheinen die Barbaren nunmehr gezielt im Sozialverband auf der Suche nach Siedlungsland unterwegs gewesen zu sein.[628] Erst jetzt versuchten sie immer häufiger auch auf römisches Gebiet vorzudringen, in der Hoffnung, als gentiler Verband angesiedelt zu werden.[629]

Für die Sarmaten- und Gotenzüge der konstantinischen Zeit haben wir dann entsprechende Quellenhinweise. Eusebius spricht von φῦλον und γένος, die sich auf Wanderschaft befanden.[630] Die Zahlenangaben des Anonymus Valesianus lassen darauf schließen, dass auch Frauen und Kinder unter den Opfern waren.[631] Und der für die Goten wichtigste Bestandteil des Vertrages von 332 war sicherlich die Ansiedlung der heimatlos geworden Familien. Auch die Sarmaten wurden auf römi-

621 *Paneg.* 8(5) 10, 4. Vgl. H. Wolfram 2001, S. 68. *Paneg.* 8(5) 9, 1–4; Amm. 20, 8, 13. Siehe auch *Paneg.* 6(7) 6, 2. Vgl. Grey 2011b, S. 157.

622 *Paneg.* 8(5) 9, 1.

623 *Paneg.* 8(5) 21, 1.

624 Vgl. Zöllner 1970, S. 13.

625 Auson. *Mos.* 8–11: *Dumnissum riguasque perenni fonte Tabernas arvaque Sauromatum nuper metata colonis.*

626 *Not. dign. occ.* 42, 33–44; *Not. dign. occ.* 42, 64–70. Vgl. Demandt 2007, S. 382.

627 Cass. Dio 72, 12, 1; siehe auch zu den Quaden Cass. Dio 72, 20, 2.

628 Drinkwater 2007, S. 48, nimmt sogar an, im 3. Jahrhundert seien nur Kriegerverbände aktiv gewesen.

629 Eine Untersuchung der Migration von Sozialverbänden im 2. und 3. Jahrhundert ist ein Forschungsdediderat.

630 Eus. *vit. Const.* 4, 5–6.

631 *Anon. Vales.* 6, 31; vgl. dazu die Bemerkung von Wolfram 2001, S. 71.

schem Boden angesiedelt, nachdem ihre Sozialstruktur unter gotischem Druck zerstört worden war. Erfolgten die Ansiedlungen auswärtiger Fremder im 2. Jahrhundert noch, um die Kriegsgefangenen aufzuteilen und die Kriegerschar auf Dauer zu zerschlagen, geschah dies im 4. Jahrhundert aus dem Bedarf an Siedlern und zur Befriedung der Situation im Limesvorfeld.

Die Gründe für den Aufbruch der Barbaren waren dabei vielfältig. Denkbar sind gruppeninterne Konflikte, regionale Überbevölkerung sowie Zusammenschlüsse gentiler Verbände und Verdrängung schwächerer Gruppen. Die sozialen Verschiebungen jenseits der Grenze resultierten aber auch aus der klimatischen Verschlechterung in der kühlgemäßigten Zone. Diese kontingenten Erfahrungen zogen eine Migrationsbewegung als Bewältigungsstrategie nach sich. Landwirtschaft war nicht mehr einträglich. Die blanke Not trieb die Menschen, ihre angestammten Siedlungsgebiete zu verlassen. Auch auf der römischen Seite des Limes befanden sich den kaiserlichen Konstitutionen zufolge zahlreiche Kolonen und Sklaven auf der Flucht.[632] Sie flohen aus Angst vor den Barbaren, aber auch aufgrund der klimatisch bedingten verschlechterten Erwerbssituation. Die Römer hatten ihre Bewirtschaftungsform (die Villenwirtschaft) in den nordöstlichen Provinzen eingeführt.[633] Was aber im Mittelmeerklima gut funktionierte, war nur unter optimalen klimatischen Bedingungen auf die Provinzen an Rhein und Donau übertragbar.[634] Ein Rückgang der ländlichen Besiedlung kann zum Beispiel in der *Belgica secunda* und in der *Germania secunda* im Verlauf des 4. Jahrhunderts anhand von Grabungs- und Oberflächenbefunden beobachtet werden. Dort lösten kleine Siedlungen und einfache Langhäuser, deren Besitzer Subsistenzwirtschaft betrieben, nunmehr die römischen Villen ab, auf denen auch Überschüsse produziert worden waren.[635] Dieser wirtschaftliche Transformationsprozess von Produzenten zu Selbstversorgern zeigt sich in der Reduktion der Landwirtschaft auf ein regionales Niveau.[636] Neben anderen Ursachen war der sozioökonomische Wandel in den nordöstlichen Provinzen sicher auch von der beschriebenen Klimaverschlechterung verursacht.[637]

Eine andere Entwicklung kann man allerdings im Moselgebiet beobachten. Zwar zeichnen sich auch dort im archäologischen Befund die Zerstörung einiger Landgüter ab, aber an vielen Standorten wurden die Gebäude sogleich wiedererrichtet.[638]

---

632 Zur Kolonenflucht siehe Anhang, Tabelle 2 und 3.
633 Vgl. Rind 2015.
634 Vgl. Seiler 2015, S. 90–105.
635 Vgl. Deru 2010, S. 117f.; Rind 2015, S. 62 und 115, mit der Literatur. Auch in der Region Metz lässt sich dieser Wandel beobachten; vgl. Sirocko 2009, S. 151; Halsall 1995 und van Ossel 1996, S. 105f.
636 Vgl. Halsall 2007, S. 346–357 und Wickham 2005, S. 505–514.
637 Vgl. van Ossel 1992.
638 Vgl. Whittaker 1997b, S. 161f.; Deru 2010, S. 115–118; Rind 2015, S. 116 und Seiler 2016, S. 13–17. Einige Standorte waren auch durchgängig besiedelt; vgl. Seiler 2016, S. 17f. und ders. 2015, S. 228–235.

Die Kaiserresidenz Trier und das Trierer Land blieben von der Rezession in den angrenzenden Regionen scheinbar unberührt.[639] Selbst nachdem die Residenz nach Arles verlegt worden war, war das Gebiet an der Mosel bis zur Mündung noch dicht besiedelt. Die römischen Verwaltungsstrukturen bestanden schließlich bis zum Comitat des Arbogast.[640]

Nach Ende des Roman Climate Optimums hatten kleinste Klimaschwankungen für die Landwirtschaft in den nordöstlichen Provinzen verheerende Wirkung.[641] Vor allem vom 4. bis 6. Jahrhundert wirkte sich dies negativ auf die landwirtschaftlichen Erträge aus. Großagrarier versuchten ihre Verluste durch Fruchtwechsel wettzumachen. An der Mosel etwa spezialisierten sich die Betreiber großer Latifundien im 4. Jahrhundert auf die Kultivierung des Weinanbaus und gaben andere Anbauarten auf.[642] Oder diese glichen ihre Einbußen durch Streubesitz aus. Paulinus von Pella zum Beispiel empfahl, dass ein Grundherr mehrere Landgüter bewirtschaften und über ausreichend viele Arbeitskräfte verfügen sollte. Der Besitz durfte aber nicht zu sehr zerstückelt sein.[643] Nach einigen Schicksalsschlägen folgte er seinem eigenen Rat und erwirtschaftete, wenn auch auf einem bescheidenen Niveau, mit möglichst vielen Sklaven (und Kolonen), die er auf gepachtetem Land arbeiten ließ, seinen Lebensunterhalt.[644]

Neben diesen beiden Methoden der Risikostreuung kompensierten die Großgrundbesitzer ihren Ertragsausfall, indem sie mit der zentralen Regierungsmacht kommunizierten und Gesetze anfragten, durch welche ihnen eine größere Kontrolle über die abhängigen Bauern eingeräumt wurde. Die Verfügungsgewalt über die Arbeitskraft ihrer Kolonen ermöglichte ihnen, ihre Verluste zu begrenzen. Dadurch wurde der landwirtschaftliche Besitz in den Händen weniger Großgrundbesitzer, darunter der Kaiser und in zunehmendem Maße auch die Kirche, konzentriert. Das führt zu einer Besitzakkumulation wie im Umfeld der Kaiserresidenz Trier. Zu nennen wären die Palastvillen von Nennig, Echternach, Fließem/Otrang, Welschbillig und Oberweis an der Prüm, die von privaten Großgrundbesitzern oder von kaiserlichen Verwaltern betrieben wurden.[645] Das Endergebnis dieser Entwicklung kann

---

639 Vgl. Rind 2015, S. 117.

640 Vgl. Grunwald 2007.

641 Vgl. zu den literarischen Quellen Haas 2006, S. 23–134, und den archäologischen Rind 2015, S. 27f., 61, 80f. und 227.

642 Vgl. Rind 2015, S. 117, mit der Literatur.

643 So hätte er sich gerne auf ein mütterliches Gut in Griechenland im alten und neuen Epirus zurückgezogen. Paul. Pell. vv. 415–419 (CSEL 16, 1, 263–334): *Argivas atque Epiri veterisque novique, per quas non minima numerosis farta colonis praedia diffusa nec multum dissociata quamvis profusis dominis nimiumque remissis praebere expensas potuissent exuberantes.*

644 Paul. Pell. vv. 535–538 (CSEL 16, 1, 263–334): *Porro autem expensas vitae quas posceret usus conductis studui ex agris sperare paratas, donec plena magis servis mansit domus et dum maiores melior vires mihi praebuit aetas.*

645 Vgl. zu diesen Beispielen die Ausführungen von Heinen 1986, S. 303f.

man in den frühmittelalterlichen Testamenten von Großgrundbesitzern studieren.[646]

Die freien Kleinbauern mussten andere Bewältigungsstrategien entwickeln. Sie waren durch die Klimaveränderungen unmittelbar in ihrer Existenz bedroht. Ihnen boten sich aufgrund der Berufs- und Standesbindung zwei Möglichkeiten, der Notlage zu entkommen. Sie konnten erstens in die mediterrane, warmgemäßigte Klimazone auswandern, wurden dann aber an ihrem neuen Arbeitsort wieder durch Gesetze in die sozioökonomische Ordnung eingegliedert. Denn nach einer Novelle Valentinians III. verloren freie Kolonen als Ankömmlinge (*advenae*) ihre Freizügigkeit, wenn sie eine Beziehung mit einer Kolonin eingegangen waren.[647] Zweitens konnten die freien Kleinbauern ihre Arbeitskraft einem Großgrundbesitzer in ihrer Region anbieten, der sie auf seinen Landgütern dort einsetzte, wo Bedarf an Landarbeitern bestand. Solche Vorgänge schildert der Presbyter Salvian aus eigener Anschauung. Die armen Steuerzahler (*tributarii pauperes*) müssten ihre Besitzungen verlassen und sich in den Schutz eines Mächtigen begeben. Die meisten Armen und Unglücklichen seien ihres kleinen Landgutes beraubt worden. Der Verlust zwinge sie, ihre Arbeitskraft auf den Grundstücken der Großgrundbesitzer anzubieten. Im Inquilinat seien sie schließlich zu Sklaven geworden, wie durch eine Zauberei mit dem Becher der Circe.[648] Das Elend in Gallien schreibt Salvian der Habgier der Reichen zu. Der moralische Verfall der römischen Gesellschaft führe zum Niedergang. Die Barbaren vollzögen das Strafhandeln Gottes.[649] Jenseits von Paränese und Hyperbel bleibt ein wahrer Kern. Wie auch die archäologischen Befunde bestätigen, ging im 5. Jahrhundert die Landwirtschaft in einigen Regionen zurück. Nicht wenige Menschen mussten ihre Äcker im Stich lassen, da diese nicht mehr ihre Bebauer

---

646 Remigius von Reims (MGH SS rer. Merov. 3 [B. Krusch, 1896], S. 336–340 = Paradessus 1, S. 81–84); Aredius (MGH SS rer. Merov. 3 [B. Krusch, 1896], S. 577ff. = Paradessus 1, S. 136–141); Berthram von Le Mans (Paradessus 2, S. 197–215); Eligius (Paradessus 2, S. 11–13); Hadoinus v. Le Mans (Paradessus 2, S. 69f.); Erminetrud (Paradessus 2, Nr. 255); Widerad v. Flavigny (Paradessus 2, Nr. 514); Abbo (Paradessus 2, Nr. 559).

647 Nov. Val. 31, 5 (451). Zu den *advenae* vgl. auch Aug. *en. in. ps.* 118 *serm.* 8, 1 (CCL 40, 1684); Isid. *orig.* 9, 4, 38; Iord. *Get.* 26, 137 (MGH AA 5, 1 [Th. Mommsen, 1882], S. 94).

648 Salv. *gub.* 5, 43–45: *[...] Itaque nonnulli eorum de quibus loquimur, qui aut consultiores sunt aut quos consultos necessitas fecit, cum domicilia atque agellos suos aut pervasionibus perdunt aut fugati ab exactoribus deserunt, quia tenere non possunt, fundos maiorum expetunt et coloni divitum fiunt. Ac sicut solent aut hi qui hostium terrore compulsi ad castella se conferunt, aut hi qui perdito ingenuae incolumitatis statu ad asylum aliquod desperatione confugiunt, ita et isti, quia tueri amplius vel sedem vel dignitatem suorum natalium non queunt, iugo se inquilinae abiectionis addiciunt, in hanc necessitatem redacti ut extorres non facultatis tantum, sed etiam condicionis suae atque exulantes non a rebus tantum suis, sed etiam a se ipsis ac perdentes secum omnia sua et rerum proprietate careant et ius libertatis amittant. [...] Nam quos suscipiunt ut extraneos et alios incipiunt habere quasi proprios: quos esse constat ingenuos vertuntur in servos.*

649 Vgl. Badewien 1980, S. 99–116, bes. 110.

ernährten. Schuld daran waren aber nicht die Vandalen und Goten, sondern die allgemeine Klimaverschlechterung.

Unabhängig davon, wohin auch immer die Landleute flohen, mussten sie ihre Arbeitskraft anbieten, was für sie und ihre Nachkommen gleichbedeutend war mit einer lebenslangen Abhängigkeit – ein Teufelskreis.

IX. Der Kolonat in Spätantike und Frühmittelalter

Die Rechtsquellen unterliegen dem Wandel und können ihre Bedeutung ganz oder teilweise verlieren. Daher muss in einer systematischen Darstellung der Rechtsquellen die personenrechtliche Stellung der Kolonen festgestellt, soziale Strukturen analysiert und gesellschaftliche Prozesse in einer juristisch konstituierten Zwischenschicht zwischen Freien und Sklaven dargestellt werden. Die Verwendung der römischen Rechtszeugnisse als Erkenntnisquelle für kontingente Prozesse und für Veränderungen von Sozialstrukturen ist daher möglich, wenn man sie in einer longue durée verfolgt.[650] Dabei gehe ich von der Grundannahme aus, dass sich der Kolonenstatus durch Gesetze und Folgegesetze über einen Zeitraum von etwa 90 Jahren zu dem entwickelte, was die neuzeitliche Forschung als Kolonat bezeichnet. Aus der rechtlichen Entwicklung des kolonalen Status können wir schließlich die soziale Stellung der Kolonen erschließen.

1. Der Kolonat: Eine Entwicklungsgeschichte

Zu Beginn des 4. Jahrhunderts wurde derjenige zum Kolonen (*conductor*), der einen Pachtvertrag mit einem Grundstückseigentümer (*locator*) über ein Stück Land oder ein Landgut zur Nutzung abgeschlossen hat.[651] Da Nutzung auch Bewirtschaftung und Erhalt des Bodens und der Pflanzen bedeutete, war es dem Kolonen kaum möglich, das Land während der Vertragsdauer zu verlassen, erforderte die Landwirtschaft doch die permanente Anwesenheit des Pächters. Neben dieser Problematik bestand noch der Bedarf an den landwirtschaftlichen Produkten, weswegen Kaiser und Prätoriumspräfekten auf die Bewirtschaftung der Äcker und Pflanzungen achteten, indem sie die Mobilität der Landarbeiter unterbanden.

Die rechtliche und soziale Situation einiger Kolonen veränderte sich infolge der tetrarchischen Reformen und durch die Gesetzgebung Konstantins dramatisch. Nach heutiger Quellenlage war es vor allem Konstantins Gesetz aus dem Jahre 332, durch welches die als *coloni iuris alieni* bezeichnete Kolonengruppe an ihre *origo* gebunden wurde.[652] An diesem Herkunftsort standen sie in einem Pachtverhältnis, und der Grundherr konnte sie faktisch aufgrund des Gesetzes am Ortswechsel hindern. Diese Pachtbauern waren zudem unter dem Namen ihres Grundherrn in die Steuerliste eingetragen, und sie waren es, die der Kaiser an den zu bebauenden

---

650 Zur longue durée vgl. allgemein Iggers 1996 und speziell Braudel 1958, S. 725–753; ders. 1977, S. 47–85.

651 Vgl. zum Vertragsrecht Kaser/Knütel 2014, S. 261.

652 CTh 5, 17, 1 (332).

Acker fesselte, da sie nur über die Erträge ihrer Arbeit die Steuern und den Pachtzins zahlen konnten.[653] Den Grundherren war es dabei untersagt, ihre Kolonen an einen anderen Ort zu transferieren oder sie bei einer Veräußerung des Grundstücks zurückzubehalten,[654] aber sie unterlagen zu dieser Zeit noch keiner allgemein gültigen eherechtlichen Beschränkung.[655] Die Kinder der Kolonen waren im 4. Jahrhundert demnach auch nicht verpflichtet, ein Leben lang Kolone zu sein.

Die Pächter, die über eigenes Vermögen, insbesondere Land, verfügten, erfasste die Gesetzgebung erst Mitte des 4. Jahrhunderts. Sie genossen größere Freiheiten als die abhängigen Pächter, da sie steuerrechtlich eigenveranlagt waren und über ausreichende Sicherheiten verfügten. Allerdings wurden auch sie in ihrer Freizügigkeit eingeschränkt, denn sie konnten ihr eigenes Land nur veräußern, wenn der Grundherr des hinzugepachteten Landes zustimmte.[656] Die Pächter mit eigenem Land waren dementsprechend in der Steuerliste unter ihrem eigenen Namen eingetragen.[657] Auch konnten sie aufgrund heiratsrechtlicher Bestimmungen von den abhängigen Pächtern unterschieden werden.[658] Dennoch unterlagen sie wie jene der Schollenbindung und konnten gezwungen werde, zu ihrem Landgut zurückzukehren.[659] Der berühmteste Pächter mit eigenem Land ist sicherlich Paulinus von Pella, der ein kleines Haus mit Grundstück in Massilia besaß und für seinen Lebensunterhalt hinzugepachtetes Land bewirtschaftete.[660]

Die Bodenbindung der Kolonen verstetigte sich jedoch im Verlaufe des 4. Jahrhunderts, was sich auch in der Rechtssprache widerspiegelt. Aus den ersten rhetorischen Umschreibungen einer Bodenbindung, wie *origini suae restituere* oder *ad antiquos penates*, entwickelten sich schließlich juristische Termini, die ein allgemeingültiges Rechtsprinzip, etwa *ius agrorum* oder *ius colonatus*, bezeichnen.[661] Auf diesem basierte das Rückforderungsrecht des ursprünglichen Grundherrn. Die Einschränkung der Freizügigkeit und der später herausgebildete Geburtsstand (von 419 an) waren im Weiteren politische Instrumente zur Lokalisierung beziehungsweise

---

653 Vgl. ausführlich Abschnitt V.3.

654 Vgl. Schipp 2012, S. 189–193.

655 Vgl. Schipp 2009, S. 152–172.

656 CTh 5, 19, 1 (365).

657 CTh 11, 1, 14 (371) = CJ 11, 48, 4.

658 CJ 11, 48, 13, pr. (400).

659 CJ 11, 48, 11 (396). Dies zeigt sich besonders anschaulich in CTh 10, 20, 10 (379), in dem beide Gruppen nebeneinander genannt werden: *originaria seu colona possessionis alienae.*

660 Paul. Pell. vv. 520–538 (CSEL 16, 1, 263–334).

661 Vorläufer der Bodenbindung: *origini suae restituere*: CTh 5, 17, 1 (332); *ad antiquos penates*: CJ 11, 48, 6 (366) und *cuius se esse profitetur*: CTh 10, 12, 2, 2 (368–373). Bodenbindung: *ius agrorum*: CTh 10, 20, 10, 1 (380) = CJ 11, 8, 7, 1; CTh 5, 18, 1, 2 (419); *ius originarium*: CJ 11, 52, 1 (392–395); *ius colonarium*: Nov. Val. 31, 1 (451); Greg. M. *epist.* 4, 21 (MGH Epp. 1 [P. Ewald/L. M. Hartmann, 1887–1891], S. 255f.); *ius colonatus*: CTh 12, 1, 33 (342); CTh 14, 18, 1 (382) = CJ 11, 26, 1; CTh 5, 6, 3 (409); Nov. Iust. app. 6, 2 (552); Nov. Iust. app. 9, 4 (558); Vict. Vit. *hist.* 3, 20. Siehe zur Terminologie Kapitel III.

Dislozierung von ganzen Bevölkerungsgruppen. Die Beschränkung der Freizügigkeit der abhängigen Kolonen beruhte seit Anfang des 4. Jahrhunderts auf der Bindung an eine *origo*. Die im Verlauf des 4. Jahrhunderts zeitweilig festgestellte Zensusregistration hatte allenfalls subsidiäre und keine substituierende Funktion, um die Bodenbindung besser überwachen und verwalten zu können. Im 5. Jahrhundert erfüllte diese Funktion die *gesta municipialia*, die bis in das Burgunder- und Gotenrecht tradiert wurde. Die *ingenui*, die an einem fremden Ort als Ankömmlinge (*advenae*) Koloninnen heirateten, mussten sich demnach in das Municipalregister eintragen lassen.[662]

Dem Kolonat gehörten bis zur Mitte des 4. Jahrhunderts Personen an, die von einem anderen ein Stück Ackerland gepachtet hatten. Sofern sie Pächter kaiserlicher Landgüter waren, schränkte man sie zudem in ihrer Heiratsfähigkeit und bezüglich ihrer Amtsfähigkeit ein.[663] Zu dieser Zeit ergaben sich die ersten Probleme, die aus der strikten Umsetzung einer *origo*-Bindung resultierten. Bei Veräußerungen von Grundbesitz musste geklärt werden, was mit den zwischenzeitlich auf anderen Landgütern desselben Grundherrn eingesetzten Kolonen geschehen sollte, die ursprünglich von dem zu veräußernden Landgut stammten.[664] Dass ein diesbezügliches Gesetz erstmals Mitte des 4. Jahrhunderts erlassen wurde und in den folgenden Jahren immer wieder entsprechende Gesetze erlassen werden mussten, ist im übrigen ein weiteres Argument dafür, dass die *origo*-Bindung, die zur Zeit Konstantins erstmals belegt ist, jedenfalls in den Provinzen eine Neuerung darstellte.

In der zweiten Hälfte des 4. Jahrhunderts wird die Bindung der Kolonen an ihren Arbeitsort immer genauer differenziert. Die Bodenbindung der Kolonen stellte der Gesetzgeber über andere Interessen, sie mussten an ihrer *origo* verbleiben, selbst wenn sie inzwischen woanders in gemeinnütziger Funktion tätig waren und ihren Pflichten nachkamen.[665] Diese strikte Bodenbindung wirkte sich negativ auf die rechtliche und soziale Stellung der Kolonen aus. Sie waren an ihrem Arbeitsort dauerhaft gebunden. In vielen Fällen war dieser zugleich der Geburtsort der Kolonen. Diese Bindung betraf besonders die Nur-Pächter, weil sie mit ihrem Arbeitsertrag für gewährte Kredite und ausgefallene Pachtzinsen hafteten. Der Kolonenstatus wurde bestimmt von den Verpflichtungen aus dem Pachtvertrag und der gesetzlichen Bindung an einen Ort. Jeder, der eine Parzelle gepachtet hatte, gehörte von da an dem kolonalen Berufsstand an und unterlag dessen Bedingungen.

---

662 Burgunder: L. Rom. Burg. 1, 1; L. Rom. Burg. 11, 2; L. Rom. Burg. 22, 3, 6 (517); Westgoten: Nov. Val. 31, 4–5 (451); Ostgoten: Ed. Theod. 64; Ed. Theod. 80 (um 500).

663 Beschränkungen der Ehefähigkeit: CTh 4, 12, 3 (320); CJ 10, 32, 29 (365); CJ 6, 4, 2 (367); CJ 11, 68, 4 (367 Seeck). Einschränkungen der Amtsfähigkeit: CJ 11, 68, 2 (319 Seeck); CJ 11, 68, 1 (325 Seeck); CTh 12, 1, 33 (342); CJ 11, 68, 3 (364–367) = CJ 7, 38, 1.

664 CTh 13, 10, 3 (357) = CJ 11, 48, 2.

665 CJ 11, 48, 11 (396): *Originarios colonos nullis privilegiis, nulla dignitate, nulla census auctoritate excusari praecipimus, sed amputatis omnibus, quae aliquotiens per gratiam sunt elicita, domino vel fundo esse reddendos.* Vgl. Schipp 2009, S. 56f.

Die weitere Entwicklung wurde durch die Bedrohung der Grenzprovinzen an der Donau forciert. Gotische Gruppen überschritten 376 den Fluss und wurden infolge der Schlacht von Adrianopel in Thrakien als Föderaten angesiedelt. Die Steuerverwaltung in dieser und den angrenzenden Provinzen, die bisher auf der Zensusregistration der Bauern beruhte, wurde umgestellt. Die Kolonen wurden ferner bis zu den neunziger Jahren des 4. Jahrhunderts ihren Grundherren unterworfen, zuerst in den gefährdeten Grenzprovinzen, dann aber auch in Gallien, Afrika und Italien.[666] Sie wurden dadurch nicht, wie behauptet wurde, zum Eigentum ihrer Grundherren, aber sie gehörten untrennbar zu ihnen.[667] Die kaiserlichen Kolonen wurden zudem eherechtlich eingeschränkt. Ihre Kinder fielen bei Mischehen immer dem Kaiser zu.[668] Die kaiserlichen Kolonen waren überdies spätestens seit den 60er-Jahren des 4. Jahrhunderts von den *officia*, vor allem der *militia armata*, ausgeschlossen.[669] Der Einfluss der Grundherren auf ihre Kolonen, insbesondere aber der des Kaisers, weitete sich demnach aus. Die Nur-Pächter standen vom Anfang des 4. Jahrhunderts an unter der Steuerverantwortung ihrer Grundherren und andere Kolonengruppen waren spätestens seit der Mitte des 4. Jahrhunderts bodengebunden.

Vom Ende des 4. Jahrhunderts an unterstanden fast alle Kolonen ihren Grundherren. Diese konnten über sie verfügen, weil sie von nun an ihre Kolonen innerhalb der eigenen Güter versetzen durften.[670] Die strikte Bodenbindung wurde dadurch

---

666 CTh 5, 17, 1 (332); CTh 11, 1, 14 = CJ 11, 48, 4 (366; 371 Seeck); CTh 10, 12, 2 (368–373); CJ 11, 48, 8 (371); CJ 11, 53, 1 (371), CTh 5, 17, 2 = CJ 11, 64, 2 (386); CJ 11, 52, 1, 1 (392–395). Aber auch im Osten bspw. Palestina: CJ 11, 51, 1 (386).

667 Gegen Munzinger 1998, S. 34, der annimmt, dass die Kolonen als Eigentum ihrer Herren angesehen worden seien.

668 CJ 10, 32, 29 (365): *Nati ex inquilinarum nostrae domus matrimonio et patre decurione non patrum suorum, verum matrum condicionem sequantur.* CJ 11, 68, 4 (367 Seeck): *Ex ingenuo et colonis ancillisque nostris natos natasve origini, ex qua matres eorum sunt, facies deputari.* CJ 6, 4, 2 (367): *Si liberti coniventibus patronis consortium cum ancillis colonisve nostris elegerint, sciant illi se deinceps commoda patronatus amissuros.* Die Kinder der Kolonen von freien Müttern folgten wahrscheinlich nach *ius civile* dem Vater. Somit erhob der Kaiser immer Anspruch auf die in Freiheit gezeugten bzw. geborenen Kinder seiner Kolonen. Vgl. Schipp 2009, S. 152–156.

669 CJ 11, 68, 3 (364–367). Vgl. Schipp 2009, S. 138f. Siehe Abschnitt V.4.

670 CJ 11, 48, 13, 1 (400): *Illud etiam servandum est, ut, si quando utriusque fundi idem dominus de possessione referta cultoribus ad eam colonos quae laborabat tenuitate transtulerit, idemque fundi ad diversorum iura dominorum qualibet sorte transierint, maneat quidem facta translatio, sed ita, ut praedii eius dominus, a quo coloni probantur fuisse transducti, translatorum agnationem restituat.* Eine Bestimmung, die von Valentinian III. noch modifiziert werden sollte: Nov. Val. 35, 18 (452): *Si forte duorum praediorum unus dominus atque possessor ex referto originariis et colonis agro ad alterum rus aliquos homines propria voluntate et ordinatione transtulerit, ita id maneat, ut, sive venditione seu donatione seu quolibet alio modo ad diversos dominos res utraque pervenerit, translatos originis iure et titulo revocari non liceat. Indecorum est, auctoris facta convelli, quae pro consilio suo et tractatu necessaria iudicavit, quum magis deceat ad eius reverentiam, quae illi visa sunt, inviolata servari.* Vgl. Schipp 2012, S. 190.

gelockert. Sie hatte sich als ökonomisch wenig sinnvoll herausgestellt und hinderte die Grundherren daran, Landarbeitskräfte auf einem regionalen Arbeitsmarkt legal anzuwerben.[671] Der Kolonat war zu dieser Zeit aber noch kein geschlossener Stand. Der Kolonenstatus war noch nicht überall erblich.

Gleichwohl schränkte man die Bewegungsfreiheit aller Kolonen weiter ein. Nachdem zunächst nur bestimmte Kolonengruppen von anderen Tätigkeiten ausgeschlossen worden waren, wurde jetzt auch Privatkolonen jedes öffentliche Amt verwehrt.[672] Bestimmte Ehekonstellationen disqualifizierte man faktisch zu Kontubernien, wobei den Kolonen vor allem die Einheirat in den Dekurionat und in die Korporationen verwehrt wurde.[673] Es mehrten sich die Anzeichen, dass der personenrechtliche Status abhängiger Kolonen zunehmend als Geburtsstand (*condicio*) angesehen wurde.

Zu Beginn des 5. Jahrhunderts hatten diejenigen, die einmal Kolonen waren, nur noch die Möglichkeit, mit Zustimmung der Grundherren ihren Status abzustreifen. In den Gesetzen, in denen die Zulassung der Kolonen zum Klerus geregelt wurde, heißt es entsprechend, dass nur der Episkopat befreie und man ansonsten zur Ordination der Zustimmung des *dominus* bedürfe.[674] Diese Regelung bestätigt Leo der Große, der in einem im Jahre 433 verfassten Brief die Bischöfe von Kampanien, Picentum und Etrurien und aller anderen italischen Provinzen davor warnte, Sklaven und Kolonen in den geistlichen Stand aufzunehmen, mit der Ausnahme, dass dies der Wunsch oder der Wille derer sei, die Gewalt über die Sklaven und Kolonen

---

671 Vgl. Schipp 2012, S. 194f.

672 Ausschluss von zivilen Ämtern und militärischen Diensten: CJ 11, 48, 11 (396); CTh 8, 2, 5 (401) = CJ 10, 71, 3: *Generali lege sancimus, ut, sive solidis provinciis sive singulis civitatibus necessarii fuerint tabularii, liberi homines ordinentur, neque ulli deinceps ad hoc officium patescat aditus, qui sit obnoxius servituti; sed et si quis dominorum servum suum sive colonum chartas publicas agere permiserit (consensum enim, non ignorantiam volumus obligari), ipsum quidem, in quantum interfuerit publicae utilitati, pro ratiociniis, quae servo sive colono agente tractata sunt, obnoxium attineri, servum autem competentibus affectum verberibus fisco addici*; CJ 11, 48, 18 (426 Seeck): *Colonos nulla ratione ad ullum quamvis humilioris militiae locum sinimus admitti: sed nec apparitores magisteriae potestatis censibus adscriptos probari concedimus, quia in hac parte et dominorum iuri et publicae consulimus honestati*; Nov. Val. 27, 1 (449).

673 CTh 10, 20, 10, 1 (379) = CJ 11, 8, 7, 1; CTh 12, 19, 1–3 (400); Nov. Mai. 7 (458); Nov. Sev. 2 (465); vgl. Schipp 2009, S. 158–169 und 192–198.

674 CTh 16, 2, 33 (398): *Ecclesiis, quae in possessionibus, ut adsolet, diversorum, vicis etiam vel quibuslibet locis sunt constitutae, clerici non ex alia possessione vel vico, sed ex eo, ubi ecclesiam esse constiterit, eatenus ordinentur, ut propriae capitationis onus ac sarcinam recognoscant, ita ut pro magnitudine vel celebritate uniuscuiusque vici ecclesiis certus iudicio episcopi clericorum numerus ordinetur*). CJ 1, 3, 16 (409): *Quisquis censibus fuerit adnotatus, invito agri domino ab omni temperet clericatu, adeo ut etiam, si in eo vico, in quo noscitur mansitare, clericus fuerit, sub hac lege religiosum adsumat sacerdotium, ut et capitationis sarcinam per ipsum dominum agnoscere compellatur et ruralibus obsequiis quo maluerit subrogato fungatur, ea scilicet immunitate indulta, quae certae capitationis venerandis ecclesiis relaxatur: nullo contra hanc legem valituro rescripto.* Vgl. Schipp 2009, S. 149.

hatten.[675] Die Bodenbindung wich im Zeitraum vom Ende des 4. bis Anfang des 5. Jahrhunderts deutlich erkennbar einer juristisch noch nicht genau bestimmten inferioren Stellung der Kolonen zu ihren Grundherren. Sie waren stärker diesen verpflichtet als an den Boden gefesselt und wurden mehr und mehr der tatsächlichen Herrschaft ihrer Grundherren unterworfen.[676] Den Kolonen oblag es, wie Symmachus im Jahre 398 schreibt, auf den Äckern ihres Grundherrn eher die Verpflichtung gegenüber ihrem Grundherrn als diesem die Fürsorge für seine Kolonen zu übernehmen.[677] Symmachus schildert ein klientelartiges Verhältnis zwischen den Grundherren, die nicht selten als *patroni* bezeichnet werden, und den Kolonen. Das sich verändernde Verhältnis zwischen Verpächter und Kolone wirkte sich ferner auf deren gesellschaftliche Stellung aus. Sie wurden nicht mehr in der Steuerliste erfasst, sondern über die Zugehörigkeit an das Land, das sie bearbeiteten. Besteuert wurde fortan der landwirtschaftliche Betrieb, der Eigentum des Grundherrn war. Am deutlichsten zeichnete sich dies in den Regelungen für die Grenzprovinzen Illyrien und Thrakien ab, wo man den *tributarius nexus* beziehungsweise die *capitatio humana* aufhob.[678] Diese Entwicklung des Rechtsstatus war die Voraussetzung für die allgemeinen Ehegesetze und die Erblichkeit des Kolonats.

Eine Zäsur ist im Jahr 419 anzusetzen. In diesem Jahr wurde der Kolonat als Geburtsstand allgemein festgeschrieben.[679] Die Kolonen konnten jetzt nur noch untereinander rechtsgültige Ehen eingehen. Ihre Kinder waren immer Kolonen. Auch

---

675 Leo M. *epist.* 4, 1 (PL 54, 611): *Admittuntur passim ad ordinem sacrum quibus nulla natalium, nulla morum dignitas suffragatur. Et qui a dominis suis libertatem consequi minime potuerunt, ad fastigium sacerdotii tamquam servilis vitalis hunc honorem capiant provehuntur. Et probari posse deo creditur, qui domino suo necdum probare se potuit. Duplex itaque in hac parte reatus est, quod et sacrum misterium talis consortii vilitate polluitur, et dominorum quantum ad inlicite usurpationis temeritatem pertinet iura solvuntur. Ab his itaque fratres karissimi, omnes vestrae provintiae abstineant sacerdotes. Et notandum ab his sed ab aliis etiam qui aut originali aut alicui conditioni obligati sunt volumus temperari, nisi forte eorum petitio aut voluntas accesserit, qui aliquid sibi in eos vindicant potestatis. Debet enim esse immunis ab aliis qui divinae militiae fuerit adgregandus. Ut a castris dominicis quibus nomen eius asscribitur, nullis necessitatis vinculis abstrahatur.* Vgl. zum Kirchendienst außerdem: Aug. *epist.* 139, 2 (CSEL 44, 151); Gelas. *epist.* 14, 14 (ed. Thiel 370f.); Gelas. *epist.* 15, 1 (ed. Thiel 379); Gelas. *epist.* 20–22 (ed. Thiel 386ff.); Conc. Aurel. III (538), c. 29 (MGH Conc. aevi merov. [F. Maassen, 1893], S. 81f. = CCL 148A, 124f.).

676 CTh 4, 23, 1 (400) = L. Rom. Vis. 4, 21, 1= CJ 11, 48, 14.

677 Symm. *epist.* 7, 56 (MGH AA 6, 1 [O. Seeck, 1883], S. 192): *Tua nos hortatur humanitas opem poscentibus non negare. Pro Theodulo autem scribendi mihi ad te causa propensior est, cum sit colonus agrorum meorum atque illi debita magis quam precaria cura praestetur. Serva igitur consuetudinem tuam et precibus meis, ut mos tuus promittit, inflectere, ut quidquid culpae aut erroris incurrit, contra illius meritum meo digneris interventui relaxare. vale.*

678 CJ 11, 53, 1 (371); CJ 11, 52, 1 (392–395).

679 CTh 5, 18, pr.–5 (419) = L. Rom. Vis. 5, 10, pr.–5: *Si quis colonus originalis vel inquilinus ante hos triginta annos de possessione discessit, neque ad solum genitale silentii continuatione*

bei eheähnlichen Verbindungen (*coniugium non aequale*) fielen die Nachkommen immer dem Grundherrn des Kolonen oder der Kolonin zu.[680] Zugleich führte man die *praescriptio longi temporis* für die Ersitzung der Freiheit ein. Ebenfalls zu Beginn des 5. Jahrhunderts wurde wahrscheinlich die Verfügungsfähigkeit der Kolonen über ihr Vermögen weiter eingeschränkt.[681] Vom Kolonat konnten sich Kolonen nur noch durch dreißigjährige und Koloninnen durch zwanzigjährige Ersitzung befreien. Die Bedeutung dieses Gesetzes darf nicht unterschätzt werden. Die Grundlage der Verpflichtung war das *ius agrorum*, aber der Gesetzgeber beließ es in manchen Fällen bei der *regula iuris gentium*, wonach die ehelich gezeugten Kinder dem Vater und die außerehelich geborenen Kinder der Mutter folgten. Der Kolonat hatte sich zum Geburtsstand (*condicio*) verstetigt.[682]

---

repetitus est, omnis ab ipso, vel a quo forte possidetur, calumnia penitus excludatur quem annorum numerum futuris quoque temporibus volumus observari. Quod si quis originarius intra hos triginta annos de possessione discessit, sive per fugam lapsus, seu sponte seu sollicitatione transductus, neque de eius condicione dubitatur, eum, contradictione summota, loco, cui natus est, cum origine iubemus sine dilatione restitui. Quod si forte ipse, de cuius proprietate certatur, fatali sorte consumptus est, eius posteritatem agrorum iuri cum omni peculio atque mercedibus, velut eo superstite, qui decessit, celeri iubemus exsecutione revocari. In feminis sane observationem volumus esse diversam. Itaque mulierum, quae fuisse originariae docebuntur, si ante vicesimum annum de solo, cui debebantur, abscesserint, universa repetitio cesset; earum vero, quarum intra comprehensum tempus discessio comprobatur ac de condicione nulla dubitatio est, prorsus dominis perire non sinimus, ea tamen condicione servata, ut vicaria cum agnatione partis tertiae non negetur, quae de colono suscepta est alieno, ita ut pro filiis quoque contrarii praebeantur. Quod si non ad alienum praedium, sed cuiuscumque liberi hominis ac sui iuris secuta consortium in urbibus vel in quibuscumque locis victura consistit, si modo intra praefinitum tempus reposcitur, eius omnem originem secundum vetera constituta conveniet revocari. Contestatas autem lites, si tamen quisquam docebitur solenniter fuisse conventus, salvas repetentibus esse decernimus. Vgl. Schipp 2009, S. 172–178.

680 Die Bedeutung des Eherechts bei der Herausbildung der *condicio colonaria* übersieht Koptev 2005.

681 Nach einer schlechten Überlieferung wurde den Kolonen untersagt ihr *peculium* ohne Kenntnis ihres Grundherrn zu veräußern (*peculium alienare*). Der fehlende Titel CTh 5, 19, 2 kann aus CJ 11, 50, 2 (396), L. Rom. Vis. 5, 11, 1 (506) und L. Rom. Burg. 14, 6 (517) erschlossen werden.

682 Die *condicio* wird in den Kolonengesetzen im allgemeinen Sinne erwähnt in: CJ 10, 32, 29 (365); CJ 11, 48, 6 (366); CJ 11, 48, 13 (400); CJ 11, 52, 1, 1 (392–395); CTh 4, 23, 1 (400) = L. Rom. Vis. 4, 21, 1= CJ 11, 48, 14; und im Sinne von (Geburts-)Stand in: CTh 5, 18, 1, 3 (419); Const. Sirmond. 5 (419); Nov. Val. 35, 3 (452); Nov. Val. 35, 6 (452). Im Osten: CJ 2, 4, 43 (530); CJ 11, 48, 22 (531); CJ 11, 48, 23 (531–534); CJ 11, 48, 24 (531–534); Nov. Iust. app. 6 (552). Vgl. de Robertis 1963, S. 364. In den literarischen Quellen findet man den Begriff bei: Aug. *civ.* 10, 1, 2 (CCL 47, 272); Isid. *orig.* 9, 4, 36: *condicio genitalis* und Greg. M. *epist.* 4, 21 (MGH Epp. 1 [P. Ewald/L. M. Hartmann, 1887–1891], S. 255f.): *conditionem loci debentes.* Auch wird der Begriff in den Konzilsakten verwendet: Conc. Araus. (441), c. 6 (CCL 148, 79); Conc. Aurel. II, c. 33 (CCL 148, 121); Conc. Aurel. III (538), c. 29 (CCL 148A, 124f.). Zusammengefasst werden der bisherige Forschungsstand und die einschlägigen Quellen zur *condicio* der Kolonen von de Martino 1993, S. 795f.

Aufgrund fehlender Sozialgesetze wird die rechtliche und soziale Stellung der Kolonen fortan durch die gesetzlichen Normen bestimmt, welche die soziale Frage des Kolonats berührten. Rechtlich waren die Kolonen in ihrer Freizügigkeit eingeschränkt, sie wurden vermögens- und prozessrechtlich den Interessen der Grundherren unterstellt sowie eherechtlich gebunden, sodass sie noch nicht einmal mehr eine rechtmäßige Ehe mit Freien eingehen konnten.[683] Die rechtliche Trennung von den nichtkolonalen Freigeborenen und die Summe der rechtlichen Einschränkungen machen den kolonalen Geburtsstand (*condicio*) aus. Eine literarische Erwähnung der kolonalen *condicio* verdanken wir dem Kirchenvater Augustinus, der sie in seinem Werk „Vom Gottesstaat" charakterisiert. Seine Ausführungen sind besonders wertvoll, da der Bischof den kolonalen Geburtsstand beiläufig erwähnt. Er tut dies in der Absicht, das Wort *colere* und dessen Ableitungen *agricola*, *colonus* und *incola* zu definieren und von der Bezeichnung für die Himmelsbewohner (*caelicola*) abzugrenzen.

> Aug. *civ.* 10, 1, 2 (CCL 47, 272):
> *Nam ex hoc verbo et agricolae et coloni et incolae vocantur, et ipsos deos non ob aliud appellant caelicolas, nisi quod caelum colant, non utique venerando, sed inhabitando, tamquam caeli quosdam colonos; non sicut appellantur coloni, qui condicionem debent genitali solo, propter agriculturam sub dominio possessorum, sed, sicut ait quidam Latini eloquii magnus auctor: urbs antiqua fuit, Tyrii tenuere coloni.*[684]
>
> „Denn von diesem Wort (gemeint ist *colere*) leiten sich die Wörter *agricola*, *colonus* und *incola* ab, und die Götter selbst nennt man Himmelsbewohner, nicht als ob sie den Himmel verehrten, sondern weil sie gleichsam wie Siedler darin wohnen; nicht als Siedler im Sinne von Landpächtern, die ihren Stand ihrem Geburtsort verdanken und so genannt werden wegen der Bodenbebauung unter der Herrschaft der Besitzer, sondern in dem Sinne, wie ein großer Schriftsteller der lateinischen Sprache ihn verwendet in den Worten: ‚Uralt war die Stadt (Karthago), bewohnt von tyrischen Siedlern'."[685]

Mit der Umschreibung *coloni condicionem genitali solo debere* als den Ursprung des Kolonats benennt Augustinus den Stand (*condicio*) der Kolonen, den sie auf ihren Geburtsort (*solum genitale*) zurückführen. Sie seien Kolonen genannt worden wegen

---

683 Siehe etwa Ambr. *de Abraham* 1, 3, 19 (Migne PL 14, 449), wonach ein vollberechtigter Erbe nur aus einem *matrimonium iustum* hervorgehen könne. So auch Leo M. *epist.* 167, c. 4 (Migne PL 54, 1204): *non omnis mulier iuncta viro uxor est viri, quia nec omnis filius haeres est patris [...] nuptarium autem foedera inter ingenuos sunt legitima et inter aequales.*

684 So auch: Isid. *orig.* 9, 4, 36: *colentes, ac debentes conditionem genitali solo propter agri culturam sub dominio possessoris, pro eo quod his locatus est fundus.*

685 Das Zitat im Zitat stammt aus Verg. *Aen.* 1, 12.

der Bodenbebauung (*agricultura*) unter der Herrschaft der Besitzer (*dominium possessorum*). Augustinus nennt den Geburtsstand und die Unterordnung des Kolonen unter seinen Grundherrn. Schon die Terminologie verrät daher den Wandel, der sich vollzogen hatte. Ende des 4. Jahrhunderts hieß es noch in Ermangelung einer Vorstellung von einem Geburtsstand der Kolonen: Der Kolone sei der *condicio* nach scheinbar ein *ingenuus*, tatsächlich aber ein *servus terrae*.[686] Im Ravennater Gesetz des Honorius (CTh 5, 18, 1) steht in den entsprechenden Passagen, die Nachkommen seien aufgrund des *ius agrorum* zurückzufordern und es bestehe hinsichtlich der *condicio* kein Zweifel, die Kolonin gehöre zu ihrem Grundherrn, und auch die *condicio* des Kolonen sei zweifelsohne der Ort seiner Geburt.[687] Der Begriff *condicio* bezeichnet die Zugehörigkeit zu einem Grundherrn, wobei die Betonung auf Geburtsort unter der Herrschaft des Grundherrn liegt.[688]

An den Regelungen zum kolonalen Geburtsstand hielten die Kaiser auch Mitte des 5. Jahrhunderts fest. Valentinian III. modifizierte im Westen des Imperiums letztmalig die Gesetze zum Kolonat, änderte aber nicht mehr die Regelungen seiner Vorgänger.[689] Dadurch festigte er den Kolonat. Trotzdem war es möglich, sich auf verschiedene Weise vom Kolonat zu lösen. So begegnen uns hochrangige Beamte in der kaiserlichen Verwaltung, denen vorgeworfen wurde, von Kolonen abzustammen, oder der instruktive Fall des Inquilinen, dessen Freilassung vom Inquilinat Sidonius nicht ganz selbstlos forderte.

Offenbar war es einzelnen Kolonen möglich, auch weiterhin ihren Stand zu verlassen und einer anderen Tätigkeit nachzugehen oder einfach nur die Freiheit vom Kolonat zu erlangen. Dies setzte aber einen Konsens unter den beteiligten Parteien voraus, vor allem der Grundherr musste auf seine vertraglichen und geltenden gesetzlichen Ansprüche an der Person des Kolonen verzichten. Trotz der personenrechtlichen Beschränkungen der Kolonen gab es folglich eine soziale Mobilität.[690] Auch kennen wir das Phänomen von regional begrenzter Massenflucht. Von verschiedenen Push-Pull-Faktoren angetrieben, wandten sich die Menschen zur Flucht. Aufgrund steuerlicher Bedrückung und innerer Unruhen sowie ausgelöst von umherwandernden Barbarengruppen kam es zur Migration der Landbevölkerung in der jeweiligen Region. Nicht alle der Geflüchteten kehrten in ihre alten Verhältnisse zurück. Einige fanden anderenorts bessere Bedingungen vor.[691] Nicht zuletzt um

686 CJ 11, 52, 1, 1 (392–395).
687 CTh 5, 18, 1, 1–3 (419).
688 Zur Einschätzung dieses Gesetzes im Kontext der Aussagen des Augustinus zu den Kolonen siehe auch Whittaker 1997a, S. 302f.
689 Nov. Val. 31 (451) und Nov. Val. 35 (452).
690 Zur sozialen Mobilität siehe Schipp 2009, S. 133–151.
691 Literarische Schilderungen regionaler Massenmigration siehe etwa: Oros. 7, 41, 4f.; Prok. *BG* 3, 9, 1–4; Salv. *gub.* 5, 38–45; Cassiod. *var.* 12, 5, 4 (MGH AA 12 [Th. Mommsen, 1894], S. 364); siehe auch Sidon. *epist.* 5, 7, 1; Them. *or.* 8, 115 c.; Oros. 7, 41, 7. Siehe zu den Fluchtbewegungen allg.: *Paneg.* 11(3) 4, 2; Zosim. 4, 32, 2f.; Joh. Chrys. *hom. Matth.* 61, 3 (Migne PG

dieser wieder habhaft zu werden, wurde den Grundherren auferlegt, die Ingenuität fremder Ankömmlinge zu überprüfen. Auch wurden Gesetze erlassen, aufgrund derer man den *advenae* die Freizügigkeit entzog, sobald sie sesshaft werden wollten.[692]

Die Kolonenflucht wurde dadurch begünstigt, dass die Provinzverwaltung kaum eine gezielte Verfolgung der flüchtigen Kolonen durchführen konnte. Die praktische Umsetzung der Konstitutionen gegen die Kolonenflucht oblag den Grundherren. Wie auf der Flucht befindliche Leute zurückgeholt wurden, schildert Symmachus.[693] Einige, heißt es in einem Brief, aus seiner *familia* hätten sich an Orte geflüchtet, die dem Adressaten gehörten, und hielten sich dort versteckt. In Anbetracht der Freundschaft und in Ablehnung der servilen Liederlichkeit, zu entfliehen, wolle man der Gewohnheit gemäß übereinkommen, dass die Geflüchteten zurückerstattet würden. Vom Versteck seiner Leute hatte Symmachus durch die Nachforschungen seines Verwalters (*procurator*) erfahren. Die Umschreibung der Entflohenen (*plurimi de familia domus meae*) lässt vermuten, dass es sich um Sklaven handelte. Wir dürfen aber mit aller Vorsicht davon ausgehen, dass eine Rückführung von Kolonen genauso durchgeführt worden wäre, wenn sich nicht sogar unter den Geflüchteten auch Kolonen befanden. Symmachus bestimmt in diesem Brief nämlich nicht den Status seiner flüchtigen Leute. Er subsumiert möglicherweise seine Sklaven und Kolonen unter dem Begriff *familia*. Auch der Ausdruck *servilis*, den er im letzten Satz verwendet, bezeichnet keinen Rechtsstatus. Symmachus verdeutlicht mit der Formulierung „*servilis nequitia*", was er vom Tatbestand der Flucht hält, und er charakterisiert das Fliehen an sich (*perfugium*) als eine Gewohnheit, die man von Sklaven kennt.

In den Briefen der spätantiken Autoren, in denen es um juristische Tatbestände geht, fordert der Verfasser, wie im Beispiel gezeigt, häufig den Empfänger zu einem

---

58, 591); Greg. M. *epist.* 9, 203–205 (MGH Epp. 2 [P. Ewald/L. M. Hartmann, 1892–1899], S. 190–193); Hieron. *epist.* 123, 15; Cassiod. *var.* 3, 38, 1f.; Cassiod. *var.* 4, 36, 2f.; Cassiod. *var.* 5, 13; Cassiod. *var.* 5, 26; Cassiod. *var.* 8, 27, 2 (MGH AA 12 [Th. Mommsen, 1894] S. 98, 130, 150, 158, 256); Fredegar *chron.* 50, 133 (MGH SS rer. Merov. 2 [B. Krusch, 1888] S. 191). Zu den Pull-Faktoren zählte außerdem der Staatsdienst, über den die Kolonen gesellschaftlich aufsteigen konnten. Vgl. zu den Push-Pull-Faktoren in Bezug auf die Kolonen Schipp 2009, S. 116–151.

692 Nov. Val. 31, 5 (451). Isid. *orig.* 9, 4, 36: *Coloni sunt cultores advenae, dicti a cultura agri. Sunt enim aliunde venientes atque alienum agrum locatum colentes, ac debentes conditionem genitali solo propter agri culturam sub dominio possessoris, pro eo quod his locatus est fundus.* Siehe auch Isid. *orig.* 9, 4, 38; Aug. *en. in. ps.* 118 *serm.* 8, 1 (CCL 40, 1684); Iord. *Get.* 26, 137 (MGH AA 5, 1 [Th. Mommsen, 1882], S. 94). Vgl. Schipp 2009, S. 185f.

693 Symm. *epist.* 9, 140 (MGH AA 6, 1 [O. Seeck, 1883], S. 273): *Prima mihi scribendi causa est, ut tibi honorificentiam salutationis exhibeam, secunda, ut probatam mihi modestiam tuam iusta petitione conveniam. Plurimi enim de familia domus meae per fugam elapsi in iis locis, quae tibi commissa sunt, delitescunt. Hos auditis allegationibus procuratoris mei quaeso restituas; convenit enim tuis moribus, et amicitiae nostrae contemplationem gerere et servili nequitiae negare perfugium. vale.*

Vergleich im juristischen Sinne auf, da er nur so seine Interessen wahren konnte.[694] Am besten war es daher, wenn Kolonen und Sklaven erst gar nicht entflohen. Gregor der Große etwa ermahnte am Ende des 6. Jahrhunderts seine Sachverwalter auf Sardinien, mit bestimmten Maßnahmen zu verhindern, dass es zur Abwanderung der Landarbeiter kommt. Diese und weitere Zeugnisse geben ein lebhaftes Bild von innergesellschaftlichen Veränderungen während des 5. und 6. Jahrhunderts, in der Zeit also, als rigide Kolonengesetze galten. Die Häufigkeit der Gesetzesregelungen zeigt darüber hinaus, dass sie aufgrund einer vielfältig bedingten sozialen Mobilität der Gesellschaft nicht richtig griffen.

Valentinian III. novellierte auf der Grundlage der direkten Bindung an den Grundherrn: Die Kolonen unterstanden dem Recht ihrer Herren (*ius dominorum*) und durften nicht ihrer Standesbindung entgehen (*vinculum debitae condicionis*);[695] ferner durften sie in bestimmten Fällen nicht mehr aufgrund der Bodenbindung und des *origo*-Titels (*ius et titulus originis*) zurückgerufen werden.[696]

Auch in den Tablettes Albertini aus den Jahren 493–496 findet man dies bestätigt. Die Kolonen gehörten unter die Herrschaft (*dominium*) ihres Grundherrn, des Flavius Geminus Catullinus.[697]

Isidor von Sevilla schließlich, der zu Beginn des 7. Jahrhunderts die gesamte Entwicklung des Kolonats in der Spätantike überblickte, formuliert: Kolonen seien Leute, die, von irgendwoher kommend, es übernahmen, einen fremden, gepachteten Acker zu bestellen.[698] Sie verdanken den Stand (*condicio*) ihrem Geburtsort (*solum genitale*) und der Bodenbebauung (*propter agri culturam*) unter der Herrschaft des

---

694 Ein anderes Beispiel ist der schon mehrfach zitierte Brief des Sidonius Apollinaris an Pudens, durch den der Bischof einen Brautraub, verübt an einer seiner Klientinnen, klären wollte, indem er ein Einvernehmen mit dem Grundherrn des Täters herstellte (Sidon. *epist.* 5, 19).

695 Auch bedurften die Kolonen der Zustimmung des Grundherrn, wenn sie in den Kirchendienst eintreten wollten. Es galt aber die Außnahme, dass sie den Kirchendienst nach dreißig Jahren ersitzen konnten. Auch befreite die Ordination zum Bischof und die Priesterweihe stets. Siehe Nov. Val. 35, 3 (452): *Nullus originarius, inquilinus, servus vel colonus ad clericale munus accedat, neque monachis et monasteriis aggregetur, ut vinculum debitae condicionis evadat.* Nov. Val. 35, 6 (452): *Originarii sane vel servi, qui iugum natalium declinantes ad ecclesiasticum se ordinem transtulerunt, exceptis episcopis, ut dictum est, et presbyteris, ad dominorum iura redeant, si non in eodem officio annum tricesimum compleverunt: ita ut huius condicionis diaconus domino pro se vicarium reddat, omni pariter peculio restituto.*

696 Nov. Val. 35, 18 (452). Siehe oben in diesem Abschnitt.

697 Tablettes Albertini IV: *ex culturis suis mancianis sub d(omi)n(i)o Fl(avi) Gem(ini) [C]atullini fl(ami)n(is) p(er)p(etu)i particellas agrorum*; vgl. Weßel 2003, S. 107f. und Schipp 2022.

698 Dabei widersprechen seine Angaben zu den *advenae cultores* den Rechtsquellen, denn die *advenae* waren 5. Jahrhundert noch freie Ankömmlinge, die ihre Freizügigkeit verloren. Zu den *advenae* siehe: Isid. *orig.* 9, 4, 38; Aug. *en. in. ps.* 118 *serm.* 8, 1 (CCL 40, 1684); Iord. *Get.* 26, 137 (MGH AA 5, 1 [Th. Mommsen, 1882], S. 94).

Grundherrn (*sub dominio possessoris*). Für ihn, von dem sie das Grundstück gepachtet haben, bebauen sie den Boden.[699] Kolonat war demnach gekennzeichnet von Geburtsstand, Bodenbebauung und Inferiorität.

Die Folgen dieser Entwicklung war für die meisten Kolonen sicherlich nicht spürbar. Was hatte sich schon dadurch geändert? Die Lebens- und Arbeitsumstände zur Zeit der Kolonenwirtschaft unterschieden sich kaum von denen des spätantiken Kolonats. Die Kolonen arbeiteten hart, um den Lebensunterhalt für sich und ihre Familie zu erwirtschaften. Die Kinder übernahmen den Hof der Eltern. Ehen wurden mit anderen Kolonen aus dem Umfeld des Landgutes geschlossen. Ihr Sozialprestige blieb gering. Das soziale Ansehen der Kolonen war in einer zunehmend rechtlich stratifizierten Gesellschaft auf einer niedrigen Stufe. Aber da auch andere Berufs- und Standesgruppen per Gesetz gebunden beziehungsweise verpflichtet wurden, fiel der Prestigeverlust aufgrund der Standesbindung im Vergleich mit anderen Statusgruppen gering aus, wurde doch an der Skalierung der Standesordnung wenig verändert. Die sozioökonomische Entwicklung verlief bei diesen Prozessen in einer langsameren Geschwindigkeit als die rechtliche Veränderung.

Die spätantike Gesellschaft wird sowohl von den Zeitgenossen als auch von der neuzeitlichen Forschung mithilfe dichotomischer Modelle beschrieben. Der personenrechtliche Status der Kolonen blieb auch in der Spätantike der gleiche wie im Prinzipat. Sie waren freie römische Bürger (*cives Romani, latini Iuniani*). Als Freie waren sie aller (rechtlichen) Freiheit teilhaftig, sie waren als Rechtssubjekt Träger von Rechten und Pflichten. Sie hatten die Freiheit, etwas tun zu dürfen, und die Freiheit, etwas anderes, nicht tun zu müssen, im Gegensatz zu den Unfreien (*servi, ancillae, vernae, famuli, mancipia*). Die Rechtsunfähigkeit der Sklaven verbunden mit der rechtlichen Abhängigkeit vom Herrn ist der Kern ihrer Unfreiheit. Dabei bestand nie ein Spannungsfeld zwischen Freiheit und Unfreiheit, eine Grundannahme mancher Forscher. Die Dichotomie in Freie und Unfreie entspricht der antiken Denkweise, und zwar in der juristischen als auch der christlichen Überlieferung.[700] Der Kolonat bildete aber eine in sich differenzierte Zwischenschicht von in personenrechtlicher Hinsicht freien Römern, die aber aufgrund rechtlicher Einschränkungen den Unfreien faktisch angenähert waren.[701] Die formalen Unterschiede blieben bis in das frühe Mittelalter bestehen. Dabei darf nicht außer Acht

---

[699] Isid. *orig.* 9, 4, 36: *Coloni sunt cultores advenae, dicti a cultura agri. Sunt enim aliunde venientes atque alienum agrum locatum colentes, ac debentes conditionem genitali solo propter agri culturam sub dominio possessoris, pro eo quod his locatus est fundus*; er fügt hierbei einen Satz aus Aug. *civ.* 10, 1, 2 (CCL 47, 272), in seine Definition ein.

[700] Gai. *inst.* 1, 9–11; Capit. 1, 58, c. 1; 1. Kor. 12f.; Gal. 3, 28.

[701] Daher halte ich die Fragestellung von Munzinger 1998 und Mirković 1997 nach dem Spannungsfeld zwischen Freiheit und Unfreiheit für wenig zielführend, da kein Erkenntnisgewinn damit verbunden ist. Zur Monographie von Mirković vgl. auch die kritischen Rezensionen von M. Whitby, in: Classical Review N. S. 48, 2 (1998), S. 537, und A. Kränzlein, in: ZRG RA 116 (1999), S. 363–368. Mirkovićs Versuch, ihre These nachzuschärfen, ist wenig überzeugend;

gelassen werden, dass die Kolonen in ihrer Gesamtheit im 5. Jahrhundert eine soziale und ökonomische Kategorie bildeten, wohingegen der Kolonat eine juristische war. Da es also in der Spätantike eine Zwischenschicht zwischen frei und unfrei gab, die nicht explizit personenrechtlich bestimmt war, müssen außer den rechtlichen auch immer die außerrechtlichen Bedingungen für diese sozioökonomische Gruppe berücksichtigt werden.

So können wir heute die Gesellschaftsgruppen mit hierarchisch strukturierten Schichtenmodellen beschreiben, aber die mannigfaltige Differenziertheit der spätantiken Gesellschaften vermögen wir damit nicht wiederzugeben. So kann man nicht von einem spätantiken Zwangsstaat sprechen.[702] Auch bildete sich keine Klassengesellschaft heraus.[703] Und die Erwägung eines spätantiken Kastenwesens sagt mehr über den Zeitgeist der Autoren als über die Spätantike aus.[704]

Der Kolonat war vielmehr, wie die vielen Konstitutionen belegen, immer von einer möglichen sozialen Mobilität geprägt. Die dichotomische Sichtweise verdunkelt daher die vielfältigen Schattierungen der Lebensumstände. In der spätantiken Gesellschaft entstand, rechtlich gesehen, zwischen den freien Bürgern (*ingenui*) und den Unfreien (*servi*) eine Gesellschaftsschicht eingeschränkter und abhängiger Freier (*coloni, inquilini, tributarii, advenae* etc.), die nach ihrem Rechtsstatus zwar

siehe Mirković 2008, S. 53–69. Nachdem sie auf 14 Seiten den Freienstatus der Kolonen nachgewiesen hat, schließt sie ihre Argumentation mit einem Papyrus aus dem Jahre 595 (P.Oxy. 2479), in dem ein Kolone (ἐναπόγραφος) sich als Sklave (δοῦλος) bezeichnet; siehe Mirković 2008, S. 67. Dies könnte man auf sich beruhen lassen, wenn eine solch widersprüchliche Aussage von freien Kolonen, die dann scheinbar Sklaven sind, nicht Missverständnisse hervorriefe, wie bei dem Neuzeithistoriker Zeuske 2020, S. 232, welcher den Kolonat auf die Lektüre des mirkovićschen Aufsatzes hin als eine kollektive Sklavereiform ansieht. Der Papyrus ist allerdings auch höchst ungewöhnlich und die Bezeichnung Sklave (δοῦλος) ist vielleicht von einer zweiten Hand eingetragen worden. Zunächst ist ferner nicht deutlich, ob ὑμετέρος δοῦλος, wie es vollständig heißt, überhaupt ein Rechtsterminus oder bloß eine Höflichkeitsformel ist.

Die pathetische Anrede des Herrn als ἐμός ἀγαθός εὐεργέτης καὶ δεσπότης und die unterwürfige Selbstbezeichnung als ὑμετέρος δοῦλος erklärt sich dann aber aus dem Sachverhalt. Der Kolone möchte nämlich nach einer erfolglosen Flucht, die drei Jahre lang andauerte, wieder von seinem Grundherrn aufgenommen werden. Dabei möchte er vor allem nicht die Steuern nachzahlen, die während seiner dreijährigen Abwesenheit angefallen waren. Die unterwürfige Höflichkeit ist daher Ausdruck eines Bewusstseins des Kolonen hinsichtlich seiner persönlichen Lage, aber keine generelle Erkenntnis bezüglich der prekären Situation der abhängigen Kolonen allgemein. Zur Interpretation des Papyrus vgl. J. Triantaphyllopoulos, Εὐθηνία (P.Oxy. 2479), in: REG 80 (1967), S. 353–362.

[702] Vgl. Horstkotte 1984.

[703] Vgl. Günther 1985, S. 14f.; ders. 1990; Seyfarth 1963; de Ste. Croix 1981; Held 1971, 1974; Korsunskij 1954, 1964; Udalzowa 1955, 1959.

[704] Vgl. Schulten 1897, S. 14 und Jones 1974, S. 396–418.

frei waren, deren Freiheit aber durch Gesetze derart eingeschränkt waren, dass sich ihre rechtliche Stellung von der eines Unfreien kaum mehr unterschied.[705]

Die Gleichheit vor dem Gesetz und der Grundsatz der Bürger- und Rechtsgleichheit sowie die Vorstellung von einem Reich, in dem die Freiheit der Bürger höher denn alles geachtet wird, so Mark Aurel, wurde aber auch in der Spätantike beachtet.[706] Diese modern anmutenden Auffassung eines Bürgerstaates wurde jedoch konterkariert durch die rechtliche Abstufungen der Bürgerfreiheit. Und es machte in der Antike auch einen juristischen Unterschied, ob jemand arm oder reich war. Die meisten Kolonen waren sicherlich arm.[707] Wie es aber auch reiche Sklaven gab, so sind auch reiche Kolonen nachweisbar. Neben der rechtlichen Gliederung unterschieden sie sich vor allem aufgrund ihres Vermögens von den ärmeren Kolonen und von anderen Statusgruppen.[708] Auch die Zeitzeugen haben die Bevölkerung in Arme und Reiche eingeteilt.[709] Symmachus berichtet von einem Kolonen der so wohlhabend war, dass er einen Prozess führen konnte.[710] Papst Gregor der Große berichtet von reichen Kolonen.[711] Kaiserliche Kolonen konnten sehr wohlhabend sein und in die Kurie streben und einige Nachfahren von Kolonen im höchsten Staatsdiensten wurden von den Grundherren ihrer Vorfahren belangt.[712] Ein unbekannter Anteil der Kolonen besaß eigenes Land, wie Paulinus von Pella, dem trotz seines sozialen Abstiegs ein bescheidenes Landgut von vier *iugera* in der Nähe von

---

705 Vgl. Dig. 1, 5, 4, pr. (Florus libro nono institutionum): *Libertas est naturalis facultas eius quod cuique facere libet, nisi si quid vi aut iure prohibetur*; vgl. dazu Munzinger 1998, S. 24–27.

706 M. Aur. 1, 14: Παρὰ [τοῦ ἀδελφοῦ μου] Σευήρου τὸ φιλοίκειον καὶ φιλάληθες καὶ φιλοδίκαιον· καὶ τὸ δι᾽ αὐτὸν [...] φαντασίαν λαβεῖν πολιτείας ἰσονόμου κατ᾽ ἰσότητα καὶ ἰσηγορίαν διοικουμένης καὶ βασιλείας τιμώσης πάντων μάλιστα τὴν ἐλευθερίαν τῶν ἀρχομένων.

707 Iul. *mis.* 4, 339 D; Iul. *mis.* 4, 368 F; Aug. *en. in ps.* 93, 7 (CCL 39, 1308); Aug. *epist.* 247, 1 (CSEL 57, 586); Aug. *epist.* 247, 4 (CSEL 57, 588); Aug. *epist.* 251 (CSEL 57, 599); Salv. *gub.* 1, 10; Salv. *gub.* 4, 21; Greg. M. *epist.* 13, 37 (CCL 140A, 1038); Greg. M. *epist.* 1, 42 (MGH Epist. 1 [P. Ewald/L. M. Hartmann, 1887–1891], S. 65); Ambr. *Nab.* 21 (CSEL 32, 2; 478); Gaudent. *tract.* 13, 22f. (CSEL 68, 120f.); Max. Taur. *serm.* 91, 2 (CSEL 23, 369), Max. Taur. *serm.* 107, 2 (CSEL 23, 420), Max. Taur. *serm.* app. 26 (Migne PL 57, 902); Aurelianus von Arles an den Frankenkönig Theudebert I. (MGH Epist. 3 [W. Gundlach/E. Dümmler, 1892], S. 124f.); Agap. c. 16; Agap. c. 53; Agap. c. 60.

708 Salv. *gub.* 3, 10.

709 *Anon. de rebus bell.* 2, 3: *Sed afflicta paupertas, in varios scelerum conatus accensa, nullam reverentiam iuris aut pietatis affectum prae oculis habens, vindictam suam malis artibus commendavit. Nam saepe gravissimis damnis affecti imperia populando agros, quietem latrociniis persequendo, inflammando odia, et per gradus criminum fovit tyrannos quos ad gloriam virtutis tuae produxit magis quam succendit audacia.*

710 Symm. *epist.* 7, 56 (MGH AA 6, 1 [O. Seeck, 1883], S. 192).

711 Greg. M. *epist.* 1, 42 (MGH Epp. 1 [P. Ewald/L. M. Hartmann, 1887–1891], S. 65).

712 CTh 12, 1, 33 (342); CTh 12, 19, 2 (400) = CJ 11, 66, 6; Nov. Val. 27 (449); CTh 5, 19, 1 (365).

Massilia gehörte.[713] Die Beispiele zeigen auch einige soziale Aufsteiger aus dem Kolonenstand, die sich von der Bindung des Kolonats befreien konnten. Sobald der Grundherr zustimmte, war es auch einem bodengebundenen oder persönlich abhängigen Kolonen möglich, den Kolonat oder Inquilinat zu verlassen. Warum sollte ein Grundherr einen Kolonen nicht entpflichten, wenn dieser einen Ersatzmann stellte oder sonst wie den wirtschaftlichen Verlust, den sein Weggang bedeutete, ausgliche. Wir dürfen von daher nicht die soziale Mobilität der Kolonen unterschätzen. Nicht zufällig beschäftigte die Eindämmung der vertikalen Mobilität oft die Gesetzgeber, da die Söhne der Kolonen in den Militär- und Kirchendienst strebten.[714] Die Töchter wurden entsprechend häufig mit Männern aus anderen Berufs- oder Geburtsständen verheiratet.[715]

Das römische Recht kennt noch eine weitere Differenzierungsform der sozialen Gruppen, da in den Gesetzen nach Würde (*dignitas*) und Ansehen (*honor*) unterschieden wird.[716] Kolonen konnten sich die *dignitas* eines öffentlichen Amtes seit posttheodosianischer Zeit nur noch als ein Privileg erschlichen haben (*gratiae elicitae*).[717] Ihr Ansehen schadete einem Gesetz Valentinians III. zufolge der *publica honestas*.[718] Nur gezwungenermaßen begab sich ein freier Mann, laut Salvian, in den Kolonat und einige mussten letztendlich auch das Joch der verachteten Inquilinen auf sich nehmen (*iugo se inquilinae abiectionis addicere*). Dadurch verloren sie Würde und Ansehen ihrer Herkunft (*dignitatem suorum natalium non queunt*).[719] Der damit verbundene Ansehensverlust war durch die Entwicklung des Kolonats bedingt. Er wurde genährt von der Summe der rechtlichen Einschränkungen und der zunehmenden Unterordnung unter einen anderen: Die Inferiorität der Kolonen war der innere Grund der Geringschätzung. Die Bedeutung des rechtlichen Verhältnisses zum Grundherrn war für die sozialen Stellung der Kolonen entscheidend. Mehr und mehr sei, so Bloch, deren Platz in der Gesellschaft durch ihre Unterwerfung unter einen anderen Menschen bestimmt worden. Dabei sei der Bedeutungsinhalt der Unterwerfung im räumlichen und zeitlichen Kontext zu beachten.[720] Die großen Latifundien etwa dienten im 5. und 6. Jahrhundert als Zentren der territorialen und politischen Verwaltung. Dabei ist unbekannt, welche konkreten Herrenrechte die Großgrundbesitzer über ihre Leute ausübten. Die Kurialen haben aber sehr wahrscheinlich bereits in vielen Fällen die Steuern der Kolonen, unter diesen

---

713 Paul. Pell. vv. 530–539 (CSEL 16, 1, 263–334). Siehe auch Pallad. *agric.* 1, 6, 6.

714 Vgl. Schipp 2009, S. 133–152.

715 Vgl. Schipp 2009, S. 157–189.

716 Vgl. zur Abgrenzung der *honestiores/humiliores* von den *potentiores/tenuiores* Wacke 1980, S. 578–589, mit ausführlichen Literaturhinweisen.

717 CJ 11, 48, 11 (396).

718 In den Novellen des Valentinian III. steigerte sich die negative Beurteilung des Kolonats und kulminierte in der Formulierung: *ad laqueos vilissimi colonatus*; Nov. Val. 27, 1 (449).

719 Salv. *gub.* 5, 44; siehe auch Pallasse 1950, S. 81.

720 Vgl. Bloch 1999, S. 340f.

wohl auch die Kolonen mit Eigenland, in ihrem Einflussbereich eingetrieben.[721] So verwalteten sie – wenn auch nicht im Sinne einer Autopragia – letztlich deren Güter.[722] Dabei handelte es sich aber trotz der Abhängigkeit und Verpflichtung der Kolonen gegenüber den kurialen Großgrundbesitzern in der Spätantike allenfalls um präfeudale Strukturen.[723]

Auch nach den Kategorien des spätrömischen Strafrechts gehörten die Kolonen einem geringen Stand an.[724] Strafrechtlich war die Bevölkerung des Imperium Romanum in *humiliores* und *honestiores* eingeteilt.[725] Der ehrbare Teil der Bevölkerung wird nach Ranggruppen und der weniger ehrbare Teil nach Berufsgruppen gegliedert. Der Gesetzgeber ordnete zudem die gesamte Bevölkerung nach Bußgeldkategorien. Somit überlagern sich in dem Gesetz des Theodosius II. die sozialen Gliederungsschemata und legen gewisse Interdependenzen offen. So besteht, wenig überraschend, eine Kongruenz von Reichtum, Würde und hoher sozialer Stellung.[726] Nach dem Häretikergesetz gegen die Donatisten wurden Kolonen und Plebejer zwar unter den humilioren Teil der Bevölkerung gezählt, aber die Kolonen wurden zwei Strafkategorien tiefer eingestuft und büßten den Abfall vom wahren Glauben nicht mit einer geringeren Geldstrafe, sondern mit der Prügelstrafe.[727] Auch nach einem Brief des Sidonius standen die Inquilinen gegen Ende des 5. Jahrhunderts nicht mit den Plebejern auf einer Stufe, da diese offensichtlich eine Ehe mit freien Frauen eingehen konnten, jene aber nicht.[728] Hinzukam noch die Ausweglosigkeit aus dem Kolonat, die von den Menschen als eine besonders bedrückende Form der Abhängigkeit empfunden wurde, das Phänomen einer rechtlich formulierten Aporie des Kolonenstatus. Die häufig geäußerte Ansicht, die rechtlich nicht zu lösende Bindung

---

721 Vict. Vit. *hist.* 3, 11 (*ordines civitatum*). Vgl. Schipp 2022.

722 Vgl. zur Autopragia Sirks 1993, S. 337–342.

723 Vgl. Held 1974, S. 13, der in Auseinandersetzung mit Seyfarth 1963 herausstellt, dass der Kolonat zu Beginn des 5. Jahrhunderts zwar dominiere, aber noch nicht feudal gewesen sei. Finley 1980, S. 217, betont: „Slave society did not immediately give way to feudal society", wobei er Bloch 1999 zustimmt, dass Grundherrschaft und Feudalismus erst in der Zeit Karls des Großen entstanden seien. Demandt 2007, S. 399, spricht in diesem Zusammenhang allerdings zu Recht von Feudalisierungstendenzen. Aber erst im Zusammenspiel mit anderen Faktoren, z. B. die Befestigung und Umwehrung der zentralen Herrenhäuser, Entstehung von Gefolgschaften, entwickelte sich daraus der Feudalismus des frühen Mittelalters; vgl. Demandt 2007, S. 402.

724 Vgl. zur Abgrenzung der *honestiores/humiliores* von den *potentiores/ tenuiores*, Wacke 1980, S. 578–589, mit ausführlichen Literaturhinweisen.

725 Zu CTh 16, 5, 52 (412).

726 Aber nicht alle, die reichen waren, wurden auch geehrt. Zum Verhältnis *potentiores/honestiores* vgl. Wacke 1980, S. 579.

727 CTh 16, 5, 52 (412). Vgl. Rilinger 1988.

728 Sidon. *epist.* 5, 19.

der Kolonen an den Boden wirke sich zu deren Schutz aus, verdreht die Tatsachen.[729] Das Gegenteil ist der Fall, denn, wie Palladius notiert: „Wer einen Acker bebaut und zu Abgaben an einen hartherzigen Gläubiger verpflichtet ist, der ist an diesen ohne Hoffnung auf Freiwerden von den Schulden gebunden."[730] Sklaven konnten freigelassen werden. Kolonen blieben nach den Gesetzen bis zur Mitte des 5. Jahrhunderts ihr Leben lang Kolonen.[731]

2. Die Fortentwicklung des Kolonats in den nachrömischen Königreichen

Die Rechtsstellung der römischen Kolonen steht im Westen in einem engen sachlichen und regionalen Zusammenhang mit der Rechtsstellung der Kolonen in den nachrömischen Königreichen. Die starke rechtliche Ausprägung, die der Kolonat in der römischen Spätzeit erfuhr, wurde in den nachrömischen Königreichen in modifizierter Form bewahrt und fortgeführt. Der Kolonat war eines der Elemente, welches die Spätantike und das Frühmittelalter verband. Der Bestand des Kolonats wurde in der Zeit des Übergangs dadurch gewahrt, dass die zahlenmäßig große Bevölkerungsgruppe der Romanen (Gallorömer) auf dem Gebiet des ehemaligen Westreiches weiterhin nach römischem Recht lebte. Nicht zu unterschätzen ist ferner der Einfluss der römischen Kultur, vermittelt durch den frühen Kontakt der Goten, Vandalen, Burgunder und Franken mit der römischen Welt, an deren Rand sie siedelten, in die sie eindrangen und von der sie schließlich ein Teilreich für eine bestimmte Zeit beherrschten.[732]

---

729 So aber Krause 2006, Sp. 71.

730 Pallad. *agric.* 1, 6, 8: *qui agrum colit gravem tributis creditorem patitur, cui sine spe absolutionis obstrictus est.* Darauf, dass es sich hierbei um Kolonen handeln könnte, weist Morgenstern 1989, S. 187, hin. Zu den Kolonen im *opus agriculturae* des Palladius vgl. ferner Kaltenstadler 1986, S. 552–555, der skeptisch ist, ob die genannten *coloni* (Pallad. *agric.* 1, 6, 6; Pallad. *agric.* 14, 29, 4; Pallad. *agric.* 15, 5, 35) und *rustici* (z. B. Pallad. *agric.* 1, 6, 2) überhaupt auf Pächter bezogen werden können. Womöglich seien die Begriffe in einem allgemeinen Sinne gebraucht worden, sodass *colonus* und *rusticus* mit Bauer zu übersetzen ist. Dies dürfe aber nicht zu dem Schluss aus dem Schweigen der Quellen verleiten, auf den Gütern des Palladius habe es keine Kolonen gegeben (ebd., S. 554f.).

731 Im Kirchenrecht folgt die Freilassung aus der *colonaria condicio* dem Modell der *manumissio in ecclesia* für Sklaven: Conc. Araus. (441), c. 6 (CCL 148, 79); Conc. Aurel. II (442–506), c. 33 (CCL 148, 121); Conc. Aurel. III (538), c. 29 (CCL 148A, 124f.). Erst durch das westgotische Römerrecht im Jahre 506 wurde eine gesetzliche Kolonenfreilassung in deren Reich eingeführt: L. Rom. Vis. 4, 8, 3 interpr.

732 Zu den Vandalen, in deren Reich die römischen Gesetze für die Kolonen galten, vgl. Schipp 2022.

Der Kolonat bestand gleichsam in den Königreichen der Ost- und Westgoten, Burgunder und Franken fort.[733] Die Gesetze, welche den Status der Kolonen betrafen, waren nach wie vor gültig,[734] und entsprechende Regelungen stehen in den frühmittelalterlichen Leges, den Formelsammlungen und in den Kapitularien, in denen explizit auf das römische Recht Bezug genommen wird.[735] Die Kolonenflucht ließ vermutlich schon in merowingischer Zeit nach und spielte im Karolingerreich keine besondere Rolle mehr, dennoch sind die Gesetze zur Kolonenflucht in die Rechtsaufzeichnungen der nachrömischen Königreiche eingegangen.[736] Die Fähigkeit, vor Gericht wegen ungerechtfertigter Abgabenforderungen der Grundherren klagen zu dürfen, galt aber weiterhin. So war den Kolonen nach den gotischen und burgundischen Gesetzen das Recht, gegen den eigenen Grundherrn zu prozessieren, nur in bestimmten Fällen, nicht aber generell untersagt.[737] Auch den bereits zu Beginn des 5. Jahrhunderts vollzogenen Wandel zu einem Geburtsstand übernahmen die Könige aus ihren Vorlagen in ihre Gesetzbücher.[738]

---

733 Vgl. Schipp 2009, S. 272–396.

734 Zum Beispiel das kolonale Eherecht. Im Ostgotenreich siehe allgemein: Cassiod. *var.* 5, 14, 6 (MGH AA 12 [Th. Mommsen, 1894], S. 151); speziell zu den Kolonen: Ed. Theod. 64; Ed. Theod. 65; Ed. Theod. 66; Ed. Theod. 67 und Ed. Theod. 69; im Burgunderreich: L. Burg. 12, 5; L. Burg. 100; im Westgotenreich: allgemein: L. Vis. 3, 1, 1; L. Rom. Vis. 3, 14; zu den Kolonen: L. Rom. Vis. 5, 10; L. Rom. Vis. 14, 1, 1 interpr.; Nov. Val. 31, 5–6 interpr.

735 Zu den Kolonen in den Formelsammlungen vgl. Schipp 2009, S. 451–472, und in den Kapitularien ebd., S. 428–451.

736 Capit. 1, 56, c. 4 (803–813): *Ut homines fiscalini sive coloni aut servi in alienum dominium commorantes, a priore domino requisiti, non aliter eisdem concedantur, nisi ad priorem locum; ubi prius visus fuit mansisse, illuc revertatur et ibi diligenter inquiratur de statu ipsius cum cognatione eius.* Zur Kolonenflucht im Karolingerreich vgl. Schipp 2009, S. 431–436.

737 Ed. Theod. 48; Ed. Theod. 121; Ed. Theod. 128; L. Rom. Vis. 9, 3, 2; L. Rom. Vis. 5, 11, 1; L. Rom. Burg. 14, 6 und L. Burg. 17, 5. Auch in der Karolingerzeit hatten Kolonen noch diese Prozessrechte, so klagten die Kolonen der Abtei St. Paul in Cormery vor dem Königsgericht Pippins I. von Aquitanien (828) wegen ungerechtfertigter Zinsforderungen: Chart. et dipl., Pépin Ier, 12.

738 Verschiedene Aspekte des Kolonenrechts und -lebens im Frühmittelalter können wir für Italien in den Schriften Gregors des Großen fassen: Greg. M. *epist.* 1, 42 (MGH Epp. 1 [P. Ewald/L. M. Hartmann, 1887–1891], S. 61–69 = CCL 140, 51); Greg. M. *epist.* 4, 21 (MGH Epp. 1 [P. Ewald/L. M. Hartmann, 1887–1891], S. 255ff. = CCL 140, 239); Greg. M. *epist.* 13, 37 (MGH Epp. 2 [P. Ewald/L. M. Hartmann, 1892–1899], S. 400f., 424); zu den Geschenken (*xenia*): Greg. M. *epist.* 9, 79 (CCL 140A, 633f.); Greg. M. *epist.* 5, 31 (CCL 140, 298f.); zur Pachthöhe: Greg. M. *epist.* 2, 1 (CCL 140, 90); Greg. M. *epist.* 5, 7 (CCL 140, 273), Greg. M. *epist.* 9, 195 (CCL 140A, 749); *coloni* als *pauperes*: Greg. M. *epist.* 13, 35 (CCL 140A, 1038) und Greg. M. *epist.* 1, 42 (MGH Epp. 1 [P. Ewald/L. M. Hartmann, 1887–1891], S. 61–69 = CCL 140, 51); zur Bekehrung: Greg. M. *epist.* 4, 26 (CCL 140, 245) und Greg. M. *epist.* 5, 7 (CCL 140, 273); zur Steuerbelastung Greg. M. *epist.* 9, 204 (CCL 140A, 762); zur Kolonenflucht: Greg. M. *epist.* 9, 206 (CCL 140A, 765); Greg. M. *epist.* 9, 204; Greg. M. *epist.* 9, 205 (CCL 140A, 764f.); Greg. M. *epist.* 9, 207 (CCL 140A, 766); zur Bodenbindung Greg. M. *epist.* 9, 128 (MGH Epp. 2 [P. Ewald/L. M. Hartmann, 1892–1899], S. 128).

Aber es wurden auch wesentliche Änderungen vorgenommen. Am bedeutsamsten für den personenrechtlichen Status der Kolonen war die Aufhebung der Bodenbindung. Sie wurde in den Herrschaftsbereichen der Westgoten und der Franken nicht übernommen und in den Gesetzen explizit gelöscht, in deren Vorlage die Bodenbindung noch erwähnt war.[739] An ihre Stelle trat in den Gesetzbüchern die sich Ende des 4. Jahrhunderts abzeichnende engere Zuordnung der Kolonen zu ihren Grundherren. Nicht übernommen wurden ferner die Gesetze, wonach kaiserliche Kolonen seit der Zeit Valentinians I. und alle übrigen Kolonen seit der Zeit Theodosius' I. vom Militärdienst ausgeschlossen wurden. Goten, Franken und Burgunder nahmen diese Bestimmungen nicht in ihre Gesetze auf und ließen Kolonen in ihren Königreichen zum Militär zu.[740]

Der Geburtsstand war verknüpft mit der Abgabenordnung, weswegen den Statusprozessen eine zentrale Rolle im Frühmittelalter zukamen. Wie den Formelsammlungen und den Gerichtsurkunden zu entnehmen ist, versuchten Grundherren und Kolonen ihre Streitigkeiten vor einem lokalen Gericht zu klären oder sie wandten sich an den fränkischen König. Hierbei ergibt sich eine interessante Parallele zu den Verhältnissen auf den kaiserlichen Latifundien in Nordafrika des 3. Jahrhunderts, wo die Kolonen gleichfalls die Flucht nur androhten und an den Kaiser appellierten, um von den bedrückenden und wohl auch ungerechtfertigten Abgaben befreit zu werden. Im Frühmittelalter wirkte sich aber der Verlust der Schriftlichkeit negativ auf den Kolonenstatus aus. Nur wenn es den Kolonen gelang, ausreichend viele Zeugen vor Gericht aufzurufen, die ihren Status als freie Romanen (Galloromer) bezeugen konnten, wahrten sie ihre Freiheit von einem Grundherrn. Wenigstens eine günstigere Abgabenquote, die ihnen als Kolonen zugestanden hätte, wollten sie in den Statusprozessen erreichen. Es ist aber davon auszugehen, dass in den meisten Fällen die Großgrundbesitzer solche Gerichtsverhandlungen gewannen.[741]

Die Ostgoten, Westgoten und Burgunder übernahmen das römische Recht in ihren Herrschaftsgebieten und damit auch einige Kolonengesetze.[742] Noch stärker zeigt sich die Orientierung am römischen Vorbild bei den Franken. Im Frankenreich

---

739 In den Gesetzen der Westgoten: Nov. Val. 35, 18 interpr.; der Burgunder: L. Rom. Burg. 6, 4; L. Rom. Burg. 37, 6; L. Rom. Burg. 46; der Ostgoten: Ed. Theod. 66; Ed. Theod. 67; Ed. Theod. 68; Ed. Theod. 80; Ed. Theod. 84; Ed. Theod. 142.

740 Vgl. Schipp 2009, S. 385–388.

741 Zum Beispiel die Urkundenmuster in der Formelsammlung von Sens: MGH FF cart. Sen. Nr. 20, S. 194; MGH FF Form. Sen. rec. Nr. 2, S. 211f.; MGH FF Form. Sen. rec. Nr. 4, S. 213; MGH FF Form. Sen. rec. Nr. 5, S. 213f.; MGH FF Form. Sen. rec. Nr. 1, S. 211. Vgl. Schipp 2009, S. 461–468, mit der Literatur.

742 Ed. Theod. (um 500) 21; Ed. Theod. 48; Ed. Theod. 56; Ed. Theod. 63–69; Ed. Theod. 80; Ed. Theod. 84; Ed. Theod. 97; Ed. Theod. 98; Ed. Theod. 104; Ed. Theod. 109; Ed. Theod. 142; Ed. Theod. 146 und Ed. Theod. 148. L. Rom. Vis. (506) 5, 9; L. Rom. Vis. 5, 10; L. Rom. Vis. 4, 8, 3 interpr.; L. Rom. Vis. 5, 11, 1 interpr.; L. Rom. Vis. 14, 1, 1 interpr.; Nov. Val. 31 interpr.; Nov. Val. 35, 19 interpr. L. Burg. (um 500) 7; L. Burg. 21, 1; L. Burg. 38, 8; L. Burg. 39, 3; L. Rom. Burg. (517) 6, 2; L. Rom. Burg. 14, 4; L. Rom. Burg. 37, 6; L. Rom. Burg. 46.

galten die Kolonengesetze, die in den Codex Theodosianus aufgenommen worden waren, vermittelt durch das Breviar des Alarich (Lex Romana Visigothorum) fort. Dabei wurden die kaiserlichen Konstitutionen und Novellen gesammelt, modifiziert und kommentiert. Vor allem die Interpretatio der Gesetze aus dem Codex Theodosianus fand in Mitteleuropa weite Verbreitung. Dabei sind Vereinfachungen und Rückentwicklungen, aber auch Bestandswahrungen festzustellen. Eine größere Genauigkeit und Detailliertheit erreichte man im Strafrecht, allerdings durchsetzt von fremden Rechtsvorstellungen. Die römischen Kolonengesetze wurden auf die romanischen (gallorömischen) Kolonen nach dem Personalitätsprinzip angewandt.[743]

In den Gotenrechten und im Burgunderrecht erfuhr der Kolonenstatus die größte Annäherung an den Sklavenstatus, sodass sich Kolonen und in der Landwirtschaft tätige Sklaven personenrechtlich nur noch in Nuancen unterschieden. Sie wurden zeitweilig sogar als *originaria mancipia* bezeichnet.[744] Sobald ein Kolone in den Kirchendienst eintreten oder eine Kolonin eine Ehe mit einem Vollfreien eingehen wollte, musste man sie förmlich freilassen. Fast im Widerspruch dazu steht die Tatsache, dass man ihnen nach wie vor einen verminderten Freienstatus beimaß. Denn trotz der Angleichung identifizierte man Sklaven und Kolonen nie.[745]

Für die Merowingerzeit mangelt es uns an Quellen. Die wenigen Zeugnisse, vor allem die Leges und die Schriften der Kirchenmänner, lassen aber auf das Fortbestehen des Kolonats schließen.[746] Diese Kontinuität lässt sich auch durch die Salzburger Verzeichnisse (788) und den churrätischen Befund (Traditionen, Urbar des Reichsgutes) aus der Mitte des 9. Jahrhunderts für den Alpenraum belegen.[747] Im spanischen Westgotenreich werden Kolonen immerhin noch in einer Formelsammlung zum Beginn des 7. Jahrhunderts erwähnt.[748]

Der Umbildungsprozess vom merowingischen Kolonat zum Kolonat karolingischer Prägung kann man sodann an der Entwicklung der Güter- und Abgabenverzeichnisse des 7. bis 9. Jahrhunderts erkennen. Die Abgabenordnung wurde gesetzlich geregelt, die Dienste gewohnheitsrechtlich bestimmt und die Administration

---

743 Das Personalitätsprinzip galt im Frankenreich noch im 8. und 9. Jahrhundert: Capit. 1, 25, c. 5, S. 67 (792/3): *Voluntas domni regis est, ut unusquisque homo suam legem pleniter habeat conservata*; Capit. 1, 34, c. 6, S. 100 (802): *De legibus mundanis ut unusquisque sciat, qua lege vivat vel iudicat*; Capit. 1, 35, c. 48, S. 104 (806): *Ut comites et iudices confiteantur qua lege vivere debeant et secundum ipsam iudicent*; Capit. 1, 161, c. 5, S. 323 (824): *Volumus et cunctus populus Romanus interrogetur, qua lege vult vivere, ut tali qua se professi fuerint vivere velle vivant.*

744 Ed. Theod. 142; Nov. Val. 35, 18 interpr.

745 Vgl. Schipp 2009, S. 327–349 und 353–368.

746 Zum Beispiel Salvian von Marseille, Sidonius Apollinaris, Augustinus, Victor von Vita, Gelasius I., Gregor der Große und Isidor von Sevilla. Vgl. auch im Anhang, Tabelle 5, mit den Autoren, die Kolonen vom 4. bis 9. Jahrhundert erwähnen.

747 Zum Salzburger Verzeichnis vgl. Schipp 2009, S. 529–539.

748 Lieh jemand ein Stück Land, dann musste er den Zehnt wie die Kolonen leisten: MGH FF Formulae Visigothicae Nr. 36, S. 591: *Decimas vero praestatione vel exenia, ut colonis est consuetudo, annua inlatione me promitto persolvere.*

zunehmend verschriftlicht. Während die merowingischen Verzeichnisse noch einfache Streichlisten oder Güterauflistungen waren, tauchen in karolingischer Zeit vermehrt Vollurbare (Polyptychen) auf. Ein Zeugnis für diesen Übergang stellt das Polyptychon des Kloster Saint Victor de Marseille dar, das zu Beginn der Regierungszeit Ludwigs des Frommen aufgezeichnet wurde, und ist zugleich ein Beleg für das gleichzeitige Auftreten ungleichzeitiger Organisationsformen, denn in Marseille kam Anfang des 9. Jahrhunderts dem Kolonenstatus noch eine abgabendeterminierende Bedeutung zu, als zur gleichen Zeit in der Île de France schon die zu erbringenden Abgaben und Leistungen sich nach den Statuten des verpachteten Gutshofes richteten. Die Übergangsform zeigt den Wandel von der römischen Gutswirtschaft zur karolingischen Grundherrschaft.[749]

Der Kolonat wird in der Karolingerzeit wieder häufiger in den Quellen erwähnt. Karl der Große und seine Nachfolger zitierten die spätantiken Kolonengesetze in ihren Kapitularien und bewahrten so das Recht für diese Zwischenschicht im Frankenreich. Die Regelungen des römischen Kolonats trafen aber auf ein verändertes gesellschaftliches Umfeld. Die Königs- und Kirchenkolonen der Karolingerzeit, und wohl auch die Privatkolonen, blieben im fränkischen, alemannischen und bayerischen Rechtsbereich Freie mit rechtlichen Einschränkungen. Sie waren von ihren Grundherren überdies wirtschaftlich abhängig, vor allem schuldeten sie Abgaben sowie Hand- und Spanndienste.[750]

Die römischen Kolonen wurden in den Wergeldlisten der salischen und ripuarischen Franken sowie der Alemannen unter den Freien als römische Tributarier beziehungsweise freie Kirchenhörige geführt.[751] Die soziale Stellung der Kolonen wurde überdies vom Abgabenrecht bestimmt, wie etwa in den Kolonenstatuten des

---

[749] Die Hofstellen waren nicht rechtlich klassifiziert wie etwa zur gleichen Zeit in St. Germain-des-Prés. Die zu leistenden Abgaben werden genau beschrieben und waren abhängig vom personenrechtlichen Status des Hofstellenbesitzers. War dieser zum Beispiel ein Kolone, dann leistete er entsprechend seinem Stand: (B1) *Colonica ad Nemphas. Martinus colonus, uxor Domi[nica], Bertemarus filius baccalarius, Desideria filia baccalaria, dat censum porco I, lactantem I, pastas II, pullos X, oua XL. Sauarildis b[accalaria], Olisirga filia annorum X, Rica filia annorum VIII.* Siehe auch die Editionen der *descriptio mancipiorum*: B. Guérard (Hrsg.), Cartulaire de l'abbaye de St. Victor de Marseille, Bd. 2, Paris 1857, S. 622–656, und J.-F. Brégi (Hrsg.), Le polyptyque de l'abbaye Saint-Victor de Marseille (813–814), Paris 1975. Vgl. Devroey 2004, S. 451. Zum Abgabenrecht der Kolonen vgl. auch Durliat 1990, S. 85–96, 175–187 und 274–284. Vgl. hierzu zusammenfassend Schipp 2009, S. 544–546, mit der Literatur.

[750] Vgl. Schipp 2009, S. 428–451.

[751] P. L. Sal. 41, 10 (65-Titel-Text): *Si quis <vero> Romanum tributarium occiderit <cui fuerit adprobatum> mallobergo walaleodi sunt, MM(D) denarios qui faciunt solidos LXII (semis) culpabilis iudicetur.* L. Rib. 62, 1: *Si quis servum suum tributarium aut litum fecerit, si quis interfecerit, 36 solidos culpabilis iudicetur.* L. Al. 8: *Si quis autem librum ecclesiae, quem colonus vocant, si occisi fuerint, sicut alii Alamanni, ita conponant.* Vgl. Schipp 2009, S. 375–386. Eine Wergeldzahlung ist im Salzburger Verzeichnis belegt: BN 14, 51: *Saxo quidam debuit unum weregildum solvere ad Salzburg; comparavit ad Milonem colonum I in Hohondorf deditque ibidem.*

alemannischen und bayerischen Rechts, in denen das Abgaben- und Dienstleistungsrecht der Kolonen geregelt wurde, oder aber in den *descriptiones* der Güterverzeichnisse, durch die vor allem die Zusatzdienste geregelt waren.[752] Die Kolonen wurden zwar in den frühmittelalterlichen Leges als freie Romanen (Gallorömer) eingestuft, aber welche Schwierigkeiten es bereitete, die rechtliche und gesellschaftliche Stellung der Kolonen genau zu bestimmen, kann man an dem Ausspruch Karls des Großen ersehen, wonach es nur Freie und Sklaven gebe. Damit bezog sich der Kaiser auf die Dichotomie des Gaius.[753] Hierbei zeigt sich die Asymmetrie der Rechtsstellung von Personen innerhalb der Freienschicht. Der Prestigeverlust des Kolonenstatus ist über die Jahrhunderte durch die Entwicklung des Kolonats zum Rechtsinstitut eingetreten.

Die Dichotomie ist zu ergänzen um eine Zwischenschicht, der Personen zugerechnet werden müssen, deren Status zwar nicht explizit durch das Recht bestimmt wurde, der aber aus den Rechtsminderungen und der Einstufung in die Bußgeld- und Wergeldlisten hervorgeht. Die Schwierigkeiten ergaben sich aus dem Rekurs auf die römisch rechtliche Vorlage, die keine soziale Zwischenstufe zischen frei und unfrei definiert. Die Kolonen standen jedoch im Frühmittelalter zwischen den Freien (*cives Romani, liberti, ingenui, libertini; Franci, Burgundi, Gothi* etc.) und Unfreien (*servi, ancillae, vernae, famuli; mancipia*). Die personenrechtliche Dichotomie *servus/ingenuus* war folglich in Spätantike und Frühmittelalter durch die mannigfaltigen, rechtlichen Zwischenpositionen der *coloni, inquilini, tributarii, advenae, lidi, aldiones, massarii, barschalci, ecclesiastici, fiscales etc.* differenziert worden.[754]

Es lassen sich also trotz des politischen und sozialen Wandels in den Gesellschaften Mitteleuropas noch zahlreiche Kontinuitäten zur Spätantike beobachten. Durch jahrzehntelangen Kontakt mit der römischen Welt und durch die Übernahme des Römischen Rechts blieben das Verhältnis von Freien zu Sklaven und die Einstufung der Sklaven in Recht und Gesellschaft trotz veränderter Produktionsbedingungen

---

[752] L. Al. 21; L. Al. 22, 1; L. Bai. 1, 13.

[753] Gai. *inst.* 1, 9–11: *Et quidem summa divisio de iure personarum est, quod omnes homines aut liberi sunt aut servi. Rusus liberorum hominum alii ingenui sunt alii libertini. Ingenui sunt qui liberi nati sunt, libertini, qui ex iusta servitute manumissi sunt*; so auch Karl d. G.: *quia non est amplius nisi liber et servus* (Capit. 1, 58, c. 1). Eine Auffassung, die nicht nur an das römische Recht, sondern auch an die christliche Tradition anschließt: 1. Kor. 12f. und Gal. 3, 28: *Non est servus neque liber. Omnes enim vos unum estis in Christo Jesu.* Vgl. Schipp 2009, S. 436–441 und 574f.

[754] Dies verkennt Rio 2017, S. 246–249, welche die soziale Praxis in der frühmittelalterlichen Landwirtschaft untersucht. Gleichwohl widersprechen ihre Ergebnisse nicht dieser Schlussfolgerung, da sie zu Recht annimmt, dass es sich bei der Leibeigenschaft (serfdom) um den grundsätzlichen Zugang zu einzelnen Rechten für die Abhängigen handelt, im Gegensatz zur Sklaverei (slavery), die weiterhin auf die Unterdrückung der Unfreien abzielt; vgl. Rio 2017, S. 10–14. Lediglich die Herangehensweise unterscheidet sich von meinem Ansatz. Ich gehe davon aus, dass sich die Leibeigenschaft nicht durch den Zugang, sondern durch die Einschränkung von Rechten definiert.

zunächst bestehen. Aber die seit der Spätantike sich abzeichnende Bestrebung, die unteren Gesellschaftsschichten einander anzugleichen – eine Tendenz, die dann noch verstärkt wurde durch die in der Karolingerzeit feststellbare abgabenrechtliche Bindung der Bauern an den Status der Hofstelle unabhängig von ihrem personenrechtlichen Status – musste auf lange Sicht die ohnehin nur noch diffuse juristische Trennlinie zwischen Freien mit rechtlichen Einschränkungen und Sklaven gänzlich verwischen.

3. Die Erneuerung des Kolonats im Byzantinischen Reich

Im Osten des Imperium Romanum ist eine andere Rechtsentwicklung zu beobachten. Unser Bild vom oströmischen Kolonat wird dabei von den Gesetzen der Kaiser Anastasios und Justinian geprägt. Da die Gesetze der byzantinischen Kaiser in der von Juristen überarbeiteten Form des Codex Justinianus tradiert wurden, finden sich besonders prägnante Formulierungen. Dies verleitet die Forschung dazu, den Kolonat anhand der oströmischen Gesetze darzulegen. Die Ergebnisse können freilich nicht auf den gesamten Kolonat übertragen werden, wie auch die Gesetze des Westens nicht den gesamten Kolonat abbilden.

Die Bezeichnungen für Menschen, die im weitesten Sinne dem *ius colonatus* unterliegen, sind im Osten vielfältiger. Dies kann man schon an der Überschrift des einschlägigen Titels im Codex Justinianus ablesen. Die Kompilatoren überschrieben den 48. Titel des 11. Buches mit: *de agricolis censitis vel colonis.* In diesem Titel werden Fragen zu allen bäuerlichen Zensuariern und Kolonen behandelt.[755] Im Text erscheinen die Bezeichnungen *coloni, adscripticii, tributarii* und *inquilini.* Vor allem die Gruppe der adskribierten Kolonen begegnet uns nur im Osten. Da eine Untersuchung zum oströmischen Kolonat fehlt, kann dieser nur in Abgrenzung von der westlichen Entwicklung kurz skizziert werden. Berücksichtigt wird die allgemeine Gesetzesentwicklung im Osten, wie sie von den byzantinischen Kaisern vorgegeben wurde. Regionale Sonderregelungen etwa in Ägypten bleiben wegen der besonderen Entwicklung der ägyptischen Landwirtschaft, die nicht auf die allgemeine Entwicklung des Kolonats im Osten übertragbar ist, außen vor.[756]

Der leitende Grundsatz zum Kolonat geht aus einem Gesetz hervor, in dem die Berufsbindung von adskribierten Bauern mit der Verpflichtung von Dekurionen verglichen wird.[757] In der Konstitution Justinians heißt es dazu:

---

[755] Siehe die Übersicht der einzelnen Titel Sirks 2008, S. 122f.
[756] Vgl. zu den Kolonen in Ägypten Sarris, 2006; Fikhman 2006 und Mazza 2001.
[757] Dazu schon Weber 1891, S. 255–257.

CJ 11, 48, 23, pr. (531–534):
Censemus, quemadmodum in curialium condicione nemo ex temporali cursu liberatur, ita nec adscripticiae condicioni suppositus ex annalibus curriculis, quantacumque emanaverint, vel quacumque prolixa negotiatione aliquis sibi vindicet libertatem: sed remaneat adscripticius et inhaereat terrae.

„Es ist unser Wille, dass niemand durch Ablauf der Zeit von seinen Verpflichtungen als Dekurio befreit wird, wie auch der im Stande des Adskriptiziats Stehende durch keine noch so lange Zeit oder durch lange fortgesetzte andere Beschäftigung die Freiheit erlangt, denn er bleibt ein adskribierter Kolone und dem Boden verhaftet."

Der adskribierte Kolone unterlag folglich der Bodenbindung bis zu seinem Tod. Die Stellung des Grundherrn einem solchen Kolonen gegenüber ist nach diesem Gesetz eindeutig die eines *dominus*.[758] Der Kolone stand unter dessen Herrschaft (*dominium*). Dabei unterscheiden die Juristen zwischen Besitz (*possessio*) und Eigentum (*proprietas* oder *dominium*).[759] Im römischen Recht wurde der Kolone zur Zeit Justinians entsprechend in *suum dominium* vindiziert.[760] Weiter heißt es: Niemand durfte einen fremden Adskribierten oder Kolonen, wenn er über dessen Status Bescheid wusste, in seinen Besitz aufnehmen.[761] Sollte dies redlich Weise (*bona fides*) dennoch geschehen sein, musste der Kolone, sobald angezeigt wurde, dass er zu einem anderen gehörte, mit seinem Vermögen und seiner Nachkommenschaft zurückgegeben werden.[762] Die in dieser Zeit nicht geleisteten Abgaben (*publica functio*) mussten gemäß der älteren Konstitutionen (*secundum veteres constitutiones*) an die Provinzialverwaltung herausgegeben werden.[763] Die städtischen und ländlichen Interessen, die sich konkret in den Aufgaben der Dekurionen, der korporierten

758 „Die Gutsunterthänigkeit war nunmehr fertig", wie Weber 1891, S. 258, zutreffend feststellt. Zur Entwicklung von der Bodenbindung zur Abhängigkeit vom Grundherrn siehe auch CTh 4, 23, 1 (400) und CTh 10, 12, 2 (368–373).

759 Dig. 41, 2, 12, 1: *nihil commune habet proprietas cum possessione.*

760 CJ 8, 51, 3 (529). Vgl. Kaser/Knütel 2014, S. 115f. und 129.

761 CJ 11, 48, 23, 4 (531–534): *Nemini autem liceat vel adscripticium vel colonum alienum scienti prudentique in suum ius suscipere.*

762 Zur Bedeutung von *bona fides*, welches nicht ganz dem heutigen „guten Glauben" entspreche, vgl. Kaser/Knütel 2014, S. 147 und Söllner 2005, 1–61.

763 CJ 11, 48, 23, 5 (531–534): *Sed et si bona fide eum susceperit, postea autem reppererit eum alienum esse constitutum, admonente domino vel ipsius adscripticii vel terrae et hoc faciente per se vel per procuratorem suum hunc restituere cum omni peculio et subole sua: et si hoc facere supersederit, omnis quidem temporis, quo apud eum remoratus est, publicas functiones sive terrenas sive animales pro eo inferre compelletur cura et provisione tam eminentissimae praefecturae quam praesidis provinciae: coartetur autem et sic ad restitutionem eius secundum veteres constitutiones et poenas eis insertas.* Eine der *veteres constitutiones* ist CJ 11, 48, 8 (371).

Handwerker, der in einem Burgus stationierten Soldaten und der Kolonen manifestieren, wurden nach einem Gesetz von Kaiser Honorius voneinander abgegrenzt. Öffentliche und private Statusklagen konnten nicht mehr erhoben werden, wenn jemand in einer Kurie, einem Kollegium, einem Burgus oder in einer sonstigen Korporation dreißig Jahre lang innerhalb derselben oder vierzig Jahre lang in einer anderen Provinz ohne Unterbrechung (*sine interpellatione*) gedient hatte.[764] Die Überlieferung im Codex Justinianus für dieses Gesetz ist leicht überarbeitet. Es fehlen die Einleitung und die Vierzigjahresfrist.[765] Anders als in der westlichen Überlieferung wird hingegen betont, dass jemand in der Kurie oder in der Korporation verbleibt, in der er seit dreißig Jahren dient.[766] Nicht mehr die Freiheit, sondern ein bestimmter Status wurde ersessen.

Die im Westen so wichtige Dreißigjahresfrist für abhängige Kolonen begegnet uns auch für die Kolonen im Osten. Aus dem für den weströmischen Kolonat so bedeutenden Gesetz des Honorius,[767] wodurch die *praescriptio triginta annorum* für Kolonen allgemein eingeführt wurde, fanden aber lediglich die Bestimmungen zu der Verbindung einer Kolonin (*originaria*) mit einem freien Mann (*homo liber ac sui iuris*) in den justinianischen Codex Aufnahme.[768]

Die Kaiser Anastasios und Justinian strebten in der Frage der Verjährung nämlich eine andere Lösung an, da sie andere Kolonengruppen im Blick hatten als die Gesetzgeber im Westen des Imperium Romanum.[769] Neben den schon angesprochenen adskribierten Bauern (*adscripticii*, ἐναπόγραφοι) nennen sie noch die freien Pächter (*coloni liberi*, μισθωτοὶ ἐλεύθεροι).[770] Nach einer Konstitution des Anastasios wurden beide Gruppen gezwungen, das Land zu bebauen und Abgaben zu entrichten. Die μισθωτοὶ ἐλεύθεροι waren jedoch nach dreißig Jahren freie Pächter des

---

764 CTh 12, 19, 2 (400): *Actiones publicas privatasque non eadem ratione concludimus, si quidem statui publico impensius providendum est. Eum igitur, qui curiae vel collegio vel burgis ceterisque corporibus intra eandem provinciam per XXX annos; in alia XL sine interpellatione servierit, neque res dominica neque actio privata continget, si colonatus quis aut inquilinatus quaestionem movere temptaverit.*

765 Die Vierzigjahresfrist wurde bereits von Honorius im Jahre 419 kassiert. Durch CTh 5, 18 führte er eine Dreißigjahresfrist (beziehungsweise eine Zwanzigjahresfrist für Koloninnen) ein.

766 CJ 11, 66, 6 (400): *Eum, qui curiae vel collegio vel burgis ceterisque corporibus per triginta annos sine interpellatione servierit, res dominica vel intentio privata non inquietabit, si colonatus vel inquilinatus quaestionem movere temptaverit: sed in curia vel in corpore, in quo servierit, remaneat.*

767 CTh 5, 18 (419).

768 CJ 11, 48, 16 (419).

769 Vgl. Sarris 2011, S. 31. Vgl. zum Eherecht auch Schmitz 1986, S. 381–386.

770 Die ἐναπόγραφοι in Ägypten: P.Oxy. 135, P.Oxy. 137, P.Oxy. 1896, P.Oxy. 1900, P.Oxy. 1979, P.Oxy. 1982–3, P.Oxy. 1985, P.Oxy. 1988–91, P.Oxy. 2238, P.Oxy. 2479 und P.Oxy. 2724; P.Miln. 64; P.Lond. 774–8; PSI 59, PSI 61–2, PSI 180; P.Amh. 149; P.Iand. 48.

Landes und verfügen über eigenes Vermögen.[771] Diese Regelung griff Justinian auf und dekretierte, dass die freien Kolonen gemäß dem anastasischen Gesetz nach dreißig Jahren unbeschadet ihrer sonstigen Rechte die Freizügigkeit verlieren; das heißt, sie ersitzen den Status eines freien Kolonen.[772] Auch ihre Kinder wurden verpflichtet, den Boden, den die Väter zu bebauen übernommen hatten, nicht mehr zu verlassen.[773] Überlegungen, dass der μισθωτός als *tributarius* anzusehen sei, falls τέλος die Bedeutung von Steuern habe, führen nicht weiter, weil auch den Tributariern schon Ende des 4. Jahrhunderts die Freizügigkeit entzogen worden war.[774] Die μισθωτοὶ ἐλεύθεροι stellen vielmehr eine eigene Gruppierung dar, die Ende des 5. bis Anfang des 6. Jahrhunderts in den Gesetz im Osten auftreten. Sie sind am ehesten noch mit den freie Ankömmlingen (*advenae*) zu vergleichen, die in den Novellen Valentinians III. genannt werden. Diese band der Kaiser an den Wohnort der Frauen, mit denen sie Kinder hatten, unbeschadet ihrer sonstigen Freiheit. Der Unterschied bestand ganz offensichtlich darin, dass sie für ihre Person die Freiheit wahrten, ihre Kinder hingegen Kolonen wurden.[775] Eine eigenständige Gruppe freier Kolonen, die nur der *origo*-Bindung unterlag, sonst aber in ihrer Rechtsfähigkeit nicht eingeschränkt war, vor allem in ihrer Eigentumsfähigkeit, konnte auf der Grundlage dieses Gesetzes nicht entstehen.[776] Die Erblichkeit der Stellung eines freien Kolonen unterschied diese Kolonengruppe von den westlichen Kolonen. Gerade durch den Vergleich mit den frühen Rechtsaufzeichnungen der Franken, Burgunder und Goten, die im selben Zeitraum entstanden, wird die unterschiedliche Entwicklung des

[771] CJ 11, 48, 19 (491–518) = Basilika 55, 1, 18: Τῶν γεωργῶν οἱ μὲν ἐναπόγραφοί εἰσιν, καὶ τὰ τούτων πεκούλια τοῖς δεσπόταις ἀνήκει, οἱ δὲ χρόνῳ τῆς τριακονταετίας μισθωτοὶ γίνονται, ἐλεύθεροι μένοντες μετὰ τῶν πραγμάτων αὐτῶν· καὶ οὗτοι δὲ ἀναγκάζονται καὶ τὴν γῆν γεωργεῖν καὶ τὸ τέλος παρέχειν. Τοῦτο δὲ καὶ τῷ δεσπότῃ καὶ τοῖς γεωργοῖς λυσιτελές.

[772] CJ 11, 48, 20 (529) und CJ 11, 48, 23, 1–2 (531–534).

[773] CJ 11, 48, 23, 1 (531–534): *Cum autem Anastasiana lex homines qui per triginta annos colonaria detenti sunt condicione voluit liberos quidem permanere, non autem habere facultatem terra derelicta in alia loca migrare, et ex hoc quaerebatur, si etiam liberi eorum cuiuscumque sexus, licet non triginta annos fecerint in fundis vel vicis, deberent colonariae esse condicionis an tantummodo genitor eorum, qui per triginta annos huiusmodi condicioni illigatus est: sancimus liberos colonorum esse quidem in perpetuum secundum praefatam legem liberos et nulla deteriore condicione praegravari, non autem habere licentiam relicto suo rure in aliud migrare, sed semper terrae inhaereant, quam semel colendam patres eorum susceperunt.* Vgl. Mirković 1986, S. 71.

[774] So aber Segrè 1947, S. 109, zur Freizügigkeit der Tributarier. Zur Aufhebung der Freizügigkeit siehe CTh 10, 12, 2, 2–3 (368–373).

[775] Nov. Val. 31, 5 und Nov. Val. 31, 6 (451). Freie Frauen, die Verbindung mit Kolonen eingegangen waren und nach erfolgter Ermahnung an der Beziehung festhielten, wurden nach diesem Gesetz sogar in den Sklavenstand versetzt.

[776] Gegen Munzinger 1998, S. 101.

Kolonats in Ostrom und in den nachrömischen Königreichen im Westen besonders deutlich.[777]

Auch der Übertritt in den Militär- oder Kirchendienst wurde weiterentwickelt. Noch Valens verfügte 370, dass unter anderem die in die Steuerliste eingetragenen Kolonen (*adfixi censibus*) für den Kriegsdienst freigestellt werden konnten.[778] Im Codex Justinianus ist dieser Teil der Bestimmung in sein Gegenteil verkehrt, denn nun durfte kein *censibus obnoxius* als Rekrut in den Militärdienst eintreten.[779] Beim Eintritt in den Kirchendienst galt die Regelung, wonach die Zustimmung des Grundherrn vorliegen musste.[780] Im Osten bestätigt Zeno Ende des 5. Jahrhunderts im Wesentlichen diese Normierung.[781] Erst Justinian modifiziert diese Maßnahme im Jahre 546. Kolonen konnten von da an auch ohne Zustimmung ihrer Grundherren in den Klerus eintreten, wenn sie ihren Verpflichtungen weiterhin nachkamen.[782]

Die Vermögensrechte der abhängigen Kolonen (ἐναπόγραφοι) eintspricht den Regelungen für abhängige Kolonen im Westen.[783] Ihre πεκούλια werden im Gegensatz zu den πράγματα der freien Kolonen (μισθωτοὶ ἐλεύθεροι) erwähnt, und sie hafteten mit diesem Vermögen ihrem Grundherrn, der darauf zugreifen konnte.[784] Die freien Pächter verfügten hingegen frei über ihr Vermögen. Die Steuern zahlten die Grundherren für die unter ihrem Namen eingeschriebenen Adskriptizier, während die freien Pächter ihre Abgabe wohl direkt an den Fiskus leisteten.[785]

---

[777] L. Rom. Vis. (Nov. Val.) 9, 5–6; Ed. Theod. 64 und Ed. Theod. 68 sowie L. Rom. Burg. 6, 3 und L. Rom. Burg. 37, 6.

[778] CTh 7, 13, 6, 1 (370): *Nullus vero tironem vagum aut veteranum possit offerre, cum ad spontaneam singuli militiam propositae inmunitatis commodis invitentur. Circa eos enim legis iubemus valere beneficium, qui indigenas atque ipsius provinciae finibus innutritos vel adfixos censibus vel adcrescentibus suis obtulerint iuniores; neque enim convenit illum inmunitate gaudere, qui vana oblatione vagi atque fugitivi vel veterani filii statum futurae conventionis inviserit.*

[779] CJ 12, 43, 1 (370): *Nullus tiro vagus aut veteranus aut censibus obnoxius ad militiam accedat.*; vgl. Jones 1986, S. 614, Anm. 14.

[780] CJ 1, 3, 16 (409): *Quisquis censibus fuerit adnotatus, invito agri domino ab omni temperet clericatu, adeo ut etiam, si in eo vico, in quo noscitur mansitare, clericus fuerit, sub hac lege religiosum adsumat sacerdotium, ut et capitationis sarcinam per ipsum dominum agnoscere compellatur et ruralibus obsequiis quo maluerit subrogato fungatur, ea scilicet immunitate indulta, quae certae capitationis venerandis ecclesiis relaxatur: nullo contra hanc legem valituro rescripto*; vgl. Jones 1986, S. 913f. und 1379, Anm. 90. Nach CTh 16, 2, 33 (398) dürfen nur Leute vom eigenen Landgut oder aus dem eigenen Dorf ordiniert werden. Betroffen sind von diesem Gesetz mit Sicherheit auch Kolonen. Zur weiteren Entwicklung im Osten siehe Nov. Iust. 1, 7, 2 (537).

[781] CJ 1, 3, 36f. (484); vgl. Saumagne 1937, S. 497; Pallasse 1950, S. 62; Eibach 1977, S. 151f.

[782] Nov. Iust. 123, 4 (546); vgl. Saumagne 1937, S. 497; Eibach 1977, S. 188f. Siehe ferner: Nov. Iust. 123, 4. Nov. Iust. 17. Nov. Iust. 35.

[783] Ed. Theod. 121; L. Rom. Vis. 5, 11, 1 interpr.; L. Rom. Burg 14, 6.

[784] CJ 11, 48, 19 (491–518) = Basilika 55, 1, 18. Siehe zum Pekulium auch CJ 11, 50, 2, 2–3 (396). Vgl. Schipp 2009, S. 215–232.

[785] Vgl. CJ 11, 48, 20, 3 (529) und Nov. Iust. 128, 14 (545).

Inwiefern beide Gruppen frei über ihr Eigentum verfügen konnten, erfahren wir nicht aus diesen Gesetzen. Vermutlich galten zunächst weiterhin die Gesetze von 223, wonach das auf einem Landgut eingeführte Inventar der Pfandgestellung unterlag, und 365, nach dem alle Kolonen der Zustimmung ihres Grundherrn bei der Veräußerung ihrer Grundstücke bedürfen.[786] Erst Justinian ließ im Jahre 529 die Klagen der Kolonen jedweden Standes (*coloni cuiuscumque condicionis*) zur Ermittlung des Eigentümers des von ihnen bewirtschafteten Gutes zu.[787] Dadurch wird das Klagerecht der Kolonen gegenüber ihren Grundherren erweitert, mit der Begründung, dass sie selbst die *domini terrae* seien.[788]

Das Prozessrecht der Kolonen wird im Osten vergleichsweise oft behandelt. Im Westen hingegen finden wir keine entsprechende Überarbeitung in den im 5. und 6. Jahrhundert geltenden Leges, in denen das kolonale Prozessrecht des Codex Theodosianius fortgeschrieben worden war.[789] Die Kolonen in der Spätantike durften zunächst ohne Einschränkung vor Gericht klagen, auch gegen ihre Grundherren. Sie waren solange uneingeschränkt prozessfähig, bis ihnen durch das Gesetz des Arcadius (396) das Klagerecht in zivilrechtlichen Angelegenheiten gegen ihre Grundherren außer bei Klagen wegen überhöhter Pachtforderungen verwehrt wurde. Sie durften ferner wegen widerfahrenen Unrechts (*iniuria*) gegen sich oder ihre Angehörigen klagen.[790] Durch die Gesetzgebung des Justinians wurde diese Regelungen beibehalten und um die Klage zur Ermittlung des rechtmäßigen Eigentümers eines Grundbesitzes erweitert.[791] Das Klagerecht der Kolonen wegen überhöhter Pachtforderungen regelte eine Konstitution Justinians, der den Prätoriumspräfekten Johannes anwies, dass die üblichen Abgaben nach alter Gewohnheit bewahrt bleiben und die Kolonen vor neuen Forderungen zu schützen seien.[792] *Tales coloni*

[786] CJ 4, 65, 5 (223); CTh 5, 19, 1 (365).

[787] CJ 11, 48, 20 (529).

[788] Für eine Besprechung dieses sehr umfangreichen Gesetzes, mit Literaturhinweisen, vgl. Eibach 1977, S. 37–41.

[789] Ed. Theod. 48, Ed. Theod. 121, Ed. Theod. 128; L. Rom. Vis. 9, 3, 2; L. Rom. Vis. 5, 11, 1; L. Rom. Burg. 14, 6 und L. Burg. 17, 5; im Karolingerreich konnten Kolonen am Königsgericht Klage erheben: Chart. et dipl., Pépin Ier, 12.

[790] CJ 11, 50, 2, 4 (396): *Sed ut in causis civilibus huiusmodi hominum generi adversus dominos vel patronos et aditum intercludimus et vocem negamus exceptis superexactionibus, in quibus retro principes facultatem eis super hoc interpellandi praebuerunt, ita in criminum accusatione quae publica est non adimitur eis propter suam suorumque iniuriam experiendi licentia.* Vgl. Schipp 2009, S. 234.

[791] Vgl. Kaser 1975, S. 146f.; Seeck 1900, Sp. 506f.; Goffart, 1974, S. 69 und Krause 1987, S. 111.

[792] CJ 11, 48, 23, 2 (531–534): *Caveant autem possessionum domini, in quibus tales coloni constituti sunt, aliquam innovationem vel violentiam eis inferre. Si enim hoc approbatum fuerit et per iudicem pronuntiatum, ipse provinciae moderator, in qua aliquid tale fuerit perpetratum, omnimodo provideat et laesionem, si qua subsecuta est, eis resarcire et veterem consuetudinem in reditibus praestandis eis observare: nulla nec tunc licentia concedenda colonis fundum ubi commorantur relinquere.*

verweist auf die *homines*, die nach dreißig Jahren unter die *condicio colonaria* geraten waren,[793] womit die *coloni liberi* des anastasischen Gesetzes gemeint sind, auf das im Text Bezug genommen wird.[794] Eine Einschränkung der Fähigkeit, Prozesse gegen Dritte zu führen, wird wiederum nicht erwähnt. Die zu erbringenden Abgaben gemäß der althergebrachten Gewohnheit (*vetera consuetudo*) werden den Kolonen zugesichert. Sollten Prozessfähigkeit verletzt worden sein, hatte der Kolone die Möglichkeit, den Provinzstatthalter (*iudex, moderator provinciae*) zu veranlassen, ihm einen Ausgleich für den entstandenen Schaden zu verschaffen, aber unter der Bedingung, dass der Schaden wegen einer Neuerung oder aufgrund einer Gewalttätigkeit entstanden war. Daraus ergibt sich, dass diese Kolonengruppe in den vorgenannten Fällen prozessfähig war. Die Regelungen bestätigen somit die prozessualen Rechte der Kolonen gegenüber ihren Grundherren, wie sie im Gesetz des Arcadius festgesetzt sind. Den *coloni liberi* wurde die Klage gegen ihre Grundherren wegen Neuerungen und Gewalttätigkeiten bestätigt. Dies war ein Recht, das selbst die *coloni censibus adscripti* hatten. Denn es ist kaum anzunehmen, dass die Wendung *aliquam innovationem vel violentiam eis inferre* nicht auf die Erlaubnis zur Klage wegen *superexactiones* und *iniuria* bezogen werden muss.

In einer Novelle des Justinian wird das Klagerecht der *agricolae*, zu denen man wohl auch die Kolonen zählen darf, dahingehend bestätigt, dass von ihnen, wenn sie nach Konstantinopel (*regia civitas*) kommen, nur zwei oder drei zur Prozessführung bleiben sollen und die übrigen wieder in die Provinz zurückkehren.[795] Da in allen zuvor aufgezählten Gesetzen seit der Zeit Konstantins die Kolonen kontinuierlich das Klagerecht wegen überhöhter Pachtzinsforderungen hatten, kann man mit einiger Sicherheit annehmen, dass im Jahre 539 dies auch bei den Klagen zahlreicher Bauern (*agricolae*) der Fall war.[796] Die Kolonen in der Spätantike durften zunächst ohne Einschränkung vor Gericht klagen, auch gegen ihre Grundherren. Sie waren solange uneingeschränkt prozessfähig, bis ihnen durch das Gesetz des Arcadius (396) das Klagerecht in zivilrechtlichen Angelegenheiten gegen ihre Grundherren außer bei Klagen wegen überhöhter Pachtforderungen verwehrt wurde. Sie durften ferner wegen widerfahrenen Unrechts (*iniuria*) gegen sich oder ihre Angehörigen klagen.

---

793 CJ 11, 48, 23, 1 (531–534).

794 CJ 11, 48, 19 (491–518) = Basilika 55, 1, 19.

795 Nov. Iust. 80, 2 (539): *Si vero aliqui sint agricolae constituti sub dominis et egentes eis ad hanc venerunt regiam civitatem, praeparare possessores citius eas discernere pro quibus venerunt causas, et remittere merentes mox quae iusta sunt. Si vero forsan ad resultationem possessorum venerunt et adversus eos dicant causas, si quidem multitudo sit, plures quidem remittere continuo ad provinciam duobus aut tribus relictis, qui secundum collitigantium schema litem exerceant, et ita, eum imminere litis auditori et procurare citius incidi negotia, ut non longitudo eis fiat temporis, et maxime agricolis, quorum et hic praesentia superflua et agriculturae vacatio damnum et ipsis et possessoribus facit.*

796 Vgl. Munzinger 1998, S. 112.

Diese Gesetze sind ausnahmslos durch den Codex Justinianus überliefert und waren im Osten erlassen worden. In der westlichen Überlieferung findet man lediglich den Hinweis, dass man von dem Gesetz des Arcadius CJ 11, 50, 2 (396) Kenntnis hatte.[797] Auffällig ist ferner die Bezeichnung der Kolonen. Bei Konstantin heißt es „jeder Kolone" (*quisquis colonus*).[798] Das Gesetz des Arcadius galt für die *coloni censibus adscripti*.[799] „Kolonen jedweden Standes" (*coloni cuiuscumque condicionis*) nennt sie wiederum Justinian.[800] Derselbe Kaiser unterscheidet schließlich noch die freien Kolonen (*coloni liberi*) von den abhängigen Kolonen (*adscripticii*).[801] Diese Differenzierung der Kolonengruppen hat im Westen keine Entsprechung. Die divergente Entwicklung des Kolonenrechts in Ost und West zeitigte ganz offensichtlich eine spezielle Terminologie.

---

[797] CTh 5, 19; L. Rom. Vis. 5, 11; CTh 9, 6, 3; L. Rom. Vis. 9, 3, 2; Ed. Theod. 48; L. Rom. Burg. 14, 6.

[798] CJ 11, 50, 1 (325).

[799] CJ 11, 50, 2, 4 (396).

[800] CJ 11, 48, 20 (529).

[801] CJ 11, 48, 23 (531–534).

X. Schlussbetrachtungen

1. Resümee: Entstehung des Kolonats

Wenn es bezeichnend ist, dass Rom zunächst nach Süden und erst nach der Erwärmung nach Norden expandierte, wie Behringer feststellt,[802] dann verwundert es auch nicht, dass man sich wegen der globalen Klimaverschlechterung wieder nach Süden zurückzog. Die klimagünstige Phase endete in Mitteleuropa um 180 n. Chr. Von da an verschlechterte sich das Klima zusehends, und vermehrt traten im 3. und 4. Jahrhundert Klimaanomalien auf. Immer öfter waren die Winter nun besonders kalt und die Sommer äußerst trocken. Auf das Optimum der Römerzeit folgte das Pessimum der Völkerwanderungszeit. Vor allem die Landwirtschaft im Norden und Nordosten war von regionaler Unter- oder Überbevölkerung und Ernteausfällen betroffen.[803] Die Folgen der Cyprianischen Pest waren sicherlich in einzelnen Regionen noch zu Beginn des 4. Jahrhunderts zu spüren.

Schließlich gerieten die Sozialverbände im Barbaricum auch aufgrund der klimatischen Verschlechterungen in Bewegung. Sarmaten und Goten bedrohten an der unteren Donau die Grenzprovinzen, Franken und Alemannen am Rhein. Dabei handelte es sich oftmals nicht mehr um Raub- und Plünderfahrten, sondern soziale Gruppen waren auf der Suche nach neuem Siedlungsland. Die Überlebensstrategie, am Rande des Imperiums zu siedeln sowie durch gelegentliche Plünderfahrten zu Wohlstand und sozialem Ansehen zu kommen, wurde zunehmend abgelöst von der Immigration des Sozialverbandes in das Römische Reich. Konstantin scheint zwar die Barbaren mühelos abgewehrt zu haben, und der Gotenkrieg darf nicht überbewertet werden, aber trotzdem erforderten Grenzkonflikte und Barbarenkriege Maßnahmen, um die Ordnung in den Provinzen wiederherzustellen. Die Bedrohung der provinzialen Bevölkerung hatte nämlich Fluchtbewegungen ausgelöst. Kaiserliche Verwaltung und private Grundherren konkurrierten in dem daraus entstehenden Ressourcenkonflikt um die Arbeitskräfte in der Landwirtschaft. Sie hielten es für nötig, über persönlich abhängige Landarbeiter zu verfügen. Durch den vermehrten Einsatz von Landarbeitern versuchten sie ihre Verluste auszugleichen. Außerdem lag dem Bedarf die Notwendigkeit zugrunde, den Boden permanent kultivieren zu

[802] Behringer 2020, S. 87.

[803] Vgl. Preiser-Kapeller 2021, S. 300–310, welcher die Frage, ob das Klima die Völker in Bewegung setzte, als eine der Ursachen für die Aktivitäten der Barbaren jenseits der nördlichen Limites vorsichtig bejaht, aber auch auf die Probleme hinweist, die bei der historischen Interpretation naturwissenschaftlicher Daten bestehen. So sei kein allgemeines Szenario festzustellen, das für alle Regionen gelte; vgl. ebd., S. 310. Im Grunde muss mittels regionaler Studien für jede migrierende Gruppe nachgewiesen werden, ob in ihrem ursprünglichen Siedlungsgebiet eine klimainduzierte Notlage herrschte. Dennoch steht nicht in Abrede, dass die Klimaverschlechterung negative Auswirkungen auf die Landwirtschaft hatte.

müssen. Eine Unterbrechung der Fruchtfolge hätte die Äcker für längere Zeit unbrauchbar gemacht.

Die beobachteten sozialen Gruppen bewältigten die Folgen von Kontingenzerfahrungen wie etwa Hungersnöte, Seuchen und Kriege, die auch auf Klimaveränderungen und Wetterereignisse zurückzuführen waren, mit ganz unterschiedlichen Strategien. Auch die betroffenen Menschen auf der römischen Seite des Limes suchten neue Lebensräume für sich und ihre soziale Gruppe. Wie Salvian schildert, entflohen Kleinbauern dabei nicht nur aus ihrer Region, sondern mussten sich in die Abhängigkeit von Großgrundbesitzern begeben. Diese brachten die migrierenden und in Not geratenen Gruppen unter Kontrolle, und verminderten ihre Verlustrisiken, indem sie ihrer Einnahmequellen diversifizierten und die Ernteausfälle mit gesteigertem Personaleinsatz kompensierten.

Klimaanomalien hatten also für die spätantiken Gesellschaften Kontingenzerfahrungen zur Folge und zogen soziopolitische wie wirtschaftliche Reorganisationen nach sich. Nach der Soldatenkaiserzeit im 3. Jahrhundert und den Wirtschafts- und Verwaltungsreformen der Tetrarchen musste der ökonomische Konsens zwischen Kaiser und den sozialen Eliten neu verhandelt werden. Licinius hatte dies noch unterschätzt und die östlichen Großgrundbesitzer durch Steuererhöhungen belastet und mit der drohenden Konfiskation ihrer Vermögen eingeschüchtert. Konstantin fand hingegen einen Ausgleich mit den östlichen Großagrariern. Er konnte zudem von Ende 324 an durchregieren, da alle Konkurrenten um die Herrschaft ausgeschaltet und Heer und Staatsapparat auf seine Regierung strukturell ausgerichtet waren. Durch Verträge regelte er die Ordnung jenseits, durch Gesetze diesseits des Limes. So konnte er als Alleinherrscher die Grenzen dauerhaft sichern, die Erneuerung der Kataster im Osten anordnen sowie schließlich Agrar- und Kolonengesetze erlassen, wodurch die Kultivierung der Agrarlandschaft, die Versorgung der Bevölkerung und des Militärs und letztendlich die Finanzierung des Staates sichergestellt werden sollte. Begünstigt wurden die konstantinischen Maßnahmen dadurch, dass sich von 320 an für etwa 80 Jahre zwar kein Klimaoptimum, aber ein Equilibrium einstellte.

Konstantin verfolgte, aus den Rechtsquellen zu schließen, keine erkennbare Agrarpolitik, sondern reagierte in bestimmten Situation auf konkrete Anfragen der Zivilverwaltung.[804] Dennoch kann man dem ersten christlichen Kaiser einen gewissen reformatorischen Impetus nicht absprechen. Er führte die Verwaltungsreformen Diokletians fort, strebte dabei aber die Alleinherrschaft an. Dazu wandelte er das Mehrkaisertum in eine Erbmonarchie um.[805] Die Weiträumigkeit und die vielfältigen Herausforderungen des Imperiums zwangen ihn aber, mit den vier nicht

---

[804] CTh 11, 7, 3 (319); CTh 4, 13, 3 (321); CTh 9, 21, 2 (321); CTh 4, 22, 1 (326); CJ 11, 63, 1 (319); CJ 9, 24, 1 (321); CJ 11, 68, 1 (325); CJ 3, 38, 11 (325); CJ 11, 50, 1 (325); CJ 8, 5, 1 (326); CJ 11, 48, 1 (328); CJ 11, 68, 2 (319 Seeck); CJ 3, 26, 7 (313/337).

[805] Brandt 2006, S. 31, spricht von einer „Monarchie herkömmlichen Musters".

praesentalen Prätoriumspräfekten eine dezentrale oberste Verwaltungsbehörde einzurichten, die er mit herrschaftlichen Kompetenzen ausstattete.[806] Entsprechend besetzte er diese Posten mit Senatoren.

Die Präfekturen waren allerdings zu Lebzeiten Konstantins noch nicht endgültig eingerichtet. Unter anderem deswegen wurden einige Konstitutionen an alle freien Provinzbewohner gerichtet. Der Hauptgrund für diese Adressierung war aber sicher die Bedeutung und Tragweite der Regelungen. Die Gesetze *ad (universos) provinciales* mögen dann zwar aufgrund von Anfragen entstanden sein, und Konstantin reagierte bloß, sie lassen aber auch erkennen, wie der Kaiser durch seine Gesetze gestaltend wirkte.

Die Provinzverwaltungen wurden durch das erste allgemeine Kolonengesetz in die Lage versetzt, Ressourcenkonflikte um die Arbeitskräfte zu schlichten.[807] Zugleich versuchte Konstantin damit die Mobilität der Pachtbauern zu unterbinden, zu der diese aufgrund der klimatischen sowie innen- und außenpolitischen Ereignissen getrieben wurden. Konstantin hat daher zunächst die eigenen Kolonen an ihre Aufgaben gemahnt, die sie als abhängige Pachtbauern zu erfüllen hatten. Er scheute sich im Gegensatz zu seinen Vorgängern nicht, einigen Kolonengruppen die Freizügigkeit zu entziehen und sie gegebenenfalls in Ketten legen zu lassen. Grundlage dieser restriktiven Maßnahmen war die prekäre personenrechtliche Stellung der abhängigen Kolonen (Nur-Pächter). Einige Pachtbauern hatten zwar das römische Bürgerrecht, waren aber vertraglich, gewohnheitsrechtlich und vielleicht in einigen Regionen auch schon erbrechtlich an ihre Grundherren gebunden. Andere waren römische Bürger, die in einer peregrinen Rechtstradition standen, der ein inferiores Verhältnis zu den Großgrundbesitzern zugrundelag. Nicht wenige dürften auch Freigelassene mit latinischem Bürgerrecht gewesen sein. Als junianische Latiner waren sie ihrem Freilasser ein Leben lang zu besonderem Dank verpflichtet und blieben von ihm vermögens- und erbrechtlich abhängig.

So begann der Kolonat aufgrund der beschriebenen Konstellation zur Zeit der faktischen Alleinherrschaft Konstantins.[808] Die Entwicklung zum Kolonat wurde durch dessen rigide Konstitutionen in Gang gesetzt. Der Kaiser agierte dabei eher als Feldherr denn als Politiker. Strategische Erwägungen bestimmten sein Handeln. Konstantins autoritärer Regierungsstil zeigte sich nicht zuletzt an den Gesetzen zum Dekurionat, zu den Korporationen sowie zu den Sklaven und Kolonen. Ebenso wie seine Soldaten ihre Aufgaben zu erfüllen hatten, damit die Grenzen gesichert wurden oder ein Feldzug erfolgreich verlief, hatten andere Berufsgruppen das Ihre zu tun, damit die Versorgung von Militär und Bevölkerung sowie die Finanzierung des

---

806 Zur Entwicklung der Präfekturen vgl. Coşkun 2004.

807 CTh 5, 17, 1 (332).

808 Nach Wienand 2012, S. 95, sei Konstantin in jeder Regierungskonstellation auf Eigenständigkeit bedacht.

Staates gewährleistet waren. Dass sich aufgrund dieser machtpolitischen Prädisposition der Kolonat entwickelte, können wir heute aus den Rechtstexten ableiten. Aber nichts weist darauf hin, dass die Juristen zur Zeit Konstantins dies abschätzen konnten, denn von einem Kolonat gab es noch gar keine Vorstellung. Der Kaiser beabsichtigte daher nicht, für bestimmte Statusgruppen den Kolonat einzurichten, aber er initiierte ihn, indem er die Bindungsprinzipien, welche er für kaiserliche Kolonen eingeführt hatte, schließlich auch auf abhängige Kolonen privater Großgrundbesitzer übertragen ließ.

Die an den Anfang der Untersuchung gestellten Fragen von Jones lassen sich demnach so beantworten:[809] Wann wurde der Pachtbauer des Prinzipats zum bodengebundenen Pachtbauern der Spätantike? Von den 330er-Jahren an. Wie wurde dieser Wandel vollzogen? Per Gesetz. Und die Antwort auf die letztendlich entscheidende Frage, warum dieser Wandel von Konstantin initiiert wurde, lässt sich folgendermaßen in Stichpunkten zusammenfassen:

Tabelle 2: *Ursachen für die Entstehung des Kolonats*

Klimaveränderungen und Pandemien
Verkleinerung oder Verlagerung von Siedlungsräumen
Verringerung der Nahrungsproduktion (Grenzprovinzen)
Bevölkerungsrückgang (regional möglich)
Konflikte um Ressourcen
Elitenkonkurrenz um landwirtschaftliche Arbeitskräfte
Bedrohung der Grenzprovinzen
Fluchtbewegungen innerhalb des Imperiums
Immigration von fremden Sozialverbänden
Sozioökonomische Reorganisation
Normierungswille bei der Reform der Staatsverwaltung
Dezentralisierung der zweiten Regierungsebene
Pazifizierung von fremden Sozialverbänden
Reagierendes Gestalten bzgl. der kolonalen Mobilität

[809] Jones 1958, S. 1: „[...] the questions, when, how, and why the *colonus* of the principate [...] became the *colonus* of the later empire." Siehe Abschnitt IV.2.

2. Forschungsgeschichtliche Einordnung

Lange Zeit nahm die Forschung an, die Umstellung der direkten auf die indirekte Besteuerung habe die Bodenbindung der Kolonen verursacht.[810] Die Grundherren der Kolonen seien durch die diokletianische Steuerreform zu Vermittlern zwischen Pächtern und Fiskus geworden, und der gebundene Kolonat sei dessen Nebenprodukt gewesen.[811] Auch die Kritiker dieser These maßen der Steuerreform eine gewisse Bedeutung bei. Nach Carrié habe der Gesetzgeber durch die Kolonengesetze des 4. Jahrhunderts zwar nicht die soziale Stellung der Kolonen, aber wohl ihre Steuerverpflichtung gegenüber der zentralen Verwaltung geregelte.[812] Die Bodenbindung sei dabei ein Produkt des Vertragsverhältnisses gewesen.[813] Auch Panitscheks Erklärungsmodell, der Kolonenstatus sei ein Substitut für die Minderfreiheit nach peregrinem Recht gewesen, geht von einer Bedeutung des Steuersystems aus.[814] Dass sich der Kolonat so gut mit den Erfordernissen des von Diokletian eingeführten Steuersystems der *capitatio iugatio* verband, zeigt aber doch, dass ein sich entwickelnder Status der Kolonen genutzt wurde und nicht das Steuersystem eine neue soziale Gruppe definierte. Hier ist die Reihenfolge der Ereignisse entscheidend. Erst seit den Kolonengesetzen Konstantins verfügte die soziale Gruppe der Kolonen über standeskonstituierende Merkmale. Nicht die Kopfsteuer, sondern die Bodenbindung machte fortan den Kolonen aus. Mit den Modalitäten der Steuererhebung kann die Entwicklung der Gesetzgebung zum Kolonat daher nicht erklärt werden. Die Analyse der Rechtsquellen hat gezeigt, dass in den wenigsten Gesetzen der steuerliche Aspekt eine wesentliche Rolle spielt. Die Finanzverwaltung übertrug den Grundherren die Besteuerung der Kolonen, da sie nicht über genügend Personal verfügte. Die Steuerregistrierung der abhängigen Kolonen unter dem Namen ihrer Grundherren diente also einem Zweck und war nicht die Ursache des Kolonats.

Auch mit der zweiten oft vertretenen These, die Bodenbindung sei durch eine stetig wachsende Verschuldung der Kolonen gegenüber ihren Grundherren herbeigeführt worden, kann man die Bodenbindung nicht hinreichend begründen.[815] In vormodernen Volkswirtschaften waren Kleinbauern immer von Armut bedroht. Noch einmal sei an die verarmten Pächter des Plinius erinnert.[816] Jedes Wetterereignis konnte die Saat zunichte machen. Klimatische Veränderung konnten langfristige Ernteausfälle zur Folge haben und militärische oder kriminelle Aktionen zu

[810] So auch de Martino 1991, S. 442 und 455; vgl. auch ders. 1993.
[811] Jones 1958, S. 10f. Vertreten wird diese These von Bleicken 1978, S. 195f.; Goffart 1974 und Harper 2011, S. 153f. Vgl. aber auch Ganshof 1945, S. 264–266.
[812] Carrié 1982; 1997.
[813] Carrié 1983.
[814] Panitschek 1990, S. 140.
[815] Vertreten wird diese These von Held 1974, S. 57; Mirković 1997, S. 110–118; Ganshof 1945, S. 262 und Demandt 2007, S. 398.
[816] Plin. *epist.* 9, 37, 2f.

Verlusten führen. Dennoch entwickelte sich in der Zeit der Republik und des Prinzipats keine gesetzliche Bodenbindung oder sonstige Formen einer Schuldknechtschaft auf dem Land. Im Gegenteil, die Kaiser wehrten ein solches Ansinnen der Grundbesitzer immer ab.[817]

Diese beiden Haupttheorien der Kolonatsforschung verengen den Blickwinkel zu sehr, wie Scheidel zu Recht feststellt.[818] Er schlägt zur wissenschaftlichen Diskussion deshalb die Verwendung von Modellen vor. So sei in diesem Zusammenhang ein Spektrum von einem „Evolutionsmodell" bis zu einem „Ergänzungsmodell" zu erkennen. Bei ersterem wurden freie, unabhängige Bauern in einem Entwicklungsprozess zu Kolonen. Bei letzterem überdauerte die traditionelle Form der Landpacht, und der Kolonat entwickelte sich außerhalb des Kontextes der klassischen *locatio conductio*. Dieses Modell scheint mir auch der These von Vera zugrundezuliegen, welcher den italozentrischen Charakter dieser Vertragsform betont. Seine Bedeutung sei in den Provinzen geringer gewesen. Das Vertragsverhältnis habe eine untergeordnete Rolle bei der Ausbildung der Bodenbindung gespielt. Es seien dort vor allem lokale Traditionen zu berücksichtigen.[819] Im Osten des Imperiums, vor allem in Kleinasien und Ägypten, trifft diese Annahme mit Sicherheit zu,[820] aber auch im Westen, in Nordafrika sowie den Rhein- und Donauprovinzen, hatten traditionelle Wirtschaftsstrukturen weiterhin Bestand.[821]

Wenn wir diese Überlegungen weiterverfolgen und mit den Ergebnissen dieser Untersuchung kombinieren, dann gelangen wir zu einem erweiterten Entwicklungsmodell. Die Entwicklung kann als ein nicht simultanes Stufenmodell verstanden werden. Die einzelnen Rechtsfragen zum Kolonat hinsichtlich der Freizügigkeit, des Eherechts, des Vermögensrechts und des Prozessrechts entwickelten sich hierbei sukzessive, aber nicht im gleichen Takt; das heißt, die Entwicklungsschritte in den einzelnen Rechtsfragen erfolgten aufgrund der Gesetzgebungspraxis nicht zeitgleich und räumlich differenziert. Ausgelöst wurde der Entwicklungsprozess durch die Kolonengesetze Konstantins. Der Kolonat bildete sich in den drei darauffolgenden Generationen heraus.[822] Die grundlegenden Bestandteile des Modells sind daher die Entstehung und die Entwicklung des Kolonats. Die Gründe für die Entstehung können modelltheoretisch nochmals untergliedert werden in Voraussetzungen, Anforderungen und Maßnahmen.

---

[817] Hadrian: Dig. 49, 14, 3, 6 (Call. 3 de iure fisci); Philippus Arabs: CJ 4, 65, 11 (244); Diokletian: CJ 7, 16, 19 (293). Vgl. Schipp 2009, S. 37–41.

[818] Scheidel 2000, S. 727: „This strikes me as a rather narrow perspective."

[819] Vgl. Vera 1997, S. 203, Anm. 59, und zur *locatio conductio* Mayer-Maly 1965, S. 152–188.

[820] Zum Kolonat in Ägypten vgl. Rostowzew 1910, S. 85–228; Mazza 2001; Sarris 2006 und Fikhman 2006. Der Kolonat in Kleinasien ist ein Forschungsdesiderat.

[821] Zum Kolonat in Nordafrika vgl. Kehoe 1988; Lenski 2017 und Schipp 2022. Zu den Strukturen der Gutshöfe im Nordwesten des Imperiums vgl. Rind 2015, S. 248.

[822] Eine Generationenabfolge dauert modellimmanent 30 Jahre lang und deckt sich in der Antike mit der durchschnittlichen Lebensarbeitszeit des Mannes.

Die Voraussetzungen für die Entstehung des Kolonats waren grundsätzlich die natürlichen, von den Menschen nicht zu beeinflussenden Gegebenheiten. Vor allem wirkten sich die klimatische Veränderung auf die Lebensbedingungen der Menschen in der Spätantike negativ aus. Die globale Verschlechterung des Klimas traf besonders die Produzenten in der Landwirtschaft. Aber auch die Folgen der Pandemien des 3. Jahrhunderts für die Bewohner des Imperium Romanum dürften in einigen Regionen noch zu spüren gewesen sein.

Unter diesen Bedingungen hatte der Kaiser die innen- und außenpolitischen Anforderungen seiner Zeit zu bewältigen. Die gescheiterte Tetrarchie erbte Konstantin von seinem Vater. Die langjährigen Auseinandersetzungen mit Maxentius und Licinius prägten die Anfangsphase seiner Regierung. Von Beginn an musste er zudem immer wieder Barbareneinfälle an Rhein und Donau abwehren. Die Landwirtschaft in den Provinzen war dann auch von den Kriegen und Bürgerkriegen in Mitleidenschaft gezogen worden. Auch setzte Konstantin die Reformen Diokletians unter anderem mit der Schaffung einer dezentralen und entmilitarisierten Administration fort. Versehen mit jurisdiktioneller Befugnis nahmen die Prätoriumspräfekten Herrschaftsaufgaben in ihrem Amtsbereich wahr. Dabei sorgte die Reziprozität von Regelungen der zentralen Regierungsmacht in regionalen Konflikten für eine gewisse Dynamik bei der Entwicklung des Rechtsprinzips zum Rechtsinstitut. Das von der zentralen Regierungsmacht auf Betreiben der Führungselite entworfene Rechtsprinzip des Kolonats definiert sich dabei als Abkehr von der formell privatrechtlich organisierten Kolonenwirtschaft des Prinzipats. Die juridische Macht ging dabei informell nicht von einer Herrschaftseinheit aus, da die Gebote des Kaisers auf einem zuvor erfolgten Aushandlungsprozess beruhten. Die agrarischen Pacht- und Arbeitsverhältnisse wurden sodann durch die Konstitutionen zu den Kolonen bestimmt und fortentwickelt.

Die Maßnahmen Konstantins setzten bei den abhängigen Landarbeitern an. Der Kaiser sicherte sich zuerst die Dienste der kaiserlichen Kolonen. Schrittweise verbot er ihnen eine Tätigkeit außerhalb der kaiserlichen Domänen. Der Kolonat begann, als Konstantin die Bodenbindung für abhängige Kolonen (Nur-Pächter) einführte. Die wirtschaftsschädigende Mobilität der abhängigen Pachtbauern, sowohl der kaiserlichen Kolonen als auch der Kolonen privater Grundherren, wurde unterbunden, um die Versorgung der Provinzbevölkerung und des Militärs sowie die Steuereinnahmen zu sichern und den Streit unter den Grundherren um Arbeitskräfte beizulegen. Gleichzeitig passte der Kaiser die traditionellen Arbeitsverhältnisse und Pachtformen abhängiger Landarbeiter in den Provinzen und das Rechtsverhältnis der Kolonen, welche nach dem römischen Vertragsrecht der *locatio conductio* verpflichtet waren, unter dem juristischen Begriff *coloni iuris alieni* einander an. Vor allem aber die Bindung der abhängigen Kolonen an ihre *origo* war innovativ, denn keiner seiner Vorgänger hatte den Kolonen die Freizügigkeit entzogen, während seine Nachfolger das Bindungsprinzip weiter ausdifferenzierten. Konstantin handelte dabei in Reaktion auf strukturelle und kontingente Herausforderungen seiner Zeit gestaltend.

Die Entwicklung des Kolonats muss hingegen sachlich getrennt von den Entstehungsursachen und als Anschluss an die Kolonengesetzgebung Konstantins betrachtet werden. Die Nachfolger hatten vor allem deshalb mit den Folgen der konstantinischen Kolonengesetze zutun, weil sich die Bodenbindung auf das Verhältnis von Grundherr zu Pachtbauer nachhaltig auswirkte. Die Abfolge von Flucht und Repressionen schädigte immer wieder die Wirtschaft in den Provinzen. So zeichnet sich die rechtliche Ausgestaltung des Kolonats durch eine in den einzelnen Rechtsfragen konsequente, aber aufgrund des reaktiven Gesetzgebungsverfahrens insgesamt inkonsistente Rechtsentwicklung aus. Die Nachfolger Konstantins bestätigten oder präzisierten die Kolonengesetze des ersten christlichen Kaisers. Den Kolonen wurde nach und nach jede Möglichkeit genommen, dem Abhängigkeitsverhältnis zu entkommen. Das Ehe- und Erbrecht wurde erweitert und modifiziert, und statt der Bindung an den Boden wurde die Bindung an den Grundherrn aus ökonomischen Gründen durchgesetzt.[823] Dadurch entwickelte sich der Kolonat von einem Berufsstand zu einem Geburtsstand (*condicio*). Andere Konstitutionen ergaben sich aus der juristischen Logik, wie die Einschränkung von Eigentums- und Prozessrechten. Im Laufe des 4. Jahrhunderts entstand so der Kolonat. Abgeschlossen wurde diese Entwicklung im Westen des Imperiums nach unserer Kenntnis durch ein Kolonengesetz des Honorius aus dem Jahre 419.[824] Im Osten geschah dies durch die Gesetze des Anastasios und des Justinian.[825] Das dieser Entwicklung zugrundeliegende Rechtsprinzip, abhängige Bauern an den Ort ihrer Verpflichtung zu binden, wurde bereits in der Spätantike *colonatus* genannt. Ausgehend von dem Präzedenzfall des ersten uns bekannten Kolonengesetzes wurde das Rechtsprinzip zu dem Rechtsinstitut fortentwickelt, welches die Forschung Kolonat nennt.

---

[823] Zu den ökonomischen Problemen, welche durch die Einführung der Bodenbindung hervorgerufen wurden, vgl. Schipp 2012.

[824] CTh 5, 18, 1 (419).

[825] Zum Beispiel: CJ 11, 48, 19 (491–518) = Basilika 55, 1, 18; CJ 11, 48, 20 (529); CJ 11, 48, 23 (531–534); *Pragmatica sanctio pro petitione Vigilii* (554).

Anhang

Tabellen

Tabelle 1: Bodenbindung der Kolonen und Inquilinen (entnommen: Schipp 2009, S. 589)

Gesetz	Überregionale Gesetze							Regionale Sonderregelungen		
	CTh 5, 17, 1	**CJ 11, 48, 6**	**CTh 11, 1, 14 = CJ 11, 48, 4**	**CJ 11, 48, 7**	**CJ 11, 48, 11**	**CTh 4, 23, 1 = CJ 11, 48, 14**	**CTh 5, 18, 1, 1**	**CJ 11, 53, 1**	**CJ 11, 51, 1**	**CJ 11, 52, 1, 2**
Adressat	*ad provinciales*	*ad Germanicum p(raefectum) p(raetorio) Galliarum*	*ad Modestum p(raefectum) p(raetorio) Orientis*	*ad Maximum p(raefectum) p(raetorio) Galliarum*	*ad populum*	*Vincentio p(raefecto) p(raetorio) Galliarum*	*Palladio p(rae)f(ecto) p(raetorio) Illyrici, Italiae et Africae*	*ad Probum p(raefectum) p(raetorio)* [Illyrien und benachbarte Provinzen]	*Cynegio p(raefecto) p(raetorio) Orientis* [Palästina]	*Rufino p(raefecto) p(raetorio)* [Diözese Thrakien]
Kaiser (Datum)	Konstantin (332)	*Valentinian I. Valens* (366)	*Valentinian I. Valens* (366; 371, Seeck)	*Valentinian I. Valens Gratian* (371)	*Arcadius Honorius* (396)	*Arcadius Honorius* (11. Juni 400)	*Theodosius II. Honorius* (26. Juni 419)	*Valentinian I. Valens Gratian* (15. Juli 371)	*Valentinian II. Theodosius I. Arcadius* (386)	*Theodosius I. Arcadius Honorius* (392–395)
Kolonenbezeichnung	***colonus iuris alieni***; *colonus, qui fugam mediatur*	***fugitivi*** *adscripticii* ***coloni*** *vel inquilini*	***coloni originales***	***originarii***	***originarii coloni***	***coloni*** (*ad alios fugae transeuntes*)	***colonus originalis***, *inquilinus;* ***originarius***	***colonus***, *inquilinus*	***coloni***	***coloni***
Rechtsfolge	eundem [*colonum iuris alieni*] ***origini suae restituat***.	***ad antiquos penates, ubi censiti atque educati natique*** *sunt, redire compellant.*	*colonis originalibus, quos* **in locis isdem censitos** *esse constabit …*	*Quemadmodum originarios* ***absque terra***, *ita rusticos censitosque servos vendi omnifariam non licet.*	*originarios colonos […]* ***domino vel fundo*** *esse reddendos.*	*bonae fidei possessori primum oportet celeri reformatione succurri, tunc causam* ***originis et proprietatis*** *agitari.*	***loco, cui natus est***, *cum origine iubemus sine dilatione restituere.*	***abuendi rure, in quo eos originis agnationisque*** *merito certum est immorari, licentiam habere non posse censemus.*	*non liceat* ***ex his locis quorum fructu relevantur abscedere nec deserere quae semel colenda susceperunt***.	*ipsi quidem* ***originario iure*** *teneantur*

Tabelle 2: Antreffen von flüchtigen Kolonen, Inquilinen oder Sklaven (entnommen Schipp 2009, S. 590)

Gesetz	**CTh 5, 17, 1**	**CJ 11, 48, 8**	**CTh 10, 12, 2, 2 u. 3**	**CTh 5, 17, 3**	**CJ 11, 48, 12, 2**
Adressat	*ad provinciales*	*ad Probum p(raefectum) p(raetorio)*	*ad Probum p(raefectum) p(raetorio) Italiae, Illyrici, Africae*	*ad Florentinum comitem sacrarum largitionum*	*Florentino*
Kaiser (Datum)	Konstantin (332)	Valentinian I., Valens u. Gratian (371)	Valentinian I. u. Valens (17. Juni 368?, 370?, 373?)	Valentinian II. od. Theodosius (25. Okt. 386?)	Arcadius u. Honorius (395–407)
Kolonenbezeichnung	*colonus iuris alieni;* *colonus, qui fugam mediatur*	*alieni fugitivi esse;* *profugi in alienos latebras collacantes*	*tributarius, inquilinus; colonus*	*colonus (servus) alienus*	*servus, tributarius, inquilinus; fugitivi*
Tatbestand	*apud quemcumque*	*apud quos homines ...*	*quicumque*	*dominus*	*apud quemlibet, detentator*
	invenire	***reperire***	***reperire, ostendere; occulere***	***iudicibus non praesentare*** *aut ad monitus a fugitivi domino ... dissimulare*	***reperire***
Rechtsfolge	*colonum restituere* *capitationem temporis agnoscere*	*fugitivum revocare* *tributa, quae publicis functionibus perierunt,[ab hominibus] exigi* ➔ *si noverant alienos fugitivos esse et profugis in lucrum suum usi esse* *ab ipsi profugis quaecumque debentur exigi* ➔ *si profugi eo [homini] occultare, quod alieni esse*	*protinus redire ad eum, cuius se esse profiteri; indemnitatem tributorum sarcire*	*multa retentatoris* [wahrscheinlich die Zahlung des Duplums, d. h. Rückführung des Kolonen (Sklaven) und Gestellung eines Ersatzkolonen (Ersatzsklaven)]	*fugitivum [et] alterum eiusdem aestimationis inferre* *12 # argenti fisco nostro inferre*

Tabelle 3: Die Maßnahmen der Kaiser zur Kolonenflucht im 4. Jh. im Überblick (entnommen: Schipp 2009, S. 592)

Zeitstellung (Datum)	**Konstantinische Zeit (332)**	**Valentinianische Zeit (367–373)**	**Theodosianische Zeit (385 u. 386)**	**Posttheodosianische Zeit (395–397)**
Tatbestand	*colonus iuris alieni inveniri*	*tributarius, inquilinus, colonus reperiri* (*mala fides*); *colonum ostendere, occulere*	a) *colonus, servus alienus reperiri* (*mala fides*), *colonum iuicibus non praesentare; colonum admonitus a fugitivi domino dissimulare.* b) *colonum iuris alieni sollicitare, occulere*	*tributarius, inquilinus, servus (colonus) reperiri* bzw. *tributarium, inquilinum, servum (colonum) suscipere*
Rechtsfolge	Rückgabe des Kolonen, Zahlung des Steuerausfalls Schadenersatz (Kompensation)	Rückgabe des Kolonen, Zahlung des Steuerausfalls Schadenersatz (Kompensation)	a) *multa retentatoris* (Rückgabe des Kolonen, Gestellung eines Ersatzmannes) b) Privatkolone ½ # Gold, Patrimonialkolone 1# Gold Schadenersatz (fixe Ersatzleistung)	Rückgabe des *fugitivus*, Gestellung eines gleichwertigen Ersatzmannes, Fiskalstrafe von 12 # Silber Schadenersatz (fixe Ersatzleistung und Fiskalstrafe)

Tabelle 4: Aufnehmen (Verbergen) oder Entfremdung von flüchtigen Kolonen, Inquilinen oder Sklaven (entnommen: Schipp 2009, S. 591)

Gesetz	**CJ 11, 53, 1, 1 u. 2**	**CTh 5, 17, 2 = CJ 11, 64, 2**	**CJ 11, 52, 1, 2**
Adressat	*ad Probum* *p(raefectum) p(raetorio)* [Illyrien und benachbarte Provinzen]	*Cynegio* *p(raefecto) p(raetorio)*	*Rufino* *p(raefecto) p(raetorio)* [Diözese Thrakien]
Kaiser (Datum)	Valentinian I., Valens u. Gratian (15. Juli 371)	Valentinian II., Theodosius I., Arcadius (25. Okt. 386)	Theodosius I., Arcadius u. Honorius (392–395)
Kolonenbe-zeichnung	*colonus, inquilinus, servus*	*colonus iuris alieni*	*colonus alienus*
Tatbestand	*quisquis; dominus fundi*	*quisquis*	*quisquis*
	alienum et incognitum [colonum] ***reci-piendum*** *esse duxisse*	***sollicitatione suscipere; occultatione celare***	***suscipere; retinere***
Rechtsfolge	*redhibitio operarum et damni;* *multa, cuius modum in auctoritate iudicis collocare*	*colonus privati ½ # auri;* *colonus patrimonialis 1# auri*	*eundem [colonum] cum omni peculio suo et agnatione restituere; 2 # auri exsolvere*

Tabelle 5: Übersicht über die Quellen vom 4.–9. Jahrhundert

Zeit	Gesetzbücher	Formelsammlungen	Königsurkunden	Testamente	Wirtschaftsquellen	Literarische Quellen
4. Jh.						Ausonius; Augustinus Claudianus; Libanios
5. Jh.	Codex Theodosianus [Codex Euricianus] Edictum Theoderici					Salvian v. Marseille Sidonius Apollinaris Cassiodor; Gelasius I.
6. Jh.	Lex Romana Visigothorum; Lex Salica; Lex Burgundionum; Lex Romana Burgundionum Edictum Chiperici			Remigius v. Reims Aridius	Ravennater Papyrus	Isidor v. Sevilla Gregor v. Tours Gregor der Große
7. Jh.	[Edictum Rotharii]	Formulae Visigothicae Formulae Marculfi	<Chlothar III.>	Bertram v. LeMans [Adalgisel v. Verdun] Erminethrud	(Flodoard) Comptes de Tours Brev. Urolfi abbatis Breves Notitiae	Columban; Eligius; Arnulf; Remalcus Iulianus; Desiderius Aldhelmus; Fredegar
8. Jh.	Lex Alamannorum Lex Baiuvariorum Kapitularien (Anfang)	Formulae Flaviniacensis Formulae Senonicae	Pippin			Bonifatius Lib. Hist. Francorum
9. Jh.	Kapitularien (Ende)	Formulae Emmerami	Karl d. Große Pippin I. Karl der Kahle Lothar I.; Ludwig d. Stammler; Karlmann Karl III.		Fuldaer Güterverz.; Verz. St. Victor de Marseille; Polyp. St.-Germain-des-Prés; Churrätisches Reichsurbar; Polyp. St. Remi de Reims	Stephan V.
10. Jh.			Ludwig d. Kind Karl d. Einfältige			

[] = keine Kolonen explizit erwähnt; <> = Fälschung; () = Autor des 9./10. Jh. nutzte Archivalien des 7. Jh.

Editionsverzeichnis

Die Editionsreihen CCL, CSEL, Migne und MGH werden bei literarischen Quellen an der Zitatstelle in Klammern angegeben. Deutsche Übersetzungen lateinischer Quellen stammen vom Verfasser.

Agap.
Agapetos Diakonos. Der Fürstenspiegel für Kaiser Iustinianos. Erstmals kritisch hrsg. v. R. Riedinger. Athen 1995.

Amm.
Ammianus Marcellinus. Römische Geschichte. Lateinisch und Deutsch und mit einem Kommentar versehen v. W. Seyfarth. 4 Bde. Leipzig 1968/1970; Ammianus Marcellinus. Hrsg. v. O. Veh/G. Wirth. 2. Aufl. Amsterdam. 1997.

Anon. de reb. bell.
A Roman Reformer and Inventor. Being a new Text of the Treatise De Rebus Bellicis with Translation and Introduction. E. A. Thompson. Oxford 1952.

Anon. Vales.
Aus der Zeit Theoderichs des Großen. Einleitung, Text, Übersetzung und Kommentar einer anonymen Quelle. I. König. Darmstadt 1997.

Aur. Vict.
Sextus Aurelius Victor. Epitome de Caesaribus. Lat.-dt. hrsg. v. K. Groß-Albenhausen/M. Fuhrmann. Darmstadt 1997.

Auson. *Mos.*
Ausonius. Decimi Magni Ausonii Burdigalensis Opuscula. Hrsg. v. S. Prete. Leipzig 1978.

BN
Notitia Arnonis und Breves Notitiae. Die Salzburger Güterverzeichnisse aus der Zeit um 800. Hrsg. v. F. Lošek. Salzburg 1990 (Mitteilungen der Gesellschaft für Salzburger Landeskunde 130).

Capit. 1
Capitularia regum Francorum 1. Hrsg. v. A. Boretius. Hannover 1883.

Capit. 2
Capitularia regum Francorum 2. Hrsg. v. A. Boretius/V. Krause. Hannover 1890.

Chart. et dipl., Pépin Ier
Recueil des actes de Pépin Ier et de Pépin II, rois d'Aquitaine (814–848). Hrsg. v. L. Levillain. Paris 1926 (Chartes et diplômes relatifs à l'histoire de France).

Chart. et dipl., Charl. le Chauve
Recueil des actes de Charles II le Chauve, roi de France (840–877). Hrsg. v. G. Tessier. Paris 1943–1955 (Chartes et diplômes relatifs à l'histoire de France).

Chron. min. I
Chronica Minora Saec. IV. V. VI. VII., Vol. I. Hrsg. v. Th. Mommsen. Berlin 1892. ND München 1981 (MGH AA 9).
Claud.
Claudius Claudianus. Hrsg. v. M. Platnauer. 2 Bde. Cambridge 1922 (Loeb 135/136).
CJ
Corpus Iuris Civilis. Codex Iustinianus. Hrsg. v. P. Krüger. 2. Bd. 11. Aufl. Berlin 1954.
CTh
Theodosiani libri XVI cum constitutionibus Sirmondianis et leges novellae ad Theodosianum pertinentes. Hrsg. v. Th. Mommsen/P. M. Meyer/P. Krüger. 2 Bde. Berlin 1904/1905; Codex Theodosianus cum perpetuis commentariis Jacobi Gothofredi. Leipzig 1736–1743. ND 1975; Theodosian Code. Engl., übers. v. C. Pharr. New York 1952.
Cypr.
S. Thasci Caecili Cypriani Opera Omnia. Hrsg. v. G. V. Hartel. Wien 1971.
Dig.
Corpus Iuris Civilis. Institutiones/Digesta. Hrsg. v. Th. Mommsen/P. Krüger. 1. Bd. 17. Aufl. Berlin 1963.
Ed. Theod.
Edictum Theoderici regis. Hrsg. v. F. Bluhme. Hannover 1868 (MGH LL 5).
Epit. *de Caes.*
Sextus Aurelius Victor. Epitome de Caesaribus. Lat.-dt. hrsg. v. K. Groß-Albenhausen/M. Fuhrmann. Darmstadt 1997.
Eus. *HE*
Eusebios. Historia ecclesiastica. Hrsg. v. E. Schwartz. 3 Bde. Berlin 1903–1909 (GCS 9).
Eus. *vit. Const.*
Eusebios. Vita Constantini. Hrsg. v. F. Winkelmann. 2. Aufl. Berlin 1975; Eusebius von Caesarea. De Vita Constantini – Über das Leben Konstantins. Hrsg. v. B. Bleckmann/H. Schneider. Turnhout 2007.
Eutr.
Eutropius Breviarium ab urbe condita. Hrsg. v. F. Ruehl. Leipzig 1887. ND Darmstadt 1975.
Frg. Dosith.
Textes de droit romain. Hrsg. v. P. F. Girard/F. Senn. 1. Bd. Paris, 1967, 464–468.
Gai. *inst.*
Gaius Institutiones. Die Institutionen des Gaius. Hrsg., übers. u. komm. v. U. Manthe. Darmstadt 2004 (Texte zur Forschung 81).

Gelas. *epist.*
Epistolae Romanorum pontificum genuinae et quae ad eos scriptae sunt a S. Hilaro usque ad Pelagium. Hrsg. v. A. Thiel. 1. Bd. Braunsberg 1867 (–1868). ND Hildesheim/New York 1974.
Herodian.
Herodianus: Regnum post Marcum. Hrsg. v. C. M. Lucarini. München/Leipzig 2005.
Hieron. *chron.*
Die Chronik des Hieronymus – Hieronymi Chronicon. Hrsg. v. R. Helm. Berlin 1956. ND 2012.
Iul. *mis.*
Julien: Œuvres complètes. Hrsg. v. J. Bidez/G. Rochefort/C. Lacombrade. 2 Bde. in 4 Teilbde. Paris 1924–1964.
Isid. *orig.*
Isidor von Sevilla. Etymologiarum sive originum libri XX. Hrsg. v. W. M. Lindsay. 2 Bde. Oxford 1911.
Lact. *mort. pers.*
Lactance. De la mort des persécuteurs. Hrsg. v. J. Moreau. 2 Bde. Paris 1954/55 (Sources Chrétiennes 39).
L. Al.
Lex Alamannorum. Hrsg. v. K. Lehmann. 2. Aufl. Besorg. v. K. A. Eckhardt. Hannover 1966 (MGH LL nat. Germ. 5, 1).
L. Bai.
Leges Baiuwariorum. Hrsg. v. E. v. Schwinden. Hannover 1926 (MGH LL nat. Germ. 5, 2).
L. Burg.
Lex Burgundionum, Liber Constitutionum sive Lex Gundobada. Hrsg. v. L. R. von Salis. Hannover 1892 (MGH LL nat. Germ. 2, 1).
L. Rib.
Lex Ribuaria. Hrsg. v. F. Beyerle/R. Buchner. Hannover 1954 (MGH LL nat. Germ. 3, 1).
L. Rom. Burg.
Lex Romana Burgundionum. Hrsg. v. L. R. von Salis. Hannover 1892 (MGH LL nat. Germ. 2, 1).
L. Rom. Vis.
Lex Romana Visigothorum. Hrsg. v. G. Haenel. Leipzig 1849. ND Aalen 1962.
L. Vis.
Leges Visigothorum. Hrsg. v. K. Zeumer. Hannover/Leipzig 1902 (MGH LL nat. Germ. 1).
Lib. *or.*
Libanius. Rec. R. Foerster, 12 Bde. 1903–1923; Libanius. Selected Orations. Hrsg. v. A. F. Norman. 2 Bde. Cambridge 1969–1971 (Loeb 451/452).

Not. dign.
Notitia dignitatum. Accedunt Notitia urbis Constantinopolitanae et laterculi provinciarum. Hrsg. v. O. Seeck. Berlin 1876.
Nov.
Corpus Iuris Civilis. Novellae. Hrsg. v. R. Schöll/W. Kroll. 3. Bd. 11. Aufl. Berlin 1954.
Optat. *carm.*
P. Optatiani Porfyrii Carmina. Hrsg. v. E. Kluge. Leipzig 1926.
Oros.
Paulus Orosius. Histoires (Contre les Païens). Hrsg. u. übers. v. M.-P. Arnaud-Lindet. 3 Bde. Paris 1990–1991.
P. L. Sal.
Pactus legis Salicae. Hrsg. v. K. A. Eckhardt. Hannover 1962 (MGH LL nat. Germ. 4, 1).
Pallad.
Palladius. Opus agriculturae de veterinaria medicina de insitione. Hrsg. v. R. H. Rodgers. Stuttgart 1975.
Paneg.
XII Panegyrici Latini. Recognovit berevique adnotatione critica instruxit R. A. B. Mynors. Oxford 1964. ND 2007.
Paradessus
Diplomata, Chartae, Epistolae, Leges. Hrsg. v. J. M. Paradessus. 2 Bde. Paris 1843. ND Paris 1969.
Paul. Pell.
Paulinus von Pella. Eucharisticus. Lat.-dt. v. J. Vogt. In: Studien zur antiken Sozialgeschichte. FS Vittinghoff. Köln/Wien 1980, 534–571.
Paul. *sent.*
Pauli sententiae recepta. Fontes iuris Romani antejustiniani. 2. Bd. Hrsg. v. J. Baviera. 2. Aufl. Florenz 1940.
Philostorg.
Philostorgius. Kirchengeschichte. Mit dem Leben des Lucian von Antiochien und den Fragmenten eines arianischen Historiographen. Hrsg. v. J. Bidez. 3. Aufl. Bearb. von F. Winkelmann. Berlin 1981.
Salv. *ecc.*
Salvien de Marseille. Œvres. Hrsg. v. G. Lagarrigue. 1. Bd. Paris 1971 (Sources Chrétiennes 176).
Salv. *gub.*
Salvien de Marseille. Œvres. Hrsg. v. G. Lagarrigue. 2. Bd. Paris 1975 (Sources Chrétiennes 220).
SHA
Scriptores Historiae Augustae. Hrsg. v. E. Hohl. 2 Bde. Leipzig 1965.

Sidon. *epist.*
Sidonie Apollinaire. Correspondance (Livres I–V). Hrsg. v. A. Loyen. 2. Bd. Paris 1970. ND Paris 2003; Sidonie Apollinaire. Lettres (Livres VI–IX). Hrsg. v. A. Loyen. 3. Bd. Paris 1970.

Soz.
Salaminius Hermias Sozomenus. Historia ecclesiastica – Kirchengeschichte. Hrsg., übers. u. eingel. v. G. C. Hansen. Turnhout 2004 (Fontes Christiani Bd. 73); Sozomenos. Hrsg. u. übers. v. A. J. Festugière/B. Grillet/G. Sabbah. 1. Bd. Paris 1983 (Sources Chrétiennes 306).

Suet. *Aug.*
C. Svetoni Tranqvilli. De vita Caesarvm libros VIII et De grammaticis et rhetoribus liber. Hrsg. v. R. A. Kaster. Oxford 2016.

Symm. *epist.*
Symmaque. Lettres. Hrsg., übers. u. komm. v. J. P. Callu. 1. Bd. (livres I–II). Paris 1972. 2. Bd. (livres III–V). Paris 1982. 3. Bd. (livres VI–VIII). Paris 1995.

Tablettes Albertini
Les Tablettes Albertini. Actes privés de l'époque Vandale (fin du Ve siècle). Hrsg. v. C. Courtois/L. Leschi/C. Parrat/C. Saumagne. Paris 1952.

Tac. *ann.*
P. Cornelii Taciti libri qui supersunt. Hrsg. v. E. Koestermann. 1. Bd. 2. Teilbd. Libri ab excessu Divi Augusti XI–XVI. 2. Aufl. Leipzig 1965.

Them. *or.*
Themistius. Orationes quae supersunt. Hrsg. v. H. Schenkel/G. Downey/A. F. Norman. 3 Bde. Leipzig 1965–1974; Die Staatsreden des Themistius. Eingel., übers. u. erläut. v. H. Leppin/W. Portmann. Stuttgart 1998.

Vict. Vit. *hist.*
Victor von Vita. Kirchenkampf und Verfolgung unter den Vandalen in Africa. Hrsg., eingl. u. übers. von K. Vössing. Darmstadt 2011 (Texte zur Forschung, Bd. 96).

Zos.
Zosime. Histoire nouvelle. Übers. und komm. von F. Paschoud. 3 Bde. Paris 1979–1989; Zosimos. Neue Geschichte. Übers. und eingl. v. O. Veh, durchges. und erl. v. S. Rebenich. Stuttgart 1990 (Bibliothek der griechischen Literatur, Bd. 31).

Literaturverzeichnis

Alföldy 1982
Alföldy, G.: Die Freilassung von Sklaven und die Struktur der Sklaverei in der römischen Kaiserzeit. In: Rivista storica dell'Antichità 2 (1972), 97–128, wieder abgedruckt in: Schneider, H. (Hrsg.): Sozial- und Wirtschaftsgeschichte der römischen Kaiserzeit. Darmstadt 1982.

Alföldy 2011
Alföldy, G.: Römische Sozialgeschichte. 4. Aufl. Stuttgart 2011.

Ausbüttel 1998
Ausbüttel, F.: Die Verwaltung des römischen Kaiserreiches. Von der Herrschaft des Augustus bis zum Niedergang des Weströmischen Reiches. Darmstadt 1998.

Avram 1982
Avram, A.: Das Problem der Entstehung des Kolonats in Italien am Ende der Republik und zu Beginn des Kaiserreichs. In: Revue Roumaine d'Histoire 21 (1982), 27–42.

Badewien 1980
Badewien, J.: Geschichtstheologie und Sozialkritik im Werk Salvians von Marseille. Göttingen 1980 (Forschung zur Kirchen- und Dogmengeschichte, Bd. 32).

Banaji 1997
Banaji, J.: Lavoratori liberi e residenza coatta: il colonato romano in prospettiva storica. In: Lo Cascio, E. (Hrsg.): Terre, proprietari e contadini dell'impero romano. Dall'affitto agrario al colonato tardoantico. Rom 1997, 253–280.

Banaji 2001
Banaji, J.: Agrarian Change in Late Antiquity: Gold, Labour, and Aristocratic Dominance. Oxford 2001.

Barceló 1981
Barceló, P. A.: Roms auswärtige Beziehungen unter der Constantinischen Dynastie (306–363). Regensburg 1981.

Barnes 1981
Barnes, T. D.: Constantine and Eusebius. Cambridge/London 1981.

Barnes 1982
Barnes, T. D.: The New Empire of Diocletian and Constantine. Cambridge/London 1982.

Barschdorf 2012
Barschdorf, J.: Freigelassene in der Spätantike. München 2012.

Baumann 2014
Baumann, A.: Freiheitsbeschränkungen der Dekurionen in der Spätantike. Hildesheim/Zürich/New York 2014.

Behringer 2020
Behringer, W.: Kulturgeschichte des Klimas. Von der Eiszeit bis zur globalen Erwärmung. 9. Aufl. München 2020.
Bellen 1971
Bellen, H.: Studien zur Sklavenflucht im römischen Kaiserreich. Wiesbaden 1971 (Forschungen zur antiken Sklaverei, Bd. 4).
Bellen 2003
Bellen, H.: Grundzüge der römischen Geschichte. Die Spätantike von Constantin bis Justinian. 3. Teil. Darmstadt 2003.
Bergmann 1978
Bergmann, W.: Die Formulae Andecavenses, eine Formelsammlung auf der Grenze zwischen Antike und Mittelalter. In: Archiv für Diplomatik 24 (1978), 1–53.
Berman 1983
Berman, H. J.: Law and Revolution: The Formation of the Western Legal Tradition. Cambridge 1983.
Bieler 1937
Bieler, L.: Zur Mosella des Ausonius: *cliens* in der Bedeutung *colonus*. In: RhM 86 (1937), 285–287.
Bleicken 1978
Bleicken, J.: Verfassungs- und Sozialgeschichte des römischen Kaiserreichs. Bd. 2. Paderborn 1978.
Bleicken 1982
Bleicken, J.: Zum Regierungsstil des römischen Kaisers: eine Antwort auf Fergus Millar. Wiesbaden 1982.
Bloch 1999
Bloch, M.: La société féodale, Paris 1939; dt. Übers.: Die Feudalgesellschaft. Stuttgart 1999.
den Boeft/Drijvers/den Hengst/Teitler 2015
den Boeft, J./Drijvers, J. W./den Hengst, D./Teitler, H. C. (Hrsg.): Philological and Historical Commentary on Ammianus Marcellinus XXX. Leiden/Boston 2015 (Philological and Historical Commentary on Ammianus Marcellinus, Bd. 11).
Bolkestein 1906
Bolkestein, H.: De colonatu romano eiusque origine. Amsterdam 1906.
Brandt 1988
Brandt, H.: Zeitkritik in der Spätantike. Untersuchungen zu den Reformvorschlägen des Anonymus De rebus bellicis. München 1988 (Vestigia. Beiträge zur Alten Geschichte, Bd. 40).

Brandt 2006
Brandt, H.: Konstantins Reformen. In: Demandt, A./Engemann, J. (Hrsg.): Konstantin der Große. Geschichte, Archäologie, Rezeption. Internationales Kolloquium vom 10.–15. Oktober 2005 an der Universität Trier zur Landesausstellung Rheinland-Pfalz 2007 „Konstantin der Große“. Trier 2006, 31–37.
Braudel 1958
Braudel, F.: Histoire et sciences sociales. La longue durée. In: Annales. Economies, Sociétés, Civilisations 13 (1958), 725–753.
Braudel 1977
Braudel, F.: Geschichte und Sozialwissenschaften. Die longue durée. In: Honegger, C. (Hrsg.): Schrift und Materie der Geschichte. Vorschläge zu einer systematischen Aneignung historischer Prozesse. Frankfurt a. M. 1977, 47–85.
Brendel 2017
Brendel, R.: Kaiser Julians Gesetzgebungswerk und Reichsverwaltung. Hamburg 2017 (Studien zur Geschichtsforschung des Altertums, Bd. 32).
Brockmeier 1987
Brockmeier, B.: Der Große Frieden von 332 n. Chr. Zur Außenpolitik Konstantins d. Großen. In: BJ 187 (1987), 79–100.
Brockmeyer 1968
Brockmeyer, N.: Arbeitsorganisation und ökonomisches Denken in der Gutswirtschaft des römischen Reiches. Bochum 1968.
Brockmeyer 1971
Brockmeyer, N.: Der Kolonat bei römischen Juristen der republikanischen und augusteischen Zeit. In: Historia 20 (1971), 732–742.
Büntgen et al. 2011
Büntgen, U. et al.: 2500 Years of European Climate Variability and Human Susceptiblity. In: Sience 331 (2011), 578–582.
Cameron 1993
Cameron, A.: The Mediterranean World in Late Antiquity A.D. 395–600. London 1993.
Cameron 1994
Cameron, A.: Das späte Rom. München 1994.
Cameron et al. 2000
Cameron, A. et al. (Ed.): Late Antiquity: Empire and Succsessors, A.D. 425–600. Cambridge 2000 (The Cambridge Ancient History, Bd. 14).
Carrié 1982
Carrié, J.-M.: Le »colonat du Bas-Empire«: une mythe historiographique? In: Opus 1 (1982), 251–371.
Carrié 1983
Carrié, J.-M.: Une roman des origines: les généalogies du »colonat du Bas-Empire«. In: Opus 2 (1983), 205–251.

Carrié 1997
Carrié, J.-M.: «colonat du Bas-Empire»: la resistenza del mito. In: Lo Cascio, E. (Hrsg.): Terre, proprietari e contadini dell'impero romano. Dall'affitto agrario al colonato tardoantico. Rom 1997, 75–150.
Cérati 1975
Cérati, A.: Caractère annonaire et assiette de l'impôt foncier au Bas-Empire. Paris 1975.
Chantraine 2001
Chantraine, H.: Licinius (308–324). In: Clauss, M. (Hrsg.): Die römischen Kaiser. 55 historische Portraits von Caesar bis Iustinian. 2. Aufl. München 2001, 305–311.
Chrysos 1973
Chrysos, E. K.: Gothia Romana. Zur Rechtslage des Föderatenlandes der Westgoten im 4. Jahrhundert. In: Dacoromania 1 (1973), 52–64.
Clausing 1925
Clausing, R.: The Roman Colonate. The Theories of its Origin. New York 1925 (Studia Historia, Bd. 17).
Clauss 1981
Clauss, M.: Der *magister officiorum* in der Spätantike (4.–6. Jahrhundert). Das Amt und sein Einfluß auf die kaiserliche Politik. München 1981 (Vestigia. Beiträge zur Alten Geschichte, Bd. 32).
Constantinescu/Pascu/Diaconu 1975
Constantinescu, M./Pascu, S./Diaconu, P.: Relations Between the Autochthonous Population and the Migratory Populations on the Territory of Romania: A Collection of Studies. Editura Academiei Republicii Socialiste România. 1975.
Corcoran 2001
Corcoran, S.: Hidden from History: The Legislation of Licinius. In: Harries, J./Wood, I. (Hrsg.): The Theodosian Code. Studies in the Imperial Law of Late Antiquity. 2. Aufl. London 2001, 97–119.
Coşkun 2003
Coşkun, A.: Die Ämterlaufbahn des Pannoniers Maximinus und die Chronologie der „Römischen Prozesse" unter Kaiser Valentinian I. (Amm. 28,1). In: AHB 17 (2003), 5–16.
Coşkun 2004
Coşkun, A.: Die *Praefecti praesent(al)es* und die Regionalisierung der Praetorianerpraefecturen im vierten Jahrhundert. In: Millennium 1 (2004), 279–328.
Dagron 1974
Dagron, G.: Naissance d'une capitale. Constantinople et ses institutions de 330 à 451. Paris 1974.
Demandt 1970
Demandt, A.: RE Suppl. XII (1970), 553–790, s. v. magister militum.

Demandt 1980
Demandt, A.: Der spätrömische Militäradel. In: Chiron 10 (1980), 609–636.
Demandt 2007
Demandt, A.: Die Spätantike. Das Römische Reich von Diocletian bis Justinian 284–565 n. Chr. 2. Aufl. München 2007 (Handbuch der Altertumswissenschaft 3.6).
Demougeot 1972
Demougeot, E.: Laeti et Gentiles dans la Gaule du IVe siècle. In: Actes du Colloque d'histoire sociale 20 et 21 avril 1970. Paris 1972.
Deru 2010
Deru, X.: Die Römer an Maas und Mosel. Mainz 2010.
Devroey 2004
Devroey, J.-P.: Elaboration et usage des polyptyques. Quelques éléments de réflexion à partir de l'exemple des descriptions de l'Église de Marseille (VIIIe–IXe siècles). In: Hägermann, D./Haubrichs, W./Jarnut, J. (Hrsg.): Akkulturation. Probleme einer germanisch-romanischen Kultursynthese in Spätantike und frühem Mittelalter. Berlin 2004 (Ergänzungsbände zum Reallexikon der Germanischen Altertumskunde, Bd. 41), 436–472.
Dillon 2012
Dillon, J. N.: The Justice of Constantine. Law, Communication, and Control. Ann Arbor 2012 (Law and Society in the Ancient World).
Drinkwater 2007
Drinkwater, J. F.: The Alamanni and Rome 213–496. Caracalla to Clovis. Oxford 2007.
Durliat 1990
Durliat, J.: Les finances publiques de Diocletien aux Carolingiens (284–889). Sigmaringen 1990 (Beihefte der Francia, Bd. 21).
Eibach 1977
Eibach, D.: Untersuchungen zum spätantiken Kolonat in der kaiserlichen Gesetzgebung unter besonderer Berücksichtigung der Terminologie. Köln 1977.
Eich/Eich 2004
Eich, A./Eich, P.: Thesen zur Genese des Verlautbarungsstils der spätantiken kaiserlichen Zentrale. In: Tyche 19 (2004), 75–104.
Enßlin 1936
Enßlin, W.: RE XVII 1 (1936), 180f., s. v. Nicetius 2.
Fikhman 2006
Fikhman, I. F.: Wirtschaft und Gesellschaft im spätantiken Ägypten. Kleine Schriften. Hrsg. v. A. Jördens unter Mitarb. v. W. Sperling. Stuttgart 2006.
Finley 1980
Finley, M. I.: Ancient Slavery and Modern Ideology. London 1980.

Flach 1978
Flach, D.: Inschriftenuntersuchungen zum römischen Kolonat in Nordafrika. In: Chiron 8 (1978), 489–491.
Flaig 1997
Flaig, E.: Für eine Konzeptualisierung der Usurpation im spätrömischen Reich. In: Paschoud, F./Szidat, J. (Hrsg.): Usurpationen in der Spätantike. Akten des Kolloquiums „Staatsstreich und Staatlichkeit". Solothurn/Bern, 6.–10. März 1996. Stuttgart 1997 (Historia-Einzelschriften, Bd. 111), 15–34.
Flaig 2009
Flaig, E.: Weltgeschichte der Sklaverei. München 2009.
Flaig 2019
Flaig, E.: Den Kaiser herausfordern. Die Usurpation im Römischen Reich. 2. aktual. u. erw. Aufl. Frankfurt/New York 2019 (Campus Historische Studien, Bd. 7).
Fögen 2002
Fögen, M. T.: Römische Rechtsgeschichten: Über Ursprung und Evolution eines sozialen Systems. Göttingen 2002.
Foucault 2020
Foucault, M.: Sexualität und Wahrheit 1. Bd.: Der Wille zum Wissen. 23. Aufl. Frankfurt 2020.
Fustel de Coulanges 1885
Fustel de Coulanges, N. D.: Le Colonat romain. In: ders.: Recherches sur quelques problèmes d'histoire. Paris 1885, 1–186.
Ganshof 1945
Ganshof, F. L.: Le statut personnel du colon au Bas-Empire. In: L'Antiquité classique 14 (1945), 261–277.
Gascou 1985
Gascou, J.: Les grands domaines, la cité et l'état en Égypte byzantine. Recherches d'histoire agraire, fiscale et administrative. Paris 1985 (Travaux et Mémoires: Centre de Recherches d'Histoire et Civilisation de Byzance, Bd. 9), 1–90.
Gaudemet 1955
Gaudemet, J.: Le partage législatif au Bas-Empire d'après un ouvrage récent. In: SDHI 21 (1955), 319–330.
Gaudemet 1956
Gaudemet, J.: Le partage législatif dans la seconde moitié du IVe siècle. In: Studi de Francisci 2. Napoli 1956, 319–354.
Giliberti 1999
Giliberti, G.: Servi della terra. Ricerche per una storia del colonato. Turin 1999.
Goffart 1974
Goffart, W.: Caput and Colonate. Towards a History of Late Roman Taxation. Toronto 1974.

Gräf 2018
Gräf, S.: Der *Anonymus de rebus bellicis.* Eine morphologische Untersuchung. Hamburg 2018.
Grey 2007
Grey, C.: Contextualizing Colonatus: The Origo of the Late Roman Empire. In: JRS 97 (2007), 155–175.
Grey 2011a
Grey, C.: Constructing Communities in the Late Roman Contryside. Cambridge 2011.
Grey 2011b
Grey, C.: The *ius colonatus* as a Model for the Settlement of Barbarian Prisoners-of-War in the Late Roman Empire? In: Mathisen, R. W./Shanzer, D. (Hrsg.): Romans, Barbarians, and the Transformation of the Roman World. Cultural Interaction and the Creation of Identity in Late Antiquity. Farnham 2011, 147–160.
Grey 2012
Grey, C.: Concerning Rural Matters. In: Fitzgerald Johnson, S. (Hrsg.): The Oxford Handbook of Late Antiquity. Oxford 2012, 623–666.
Grieser 1997
Grieser, H.: Sklaverei im spätantiken und frühmittelalterlichen Gallien (5.–7. Jh.). Stuttgart 1997 (Forschungen zur antiken Sklaverei, Bd. 28).
Grünewald 1990
Grünewald, T.: Constantinus Maximus Augustus. Herrschaftspropaganda in der zeitgenössischen Überlieferung. Stuttgart 1990.
Grunwald 2007
Grunwald, L.: Postumus – Valentinian I. – Avitus und dann? Anmerkungen zur Geschichte des Moselmündungsgebiets vom 3. bis in das 5. Jahrhundert n. Chr. Trier 2007 (Berichte zur Archäologie an Mittelrhein und Mosel, Bd. 11), 361–373.
Günther 1965
Günther, R.: Die Entstehung des Kolonats im 1. Jahrhundert v. u. Z. in Italien. In: Klio 43 (1965), 249–260.
Günther 1985
Günther, R.: Vom Untergang Westroms zum Reich der Merowinger. Zur Entstehung des Feudalismus in Europa. Berlin 1985.
Günther 1990
Günther, R.: Klassen, Stände und Schichten in der antiken Gesellschaftsordnung. Berlin 1990 (SB d. Sächs. Akad. d. Wissenschaften zu Leipzig, phil.-hist. Kl. 130, 4).
Haas 2006
Haas, J.: Die Umweltkrise des 3. Jahrhunderts n. Chr. im Nordwesten des Imperium Romanum. Interdisziplinäre Studien zu einem Aspekt der allgemeinen Reichskrise im Bereich der beiden Germaniae sowie der Belgica und der Raetia. Stuttgart 2006 (Geographica Historica, Bd. 22).

Halsall 1995
Halsall, G.: Settlement and social Organization. The Merovingian Region of Metz. Cambridge 1995.
Halsall 2007
Halsall, G.: Barbarian Migrations and the Roman West 376–568. Cambridge 2007.
Harke 2021
Harke, J. D.: Utilitas Constantiniana. Privatrechtsgesetzgebung am Beginn des vierten Jahrhunderts. Berlin 2021 (Schriften zur Rechtsgeschichte, Bd. 195).
Harper 2011
Harper, K.: Slavery in the Late Roman World, AD 275–425. Cambridge 2011.
Harper 2012
Harper, K.: The Transformation of Roman Slavery: An Economic Myth? In: AnTard 20 (2012), 165–172.
Harper 2015
Harper, K.: Pandemics and Passages to Late Antiquity: Rethinking the Plague of c. 249–70 described by Cyprian. In: JRA 28 (2015), 223–260.
Harper 2017
Harper, K.: The Fate of Rome. Climate, Disease, and the End of an Empire. Princton/Oxford 2017.
Harries 2001
Harries, J.: Law and Empire in the Late Antiquity, Cambridge 2001.
Hartmann 2008
Hartmann, U.: Claudius Gothicus und Aurelianus. In: Johne, K.-P. (Hrsg.): Die Zeit der Soldatenkaiser. Krise und Transformation des Römischen Reiches im 3. Jahrhundert n. Chr. (235–284). Berlin 2008, 297–323.
Hauken 1998
Hauken, T.: Petition and Response: An Epigraphic Study of Petitions to Roman Emperors (181–249). Bergen 1998.
Heinen 1986
Heinen, H.: Trier und das Trevererland in römischer Zeit. Bd. 1. Unveränderter ND Trier 1986.
Heisterbergk 1876
Heisterbergk, B.: Die Entstehung des Colonats. Leipzig 1876.
Held 1971
Held, W.: Das Ende der progressiven Entwicklung des Kolonats am Ende des 2. und in der ersten Hälfte des 3. Jahrhundert im Römischen Imperium. In: Klio 53 (1971), 239–279.
Held 1974
Held, W.: Die Vertiefung der allgemeinen Krise im Westen des Römischen Reiches, Studien über die sozialökonomischen Verhältnisse am Ende des 3. und in der ersten Hälfte des 4. Jahrhunderts. Berlin 1974 (Schriften zur Geschichte und Kultur der Antike, Bd. 10).

Herrmann 1990
Herrmann, P.: Hilferufe aus römischen Provinzen. Ein Aspekt der Krise des römischen Reiches im 3. Jhdt. n. Chr. Hamburg 1990 (Berichte aus den Sitzungen der Joachim Jungius-Gesellschaft der Wissenschaften e. V., Hamburg, Heft 8, 4).
Heuft 2013
Heuft, C.: Spätantike Zwangsverbände zur Versorgung der römischen Bevölkerung. Rechtshistorische Untersuchung zu Codex Theodosianus 13.5-9 und 14.2-4. Hildesheim/Zürich/New York 2013.
His 1896
His, R.: Die Domänen der römischen Kaiserzeit. Leipzig 1896.
Hoffmann-Salz 2011
Hoffmann-Salz, J.: Die wirtschaftlichen Auswirkungen der römischen Eroberung. Vergleichende Untersuchungen der Provinzen Hispania Tarraconensis, Africa Proconsularis und Syria. Stuttgart 2011 (Historia Einzelschriften, Bd. 218).
Honoré 1998
Honoré, T.: Law in the Crisis of Empire (379–455 AD). Oxford 1998.
Horstkotte 1984
Horstkotte, H.-J.: Die Theorie vom spätrömischen „Zwangsstaat" und das Problem der „Steuerhaftung". Königstein i. Ts 1984 (Beiträge zur Klassischen Philologie, Heft 159).
Horstkotte 1988
Horstkotte, H.-J.: Domanialpacht und Ratsmitgliedschaft nach CT 12.1.33 v.J.342. In: ZPE 75 (1988), 247–253.
Huchthausen 1985
Huchthausen, L.: Kolonen – aber kein Kolonat! In: Klio 67 (1985), 618–623.
Huschke 1847
Huschke, E.: Über den Census und die Steuerverfassung der früheren römischen Kaiserzeit. Berlin 1847.
Iggers 1996
Iggers, G.: Geschichtswissenschaft im 20. Jahrhundert. Ein kritischer Überblick im internationalen Zusammenhang. 2. Aufl. Göttingen 1996.
Johne et al. 1983
Johne, K.-P./Köhn, J./Weber, V.: Die Kolonen in Italien und den westlichen Provinzen des Römischen Reiches, eine Untersuchung der literarischen, juristischen und epigraphischen Quellen vom 2. Jahrhundert v. u. Z. bis zu den Severern. Berlin 1983.
Johne 1985
Johne, K.-P.: Zum Begriff Kolonat in der Spätantike. In: Vavrinek, V. (Hrsg.): From Late Antiquity to Early Byzantium. Prag 1985, 98f.
Johne 1988
Johne, K.-P.: Colonus, colonia, colonatus. In: Philologus 132 (1988), 308–321.

Johne 1992
Johne, K.-P.: Von der Kolonenwirtschaft zum Kolonat, in ders. (Hrsg.): Gesellschaft und Wirtschaft des Römischen Reiches im 3. Jahrhundert. Berlin 1993, S. 64–99; zugleich Antrittsvorlesung. Berlin 1992. ([letzter Zugriff am 21.12.2021] http://dochost.rz.hu-berlin.de/humboldt-vl/johne-klaus-peter/PDF/Johne.pdf)
Jones 1957
Jones, A. H. M.: Capitatio and Iugatio. In: JRS 47 (1957), 88–94.
Jones 1958
Jones, A. H. M.: The Roman Colonate. In: P&P 13 (1958), 1–13.
Jones 1974
Jones, A. H. M.: The Cast System in the Later Roman Empire. In: Brunt, P. A. (Hrsg.): The Roman Economy. Studies in Ancient Economic and Administration History. Oxford 1974, 396–418.
Jones 1986
Jones, A. H. M.: The Later Roman Empire 284–602. A Social, Economic and Administrative Survey. 3 Bde. Oxford 1964. ND 2 Bde. Baltimore 1986.
Kaiser 2012
Kaiser, W.: Die Zweisprachigkeit reichsweiter Novellen unter Justinian. Studien zu den Novellen Justinians (I). In: ZRG RA 129 (2012), 392–474.
Kaltenstadler 1986
Kaltenstadler, W.: Betriebsorganisation und betriebswirtschaftliche Fragen im Opus agriculturae von Palladius. In: Kalcyk, H. et al. (Hrsg.): Studien zur Alten Geschichte. Siegfried Lauffer zum 70. Geburtstag. Bd. 2. Rom 1986, 552–555.
Kampers 2008
Kampers, G.: Geschichte der Westgoten. Paderborn 2008.
Karayannopulos 1958
Karayannopulos, J.: Das Finanzwesen des frühbyzantinischen Staates. München 1958 (Südosteuropäische Arbeiten, Bd. 52).
Kaser 1966
Kaser, M.: Das Römische Zivilprozeßrecht. München 1966 (Handbuch der Altertumswissenschaft 10.3.4).
Kaser 1975
Kaser, M.: Das Römische Privatrecht. 2 Bde. 2. Aufl. München 1975 (Handbuch der Altertumswissenschaft 10.3.3.2).
Kaser/Knütel 2014
Kaser, M./Knütel, R.: Römisches Privatrecht. 20. Aufl. München 2014.
Kehoe 1988
Kehoe, D. P.: Econonmics of Agriculture on Roman Imperial Estates in North Africa. Gottingen 1988.

Kehoe 1997
Kehoe, D. P.: Investimento e sicurezza del possesso nell'affito agrario Romano. In: Lo Cascio, E. (Hrsg.): Terre, proprietari e contadini dell'impero romano. Dall'affitto agrario al colonato tardoantico. Rom 1997, 61–73.
Kehoe 2007
Kehoe, D. P.: Law and the Rural Economy in the Roman Empire. Ann Arbor 2007.
Keil/von Premerstein 1914
Keil, J./von Premerstein, A.: Bericht über eine dritte Reise in Lydien und den angrenzenden Gebieten Ioniens, ausgeführt 1911 im Auftrage der Kaiserlichen Akademie der Wissenschaften. Wien 1914 (Denkschriften der Kaiserlichen Akademie d. Wiss. in Wien, phil.-hist. Kl. 57,1).
Körner 2002
Körner, C.: Philippus Arabs. Ein Soldatenkaiser in der Tradition des antoninisch-severischen Prinzipats. Berlin u. a. 2002 (Untersuchungen zur antiken Literatur und Geschichte, Bd. 61).
Koptev 1996
Koptev, A.: From the Rights of Citizenship to the Law of Colonate. Development of Serfdom in the Later Roman Empire. Vologda 1995.
Koptev 2005
Koptev, A.: „*Colonus Iuris Alieni*“ als spätantikes Surrogat der klassischen Persona Iuris Alieni. In: Acta Byzantina Fennica, N. S. 2 (2005), 39–71.
Korsunskij 1954
Korsunskij, A. R.: O položenii rabov, vol'nootpuščennikov i kolonov vzapadnych provincijach Rimskoj imperii v IV–V vekach (Über die Lage der Sklaven, Freigelassenen und Kolonen in den westlichen Provinzen des Römischen Reiches im 4. und 5. Jh.). In: VDI 2 (1954), 47–69.
Korsunskij 1964
Korsunskij, A. R.: Problema revoljucionnogo perechoda ot rabovladel'českogo stroja k feodal'nomu v zapadnoj Evrope (Das Problem des revolutionären Übergangs von der Sklavenhaltergesellschaft zum Feudalismus in Westeuropa). In: Voprosy istorii 39, 5 (1964), 95–111.
Krause 1987
Krause, J.-U.: Spätantike Patronatsformen im Westen des Römischen Reiches. München 1987 (Vestigia. Beiträge zur Alten Geschichte, Bd. 38).
Krause 2006
Krause, J.-U.: Colonatus. In: DNP 3 (2006), 70f.
Kromer/Friedrich 2007
Kromer, B./Friedrich, M.: Jahrringchronologien und Radiokohlenstoff: Ein ideales Gespann in der Paläoklimaforschung. In: Geographische Rundschau 59, 4 (2007), 50–55.

Kuhlmann 2012
Kuhlmann, P.: Die *Constitutio Antoniniana*: der Bürgerrechtserlass von 212. In: Pferdehirt, B./Scholz, M. (Hrsg.): Bürgerrecht und Krise. Die Constitutio Antoniniana 212 n. Chr. und ihre innenpolitischen Folgen. Mainz 2012, 45–50.
Lehmann 1984
Lehmann, H.: Grenzen der Mehrfachbesteuerung in der Spätantike. Zur Auslegung von CT 12, 1, 33. In: Historia 33 (1984), 378–384.
Lehmann 1989
Lehmann, H.: Noch einmal: Cod. Theod. 12.1.33. In: ZPE 78 (1989), 196–198.
Lengyel/Radan 1980
Lengyel, A./Radan, G. T.: The Archaeology of Roman Pannonia. Lexington 1980.
Lenski 2017
Lenski, N.: Peasant and Slave in Late Antique North Africa, c. 100–600 CE. In: Testa, R. L. (Hrsg.): Late Antiquity in Contemporary Debate. Cambridge 2017, 113–155.
Lepelley 1983
Lepelley, C.: Liberté, colonat et esclavage d'après la Lettre 24*: la juridiction épiscopale »de liberali causa«. In: Les Lettres de Saint Augustin découvertes par Johannes Divjak. Communications présentées au colloque des 20 et 21 Septembre 1982. Paris 1983, 329–342.
Liebs 1977
Liebs, D.: Privilegien und Ständezwang in den Gesetzen Konstantins. In: RIDA 24 (1977), 297–351.
Liebs 1992
Liebs, D.: Das Gesetz im spätrömischen Recht. In: W. Sellert, W. (Hrsg.): Das Gesetz in Spätantike und frühem Mittelalter. 4. Symposion der Kommission „Die Funktion des Gesetzes in Geschichte und Gegenwart". Göttingen 1992 (Abh. d. Akad. der Wissenschaften in Göttingen, phil.-hist. Kl., 3. Folge, Nr. 196).
Liebs 1998
Liebs, D.: Die Juristenwelt bei Sidonius Apollinaris Römische Juristen 420 bis 500 n. Chr. im südlichen Gallien. In: Mélanges de droit romain et d'histoire ancienne: hommage à la mémoire de André Magdelain. Paris 1998, 259–273.
Liebs 2002
Liebs, D.: Römische Jurisprudenz in Gallien (2. bis 8. Jahrhundert). Berlin 2002 (Freiburger Rechtsgeschichtliche Abhandlungen. NF, Bd. 38).
Liebs 2006
Liebs, D.: Konstantin als Gesetzgeber. In: Demandt, A./Engemann, J. (Hrsg.): Konstantin der Große. Geschichte, Archäologie, Rezeption. Internationales Kolloquium vom 10.–15. Oktober 2005 an der Universität Trier zur Landesausstellung Rheinland-Pfalz 2007 „Konstantin der Große". Trier 2006, 97–107.
Liebs 2012
Liebs, D.: Kolonat, Kolone. In: HRG 2 (2012). 2. Aufl. 1957–1960.

Liebs 2015
Liebs, D.: Unverhohlene Brutalität in den Gesetzen der ersten christlichen Kaiser. In: Behrends, O./Dießelhorst, M./Voß, W. E. (Hrsg.): Römisches Recht in der europäischen Tradition. Sympsion aus Anlaß des 75. Geburtstages von Franz Wieacker. Ebelsbach 1985, 89–116; überarbeitete und ergänzte Fassung in: Liebs, D.: Das Recht der Römer und der Christen, Gesammelte Aufsätze in überarbeiteter Fassung. Tübingen 2015, 108–145.
Lippold 1992
Lippold, A.: Konstantin und die Barbaren (Konfrontation? Integration? Koexistenz?). In: Studi Italiani di Filol. Class. 85 (1992), 371–391.
Lo Cascio 1997
Lo Cascio, E. (Hrsg.): Terre, proprietari e contadini dell'impero romano. Dall'affitto agrario al colonato tardoantico. Rom 1997.
López Huguet 2016
López Huguet, M. L.: Limitaciones a la libertad domiciliaria en derecho romano. Madrid 2016.
Lot 1928
Lot, F.: L'impôt foncier et la capitation personnelle sous le Bas-Empire et à l'époque franque. Paris 1928.
Luhmann 1984
Luhmann, N.: Soziale Systeme. Grundriß einer allgemeinen Theorie. Frankfurt 1987.
Malafosse 1955
Malafosse, J.: Le droit Agraire au Bas Empire et dans l'empire d'Orient. In: Rivista di diritto agrario 34 (1955), 35–73.
Marcone 1985
Marcone, A.: Il colonato del tardo impero: Un mito storiografico? In: Athenaeum 63 (1985), 513–520.
Marcone 1988
Marcone, A.: Il colonato tardoantico nella storiografia moderna (da Fustel de Coulanges ai nostri giorni). Como 1988 (Biblioteca di Athenaeum, Bd. 7).
Marcone 2002
Marcone, A.: Pagano e cristiano. Vita e mito di Costantino. Rom 2002.
Marcone 2006
Marcone, A.: Kolonat, I. Historisch. In: Heinen, H. et al. (Hrsg.): Handwörterbuch der antiken Sklaverei. Stuttgart 2006.
Marcone 2016
Marcone, A. (Hrsg.): Storia del lavoro in Italia. L'età romana. Liberi, semiliberi e schiavi in una società premoderna. 1. Bd. Rom 2016.

Marcone 2017
Marcone, A. (Hrsg.): Lavoro, lavoratori e dinamiche sociali a Roma antica. Persistenze e trasformazioni. Atti delle Giornate di studio (Roma Tre, 25–26 maggio 2017). Rom 2018.
de Martino 1991
de Martino, F.: Storia economica di Roma antica, o. J. Firenze; dt. Übers.: Wirtschaftsgeschichte des alten Rom, 2. Aufl. München 1991.
de Martino 1993
de Martino, F.: Il colonato fra economia e diritto. In: Storia di Roma. Vol. III L'età tardoantica. 1. Crisi e trasformazioni. Turin 1993, 789–822.
Mathisen 2015
Mathisen, R. W.: *Natio, Gens, Provincialis*, and *Civis*: Geographical Terminology and Personal Identity in Late Antiquity. In: Greatrex, G./Elton, H. (Hrsg.): Shifting Genres in Late Antiquity. Farnham/Burlington 2015, 277–286.
Matthews 2002
Matthews, J. F.: Laying Down the Law. A Study of Theodosian Code. Yale 2002.
Matthews 2010
Matthews, J. F.: The Making of the Text. In: Harries, J./Wood, I. (Hrsg.): The Theodosian Code. Studies in the Imperial Law of Late Antiquity. 2. Aufl. London 2010, 19–44.
Mayer-Maly 1956
Mayer-Maly, Th.: *Locatio conductio.* Eine Untersuchung zum klassischen römischen Recht. Wien 1956 (Wiener rechtsgeschichtliche Arbeiten, Bd. 4).
Mazza 2001
Mazza, R.: L'archivio degli Apioni. Terra, lavoro e proprietà senatoria nell'Egitto tardoantico. Bari 2001 (Studi storici sulla Tarda Antichità, Bd. 17).
McMichael 2017
McMichael, A. J.: Climate Change and the Health of Nations: Famines, Fevers, and the Fate of Populations. Oxford 2017.
Migl 1994
Migl, J.: Die Ordnung der Ämter. Prätorianerpräfektur und Vikariat in der Regionalverwaltung des Römischen Reiches von Konstantin bis zur Valentinianischen Dynastie. Frankfurt 1994 (Europäische Hochschulschriften: Reihe 3, Geschichte und ihre Hilfswissenschaften, Bd. 623).
Millar 1992
Millar, F.: The Emperor in the Roman World (31 BC–AD 337). 2. Aufl. London 1992.
Mirković 1986
Mirković, M.: *Colonus iuris alieni* and the Taxation. In: Opus 5 (1986), 53–73.
Mirković 1989
Mirković, M.: Flucht der Bauern, Fiskal- und Privatschulden. In: Studien zur Geschichte der römischen Spätantike. Festgabe für J. Straub. Athen 1989, 147–155.

Mirković 1997
Mirković, M.: The Later Roman Colonate and Freedom. Philadelphia 1997 (Transactions of the American Philosophical Society, Vol. 87, Pt. 2).
Mirković 2008
Mirković, M.: Der Kolonat und die Freiheit, in: Herrmann-Otto, E. (Hrsg.), Unfreie und abhängige Landbevölkerung. Hildesheim/Zürich/New York 2008 (Sklaverei – Knechtschaft – Zwangsarbeit. Untersuchungen zur Sozial-, Rechts- und Kulturgeschichte, Bd. 4), 53–69.
Moreno Resano 2010
Moreno Resano, E.: La política legislativa de los sucesores de Constantino sobre los cultos tradicionales Constantino II, Constante y Constancio II (337–361). Vitoria 2010 (Anejos de Veleia. Series Minor, Bd. 27).
Morgenstern 1989
Morgenstern, F.: Die Auswertung des *opus agriculturae* des Palladius zu einigen Fragen der spätantiken Wirtschaftsgeschichte. In: Klio 71 (1989), 179–192.
Mouritsen 2011
Mouritsen, H.: The Freedman in the Roman World. Cambridge 2011.
Müller 1998
Müller, F. L.: Die beiden Satiren des Kaisers Julianus Apostata. Stuttgart 1998 (Palingenesia, Bd. 66).
Munzinger 1998
Munzinger, M.: *Vincula deterrimae condicionis.* Die rechtliche Stellung der spätantiken Kolonen im Spannungsfeld zwischen Sklaverei und Freiheit. München 1998.
Nehlsen 1972
Nehlsen, H.: Sklavenrecht zwischen Antike und Mittelalter. Germanisches und römisches Recht in den germanischen Rechtsaufzeichnungen. Ostgoten, Westgoten, Franken, Langobarden. Göttingen 1972 (Göttinger Studien zur Rechtsgeschichte, Bd. 7).
Nehlsen 1977
Nehlsen, H.: Zur Aktualität und Effektivität germanischer Rechtsaufzeichnungen. In: Classen, P. (Hrsg.): Recht und Schrift im Mittelalter. Sigmaringen 1977 (Vorträge und Forschungen, Bd. 23), 448–502.
van Ossel 1992
van Ossel, P.: Etablissements ruraux de l'Antiquité tardive dans le nord de la Gaule. Paris 1992 (51ème Supplément à Gallia).
van Ossel 1996
van Ossel, P.: Die Gallo-Romanen als Nachfahren der römischen Provinzialbevölkerung. In: Die Franken – Wegbereiter Europas. Vor 1500 Jahren: König Chlodwig und seine Erben. 1. Bd. Mainz 1996, 102–109.

Page 2012
Page, S.: Wirtschaftliche Fragen und soziopolitische Folgen. Ökonomische Ordnungskonzepte bei Plinius dem Jüngeren. In: Günther, S. (Hrsg.): Ordnungsrahmen antiker Ökonomien. Ordnungskonzepte und Steuerungsmechanismen antiker Wirtschaftssysteme im Vergleich. Wiesbaden 2012 (Philippika, Marburger altertumskundliche Abhandlungen, Bd. 53), 127–143.

Pallasse 1950
Pallasse, M.: Orient et Occident à propos du colonat romain au Bas-Empire. Lyon 1950 (Bibliothèque de la Faculté de Droit de l'Université d'Alger X).

Panitschek 1990
Panitschek, P.: Der spätantike Kolonat: Ein Substitut für die „Halbfreiheit" peregriner Rechtssetzung. In: ZRG RA 107 (1990), 137–154.

Patsch 1928
Patsch, C.: Beiträge zur Völkerkunde von Südosteuropa III. Die Völkerbewegung an der unteren Donau in der Zeit von Diokletian bis Heraklius. 1.Teil: Bis zur Abwanderung der Goten und Taifalen aus Transdanuvien. Wien/Leipzig 1928 (Akad. d. Wissen. in Wien, phil.-hist. Kl. SB 208/2).

Pelham 1890
Pelham, H.: The Imperial Domains and the Colonate. London 1890.

Porena 2003
Porena, P.: Le origini della prefettura del pretorio tardoantica. Rom 2003 (Saggi di Storia Antica, Bd. 20).

Prachner 1973
Prachner, G.: Zur Bedeutung der antiken Sklaven- und Kolonatswirtschaft für den Niedergang des römischen Reiches. In: Historia 22 (1973), 732–756.

Preiser-Kapeller 2021
Preiser-Kapeller, J.: Die erste Ernte und der große Hunger. Klima, Pandemie und der Wandel der Alten Welt bis 500 n. Chr. Wien 2021 (Expansion, Interaktion, Akkulturation. Globalhistorische Skizzen, Bd. 37).

Rathbone 1991
Rathbone, D.: Economic Rationalism and Rural Society in Third-Century A.D. Egypt: The Heroninos Archive and the Appianus Estate. Cambridge 1991.

Revillout 1861
Revillout, C.: Note sur l'inquilinat. Paris 1861 (Mémoires lus à la Sorbonne. Histoire, philologie et sciences morales).

Riedlberger 2020
Riedlberger, P.: Prolegomena zu den spätantiken Konstitutionen. Nebst einer Analyse der erbrechtlichen und verwandten Sanktionen gegen Heterodoxe. Stuttgart-Bad Cannstatt 2020.

Rilinger 1988
Rilinger, R.: Humiliores – Honestiores. Zu einer sozialen Dichotomie im Strafrecht der römischen Kaiserzeit. München 1988.

Rind 2015
Rind, M.: Die römische Villa als Indikator provinzialer Wirtschafts- und Gesellschaftsstrukturen. Oxford 2015.
Rio 2008
Rio, A. (Hrsg.): The Formularies of Angers and Marculf Two Merovingian Legal Handbooks. Liverpool 2008.
Rio 2017
Rio, A.: Slavery after Rome, 500–1100. Oxford 2017 (Oxford Studies in Medieval European History).
de Robertis 1963
de Robertis, F. M.: Lavoro e lavoratori nel mondo romano. Bari 1963.
Rosafio 1984
Rosafio, P.: Inquilini. In: Opus 3 (1984), 121–131.
Rosafio 1995
Rosafio, P.: Coloni imperiali e coloni privati nella legislazione del Quarto Secolo. In: Atti del X Convegno dell'Accademia Romanistica Costantiniana. Napoli 1995, 447–459.
Rosafio 1997
Rosafio, P.: Coloni e clienti: analogie e differenze. In: Lo Cascio, E. (Hrsg.): Terre, proprietari e contadini dell'impero romano. Dall'affitto agrario al colonato tardoantico. Rom 1997, 241–251.
Rosafio 2002
Rosafio, P.: Studi sul colonato. Bari 2002 (Documenti e Studi, Bd. 32).
Rosafio 2008
Rosafio, P.: Kolonat, II. Giuridico. In: Heinen, H. et al. (Hrsg): Handwörterbuch der antiken Sklaverei. Stuttgart 2008.
Rosen 2013
Rosen, K.: Konstantin der Große. Kaiser zwischen Machtpolitik und Religion. Stuttgart 2013.
Rostowzew 1901
Rostowzew, M.: Der Ursprung des Kolonats. In: Klio 1 (1901), 295–299.
Rostowzew 1910
Rostowzew, M.: Studien zur Geschichte des römischen Kolonates. Leipzig 1910.
Ruffing 2008
Ruffing, K.: Die Wirtschaft. In: Johne, K.-P. (Hrsg.): Die Zeit der Soldatenkaiser. Krise und Transformation des Römischen Reiches im 3. Jahrhundert n. Chr. (235–284). Berlin 2008, 817–842.
Ruggini 1961
Ruggini, L.: Economia e società nell'«Italia Annonaria». Rapporti fra agricoltura e commercio dall'IV al VI secolo d. C. Milano 1961.

Salway 2008
Salway, B.: Roman Consuls, Imperial Politics, and Egyptian Papyri: The Consulates of 325 and 344 CE. In: JLA 1 (2008), 278–310.
Sarris 2006
Sarris, P.: Economy and Society in the Age of Justinian. Cambridge 2006.
Sarris 2011
Sarris, P.: Empires of Faith. The Fall of Rome to the Rise of Islam (500–700). Oxford 2011.
Saumagne 1937
Saumagne, C.: Du rôle de l'origo et du census dans la formation du colonat romain. In: Byzantion 12 (1937), 487–518.
von Savigny 1850
von Savigny, F. C.: Ueber den Römischen Colonat, 3. Ausgabe. In: ders.: Vermischte Schriften. Bd. 2. Berlin 1850, 1–66.
Scheidel 2000
Scheidel, W.: Slaves of the Soil. In: JRA 13 (2000), 727–732 (Rezensionen zu Lo Cascio, E. (Hrsg.): Terre, proprietari e contadini dell'impero romano. Dall'affitto agrario al colonato tardoantico. Roma 1997).
Schipp 2008
Schipp, O.: Der Raub freier Menschen in der Spätantike. In: Heinen, H. (Hrsg.): Menschenraub, Menschenhandel und Sklaverei in antiker und moderner Perspektive; Ergebnisse des Mitarbeitertreffens des Akademievorhabens Forschungen zur antiken Sklaverei (Mainz, 10. Oktober 2006). Stuttgart 2008 (Forschungen zur antiken Sklaverei, Bd. 37), 157–181.
Schipp 2009
Schipp, O.: Der weströmische Kolonat von Konstantin bis zu den Karolingern (332 bis 861). Hamburg 2009 (Studien zur Geschichtsforschung des Altertums, Bd. 21).
Schipp 2012
Schipp, O.: Der ökonomische Nutzen des Kolonats? Das System der Bodenpacht und die ökonomischen Folgen. In: Günther, S. (Hrsg.): Ordnungsrahmen antiker Ökonomien. Ordnungskonzepte und Steuerungsmechanismen antiker Wirtschaftssysteme im Vergleich. Wiesbaden 2012 (Philippika, Marburger altertumskundliche Abhandlungen, Bd. 53), 181–197.
Schipp 2014
Schipp, O.: Römer und Barbaren: Fremde in der Spätantike und im Frühmittelalter. In: Coşkun, A./Raphael, L. (Hrsg.): Fremd und rechtlos? Zugehörigkeitsrechte Fremder von der Antike bis zur Gegenwart. Ein Handbuch. Köln 2014, 121–151.
Schipp 2018
Schipp, O.: Kolonat und Aldionat bei den Langobarden (568–774). In: FMSt 52 (2018), 59–80.

Schipp 2022
Schipp, O.: Kolonen im Vandalenreich (429–533). In: Millennium 19 (2022), 35–88.
Schipp 2023
Schipp, O.: Arbeit. In: v. Reden, S./Ruffing, K. (Hrsg.): Handbuch Antike Wirtschaft. Berlin/New York 2023 [im Druck].
Schmidt/Gruhle 2006
Schmidt, B./Gruhle, W.: Globales Auftreten ähnlicher Wuchsmuster von Bäumen. Homogenitätsanalyse als neues Verfahren für die Dendrochronologie und Klimaforschung. Mit einem archäologischen Kommentar von Thomas Fischer. In: Germania 84, 2 (2006), 431–465.
Schmidt 1969
Schmidt, L.: Geschichte der deutschen Stämme bis zum Ausgang der Völkerwanderung. Die Ostgermanen. ND München 1969.
Schmidt-Hofner 2008a
Schmidt-Hofner, S.: Reagieren und Gestalten. Der Regierungsstil des spätrömischen Kaisers am Beispiel der Gesetzgebung Valentinians I. München 2008 (Vestigia. Beiträge zur Alten Geschichte, Bd. 58).
Schmidt-Hofner 2008b
Schmidt-Hofner, S.: Die kaiserlichen Regesten der Jahre 364 bis 375 n. Chr. In: ZRG RA 125 (2008), 498–600.
Schmidt-Hofner 2017
Schmidt-Hofner, S.: Barbarian Migrations and Socio-Economic Challenges to the Roman Landholding Elite in the Fourth Century CE. In: JLA 10 (2017), 372–404.
Schmitz 1986
Schmitz, W.: Appendix 1 der justinianischen Novellen – Eine Wende der Politik Justinians gegenüber adscripticii und coloni? In: Historia 35 (1986), 381–386.
Schneider 1980
Schneider, H.: Die antike Sklavenwirtschaft: Das Imperium Romanum. In: Eggebrecht, A. et al. (Hrsg.), Geschichte der Arbeit. Vom Alten Ägypten bis zur Gegenwart. Köln 1980, 95–154.
Schulten 1897
Schulten, A.: Der römische Kolonat. In: HZ 78 (1897), 1–17.
Schulz 1993
Schulz, R.: Die Entwicklung des römischen Völkerrechts im vierten und fünften Jahrundert n. Chr. Stuttgart 1993.
Seeck 1900
Seeck, O.: RE IV 1 (1900), 483–510, s. v. Colonatus.
Seeck 1964
Seeck, O.: Regesten der Kaiser und Päpste für die Jahre 311–476 n. Chr. ND Stuttgart 1964.

Seeck 2000
Seeck, O.: Geschichte des Untergangs der antiken Welt. 2. Bd. Berlin 1901. ND Darmstadt 2000.
Segrè 1947
Segrè, A.: The Byzantine Colonate. In: Traditio 5 (1947), 103–133.
Seiler 2015
Seiler, S.: Die Entwicklung der römischen Villenwirtschaft im Trierer Land. Agrarökonomische und infrastrukturelle Untersuchungen eines römischen Wirtschaftsgebiets. Wiesbaden 2015 (Philippika, Bd. 81).
Seiler 2016
Seiler, S.: Agrarwirtschaft und Krisenphänomene des 3. Jh. n. Chr. im Trierer Land. In: Marburger Beiträge zur antiken Handels-, Wirtschafts- und Sozialgeschichte 34 (2016), 1–30.
Seyfarth 1963
Seyfarth, W.: Soziale Fragen der spätrömischen Kaiserzeit im Spiegel des Theodosianus. Berlin 1963.
Sirks 1993
Sirks, A. J. B.: Reconsidering the Roman Colonate. In: ZRG RA 110 (1993), 331–369.
Sirks 1994
Sirks, A. J. B.: Ad senatus consultum Claudianum. In: ZRG RA 111 (1994), 436f.
Sirks 1997
Sirks, A. J. B.: 1997, Conitnuità nel colonato? In: Lo Cascio, E. (Hrsg.): Terre, proprietari e contadini dell'impero romano. Dall'affitto agrario al colonato tardoantico. Rom 1997, 163–184.
Sirks 1999
Sirks, A. J. B.: *Ne colonus inscio domino suum alienet peculium.* In: Mélanges Fritz Sturm offerts par ses collègues et ses amis l'occasion de son soixante-dixième anniversaire. Droit romain, histoire du droit, droit civil, droit comparé, droit international privé. 1. Bd. Liége 1999, 419–429.
Sirks 2008
Sirks, A. J. B.: The Colonate in Justinian's Reign. In: JRS 98 (2008), 120–143.
Sirks 2010
Sirks, A. J. B.: The Sources of the Code. In: Harries, J./Wood, I. (Hrsg.): The Theodosian Code. Studies in the Imperial Law of Late Antiquity. 2. Aufl. London 2010, 45–67.
Sirks 2012
Sirks, A. J. B.: Did Poverty lie at the Origin of the Colonate? In: Koinonia 36 (2012), 133–143.
Sirks 2021a
Sirks, A. J. B.: Could after the Division of Administration in 364 an Emperor Issue a Law for the Entire Empire? In: ZRG RA 138 (2021), 555–567.

Sirks 2021b
Sirks, A. J. B.: Did the published Theodosian Code include obsolete constitutions? In: Tijdschrift voor Rechtsgeschiedenis 89 (2021), 70–92.
Sirocko 2009
Sirocko, F. (Hrsg.): Wetter, Klima, Menschheitsentwicklung. Von der Eiszeit bis ins 21. Jahrhundert. Darmstadt 2009.
Söllner 2005
Söllner, A.: Bona fides – guter Glaube? In: ZRG RA 122 (2005), 1–61.
Sommer 2009
Sommer, M.: Römische Geschichte II. Rom und sein Imperium in der Kaiserzeit. Stuttgart 2009.
Stallknecht 1967
Stallknecht, B.: Untersuchungen zur römischen Außenpolitik in der Spätantike (306–395 n. Chr.). Bonn 1967.
de Ste. Croix 1981
de Ste. Croix, G. E. M.: The Class Struggle in the Ancient Greek World. From the Archaic Age to the Arab Conquests. London 1981.
Stichel 1999
Stichel, R. H. W.: Fortuna Redux, Pompeius und die Goten. Bemerkungen zu einem wenig beachteten Säulenmonument Konstantinopels. In: MDAI(I) 49 (1999), 467–492.
Stichweh 2010
Stichweh, R.: Der Fremde. Studien zu Soziologie und Sozialgeschichte. Berlin 2010.
Stickler 2002
Stickler, T.: Aëtius. Gestaltungsspielräume eines Heermeisters im ausgehenden Weströmischen Reich. München 2002 (Vestigia. Beiträge zur Alten Geschichte, Bd. 54).
Strohecker 1948
Strohecker, K. F.: Der senatorische Adel im spätantiken Gallien. Tübingen 1948.
Tietz 2015
Tietz, W.: Hirten – Bauern – Götter. Eine Geschichte der römischen Landwirtschaft. München 2015.
Udalzowa 1955
Udalzowa, S. W.: Sel'skoe zavisimoe naselenie Italii VI veka (Die abhängige Landbevölkerung Italiens im 6. Jh.). In: VDI 3 (1955), 85–116.
Udalzowa 1956
Udalzowa, S. W.: Klassovaja bor'ba v Italii nakanune vizantijskogo zavoevanija (Der Klassenkampf in Italien am Vorabend der byzantinischen Eroberung). In: Vizantijskij Vremennik 10 (1956), 9–26.

Udalzowa 1959
Udalzowa, S. W.: Italija i Vizantija v VI veke (Italien und Byzanz im 6. Jh.). Moskau 1959.

Van Dam 2007
Van Dam, R.: The Roman Revolution of Constantine. Cambridge 2007.

Vera 1997
Vera, D.: Padroni, contadini, contratti: *realia* del colonato tardoantico. In: Lo Cascio, E. (Hrsg.): Terre, proprietari e contadini dell'impero romano. Dall'affitto agrario al colonato tardoantico. Rom 1997, 185–224.

Vesting 2008
Vesting, T.: Harold J. Berman (1918–2007). In: Ancilla Iuris (anci.ch) 2008, 57–61.

Wacke 1980
Wacke, A.: Die *potentiores* in den Rechtsquellen. Einfluß und Abwehr gesellschaftlicher Übermacht in der Rechtspflege der Römer. In: ANRW 2, 13. Berlin/New York 1980, 578–589.

Weber 1891
Weber, M.: Die römische Agrargeschichte in ihrer Bedeutung für das Staats- und Privatrecht. Stuttgart 1891.

Welwei 1988
Welwei, K.-W.: Unfreie im antiken Kriegsdienst, Dritter Teil: Rom. Stuttgart 1988 (Forschungen zur antiken Sklaverei, Bd. 21).

Weßel 2003
Weßel, H.: Das Recht der Tablettes Albertini. Berlin 2003 (Freiburger Rechtsgeschichtliche Abhandlungen. NF, Bd. 40).

Whittaker 1997a
Whittaker, C. R.: Agostino e il colonato. In: Lo Cascio, E. (Hrsg.): Terre, proprietari e contadini dell'impero romano. Dall'affitto agrario al colonato tardoantico. Rom 1997, 295–309.

Whittaker 1997b
Whittaker, C. R.: Frontiers of the Roman Empire. A Social and Economic Study. 2. Aufl. Baltimore/London 1997.

Wickham 2005
Wickham, C.: Framing the Early Middle Ages. Europe and the Mediterranean 400–800, Oxford 2005.

Wieacker 1964
Wieacker, F.: Recht und Gesellschaft in der Spätantike. Stuttgart 1964.

Wieacker 1972
Wieacker, F.: Zur Effektivität des Gesetzrechtes in der späten Antike. In: Festschrift für H. Heimpel zum 70. Geburtstag am 19. September 1971. 3. Bd. Göttingen 1972 (Veröffentlichungen des Max-Planck-Institutes für Geschichte, Bd. 36), 546–566.

Wieling 1999
Wieling, H.: Die Begründung des Sklavenstatus nach *ius gentium* und *ius civile*. Stuttgart 1999 (Corpus der römischen Rechtsquellen zur antiken Sklaverei, Bd. 1).
Wienand 2012
Wienand, J.: Der Kaiser als Sieger: Metamorphosen triumphaler Herrschaft unter Constantin I. Berlin 2012 (Klio, Beihefte. NF, Bd. 19).
Witschel 1999
Witschel, C.: Krise – Rezession – Stagnation? Der Westen des römischen Reiches im 3. Jahrhundert n. Chr. Frankfurt a. M. 1999 (Frankfurter althistorische Beiträge, Bd. 4).
Wolfram 2001
Wolfram, H.: Die Goten. Von den Anfängen bis zur Mitte des sechsten Jahrhunderts. Entwurf einer historischen Ethnogenese. 4. Aufl. München 2001.
Zeuske 2020
Zeuske, M.: Handbuch Geschichte der Sklaverei. Eine Globalgeschichte von den Anfängen bis zur Gegenwart. 2 Bde. 2. Aufl. Berlin/Boston 2020.
Zöllner 1970
Zöllner, E.: Geschichte der Franken bis zur Mitte des sechsten Jahrhunderts. München 1970.
Zumpt 1845
Zumpt, A. W.: Über die Entstehung und historische Entwicklung des Kolonats. In: RhM 3 (1845), 1–69.

Quellenregister

Juristische Quellen

Literarische Quelle

Papyri

Inschriften

Münzen

Sachregister

Druck und Bindung
Books on Demand GmbH
In de Tarpen 42, 22848 Norderstedt